Wolfgang Münchau
Kernschmelze im Finanzsystem

Wolfgang Münchau

Kernschmelze im Finanzsystem

HANSER

Dieses Buch ist eine komplett überarbeitete und aktualisierte Ausgabe des Buches *Vorbeben* von Wolfgang Münchau.

Mix
Produktgruppe aus vorbildlich
bewirtschafteten Wäldern und
anderen kontrollierten Herkünften
Zert-Nr. GFA-COC-1262
www.fsc.org
© 1996 Forest Stewardship Council

FSC

Das für dieses Buch verwendete FSC-zertifizierte Papier liefert Salzer, St. Pölten.

Bibliografische Information der Deutschen Nationalbibliothek
Die Deutsche Nationalbibliothek verzeichnet diese Publikation in der Deutschen Nationalbibliografie; detaillierte bibliografische Daten sind im Internet über http://dnb.d-nb.de abrufbar.

2   3   4   6   12 11 10 09 08

© 2008 Carl Hanser Verlag München
Internet: http://www.hanser.de
Lektorat: Martin Janik
Herstellung: Ursula Barche
Umschlaggestaltung: Büro plan.it, München, unter Verwendung von Bildmotiven von © Salmon-Fotolia und Udo Kroener-Fotolia
Satz: Presse- und Verlagsservice, Erding
Druck und Bindung: Friedrich Pustet, Regensburg
Printed in Germany

ISBN 978-3-446-41847-9

Inhalt

Prolog

Im Oktober 2008 stand die Welt kurz vor dem Zusammenbruch des globalen Finanzsystems. Aktienmärkte krachten
überall ein, Geldmärkte waren eingefroren, Regierungen
gerieten in Panik. Einige Staaten planten die Verstaatlichung des gesamten Bankwesens. Und alle fürchteten sich
vor einer erneuten Großen Depression. Eine Panik, die in
einem obskuren Untersegment des amerikanischen Hypo-
thekenmarktes ihren Anfang nahm, entwickelte sich zu
einer globalen Finanz- und Wirtschaftskrise. Wie konnte
das geschehen? Was passiert jetzt? Was können Regierungen jetzt tun? Und wie kann man sich als Einzelner
davor schützen?

In diesem Buch versuche ich diese Fragen zu beantworten, für ein Publikum ohne jede Vorkenntnis. Im Februar
2008 erschien mein Buch *Vorbeben*, in dem ich vor den
Folgen dieser Krise warnte und prophezeite, das wirkliche
Beben stehe uns noch bevor. Diese Prognose hat sich leider bewahrheitet. *Kernschmelze im Finanzsystem* ist die
Fortsetzung und erzählt die Geschichte bis einschließlich
der dramatischen Ereignisse im Oktober 2008, als die
Welt vor einer Kernschmelze des globalen Finanzsystems
stand. Auslöser der letzten großen Welle der Krise war
die schockierende Insolvenz der renominierten amerikanischen Investmentbank Lehman Brothers, und die Verstaatlichung von American International Group, der zweit-
größten Versicherung der Welt. Island stand kurz vor dem
nationalen Bankrott. Auch in Europa purzelten die Banken. Zunächst Fortis, dann Dexia, dann die Hypo Real
Estate in Deutschland.

Es war sicher die gefährlichste Finanzkrise seit den
30er-Jahren.

Wie mit dem Buch *Vorbeben* möchte ich auch mit diesem Buch den Laien ansprechen. Wir haben uns daher

entschlossen, den technischen Teil des alten Buches teilweise zu übernehmen. Und auch diesmal gilt: Wer die Kreditmärkte nicht kennt, wer nicht weiß, was ein Swap oder eine Verbriefung ist, oder wer mit Abkürzungen wie CDS und CDO nicht umgehen kann, der sollte das ganze Buch lesen. Ein eiliger oder erfahrener Leser kann das zweite Kapitel überspringen. Am Ende des Buches steht ein ausführliches Glossar und Abkürzungsverzeichnis, das dem Leser ermöglicht, häufig auftretende Abkürzungen und Fachausdrücke nachzuschlagen.

Das stark erweiterte erste Kapitel erzählt die Geschichte der Ereignisse in den Kreditmärkten bis zum Herbst 2008.

In Kapitel zwei werden der Kreditmarkt und seine Instrumente erklärt, angefangen vom einfachen Swap bis hin zu komplizierten Kreditderivaten. Wenn Sie einmal verstehen, wie ein Swap funktioniert und wie man mittels Verbriefung aus einem Kredit ein Wertpapier generiert, dann haben Sie die Voraussetzungen für ein tieferes Verständnis dieser nicht ganz trivialen Materie.

Dann werden die verschiedenen Akteure in diesem Prozess näher beschrieben, unter anderem die Hedgefonds, die Investmentbanken und die Ratingagenturen.

Zum Schluss wird im Detail erklärt, wie die Zockerei in den Kreditmärkten tatsächlich funktioniert hat. Hier wurde nicht einfach gekauft und verkauft. Hier wurde mit zum Teil unglaublich gewieften Strategien gearbeitet. Illustriert wird die Strategie anhand eines Fallbeispiels, die Geschichte aus dem Jahre 2005, als ein Übernahmeangebot im amerikanischen Automobilsektor für Chaos in den Kreditmärkten sorgte.

Kapitel drei behandelt die globalen wirtschaftlichen Ungleichgewichte, ebenfalls ein wichtiger Faktor in der Krise. Damit meint man die hohen amerikanischen Handelsdefizite auf der einen Seite und die extrem hohen Überschüsse in Asien und im Nahen Osten auf der anderen

Seite. Globale Ungleichgewichte und Kreditmarktkrise sind miteinander verbunden. Auch die globalen Ungleichgewichte verursachen Blasen, die wiederum direkt mit der Kreditblase interagieren.

Im vierten Kapitel werde ich die Frage beantworten, wie lange die Krise andauert, und wie sie sich weiterentwickelt.

In Kapital fünf geht es um die Konsequenzen für die Politik.

Wie man sich als Investor verhalten sollte, ist Inhalt von Kapitel sechs. Hier gibt es keine heißen Tipps, sondern Anleitungen, wie man die Schwäche der Märkte strategisch nutzen sollte.

Im Epilog versuche ich, die Welt nach der Blase zu skizzieren, eine Welt, die uns Hoffnung machen lässt. So zerstörerisch diese Wirtschaftskrise auch sein mag, sie war notwendig.

1 Die Ereignisse bislang

Im Herbst 2008 erreichte die Krise ihren bisherigen Höhepunkt. Der Kollaps von Lehman Brothers löste eine globale Bankenkrise aus, die viele Beobachter an die Große Depression der 30er-Jahre erinnerte, und die man erst durch massive Eingriffe der Regierung kurzfristig in den Griff bekam. Hier ist nun die Narrative dieser Krise in der Form eines Dramas in fünf Akten. Wer das Buch *Vorbeben* gelesen hat, wird den ersten Teil wiedererkennen. Die Vorgeschichte hat sich nicht geändert. Aber die Ereignisse haben dann einen dramatischen Verlauf genommen.

1.1 Akt I des Dramas: Die Ruhe vor dem Sturm

Wenn man sich die Geschichte von Blasen und Crashs ansieht, dann ist die Zeit vor dem Crash am unheimlichsten, die Gruselzeit wie in einem Krimi. Nur fühlte sich das für die Menschen, die tatsächlich in dieser Zeit lebten und arbeiteten, anders an. Was wir aus heutiger Sicht ganz klar und nüchtern als eine völlig abartige Blase identifiziert haben, war damals selbst für viele Experten eine normale Marktentwicklung. Wie damals im Jahre 1929 gab es hochrangige Akademiker und Experten, die der Blase eine intellektuelle Rechtfertigung gaben.

Diejenigen, die damals vor einem Crash warnten, wurden als Schwarzmaler verschrien. Und Schwarzmalerei war in der Zeit von 2002 bis Mitte 2007 verpönt. Es war, wie der Chef der Europäischen Zentralbank Jean-Claude Trichet einmal anmerkte, ein Goldenes Zeitalter der Weltwirtschaft. In dieser Phase der Globalisierung profitierte die Weltwirtschaft von niedrigen Verbraucherpreisen, denn die neuen Industrieländer, insbesondere China, warfen immer billigere Produkte auf die Weltmärkte. Diese Situation erlaubte den Zentralbanken, die Zinsen auf ein bislang nie gekanntes Niveau zu senken. Im Jahre 2003 standen die Leitzinsen in den USA bei nur einem Prozent, in Europa bei zwei Prozent. Diese niedrigen Zinsen gaben zunächst der amerikanischen und mit einiger Verzögerung auch der europäischen Wirtschaft erheblichen Aufwind. Die amerikanische Wirtschaft hatte sich binnen kürzester Zeit von der kurzen Rezession im Jahre 2001 und den Terroranschlägen vom 11. September erholt. Vor allem die Finanzmärkte und der Immobilienmarkt erlebten einen ungeahnten Boom.

Während der Jahre 2003 und 2004 lagen die amerikanischen Zinsen unterhalb der Inflationsrate. Ökonomen sagen, die Realzinsen sind negativ, also die Zinsen unter Berücksichtigung der Inflationserwartungen. Das heißt, wer Geld auf der Bank hatte und sparte, erzielte jedes Jahr einen Wertverlust. Wer sich hingegen Geld lieh, erzielte jedes Jahr einen Gewinn, denn die zu zahlenden Zinsen sind geringer als der Wertverlust. Natürlich lagen die effektiven Zinsen, die man als Endverbraucher im Markt erhielt, etwas über der Inflation. Aber die Zinsen waren so tief gesunken, dass es für jeden Amerikaner rationaler war, sich Geld zu leihen als Geld zu sparen. Sie reagierten also völlig logisch auf die Anreize, die man ihnen gegeben hatte, und nach wenigen Jahren erlebte die USA konsequenterweise eine negative Sparquote – zum ersten Mal überhaupt.

Eine Folge der Niedrigzinspolitik war ein Ansteigen von Vermögenspreisen, insbesondere der Immobilienpreise. Alan Greenspan sagte in einem Interview mit der *Financial Times*, dass es nicht richtig sei, von nur einer Blase zu sprechen, es gab gleich mehrere Blasen gleichzeitig. Eine der ersten und wichtigsten Blasen, die hier entstanden sind, ist die Immobilienblase. Durch die billigen

Zinsen wurden die amerikanischen Hypotheken billiger. Anders als in Deutschland können in den USA Besitzer von existierenden Hypotheken diese jederzeit umfinanzieren, das heißt, sie sind in der Lage, ihre alte teure Hypothek abzulösen und durch eine neue billige Hypothek zu ersetzen, wenn die Zinsen fallen. So ist ein bislang unvergleichbarer Immobilienboom eingeleitet worden.

Der Case-Shiller-Index für amerikanische Hauspreise etwa für die Stadt Los Angeles verzeichnete einen Zuwachs der Immobilienpreise von 170 Prozent zwischen den Jahren 2000 und 2006. Eine Immobilie, die ursprünglich 100.000 Dollar kostete, war plötzlich 270.000 Dollar wert. In New York war die Wachstumsrate während dieser Periode 120 Prozent, in der Hauptstadt Washington 140 Prozent und in Miami 180 Prozent. Das heißt, in Miami haben sich die Häuserpreise binnen sechs Jahren fast verdreifacht. Im Vergleich dazu haben sich die Häuserpreise in Deutschland seit dem Wiedervereinigungsboom kaum verändert. Herrschte bei uns 15 Jahre lang Stagnation, so erlebten die USA einen auf Pump finanzierten Hauspreisboom, der größer war als jede Immobilienblase der Vergangenheit.

Warum waren die Zinsen damals so billig? Der Grund lag an den damals geringen Inflationsraten. Die amerikanische Zentralbank Federal Reserve hat die Zinsen so weit gesenkt, wie sie glaubte, dass das mit ihrem Inflationsziel vereinbar war. Jetzt sind die Preise von Häusern oder die Preise von Aktien nicht Bestandteil des Warenkorbs, mit dem die Statistiker die Inflation berechnen. Dieser Warenkorb besteht hauptsächlich aus Gütern, Dienstleistungen und Mieten. Aber gerade die Güterpreise sind in dieser Zeit gefallen. Denn die Welt profitierte von Billigimporten vor allem aus Asien. Und wir alle profitierten in den Jahren vor dem Irakkrieg von billigen Ölpreisen.

Mit der Immobilienblase kam die Hypothekenblase. Es kamen immer abenteuerlichere Hypotheken auf den

Markt, Hypotheken mit Startzinsen, die niedriger waren
als die Marktzinsen und die natürlich später mit umso
höheren Zinsen bezahlt werden müssen, oder Hypotheken, die in ihrer Summe größer sind als der Wert der Immobilie. Vor allem aber kam es zu einer Form der Hypothek, über die sich damals kaum jemand Sorgen machte,
die sich später als Auslöser der Krise entpuppen sollte:
die Subprime-Hypothek, also die Hypothek an Kunden
mit geringer Kreditwürdigkeit. Das Wort Prime bedeutet
im Englischen so viel wie „erste Wahl". So wie „Prime Rib"
als eine der besten Fleischsorten gilt, sind „Prime Credits"
Kredite an Kunden mit hoher Kreditwürdigkeit. Subprime bedeutet demnach Kredite an Kunden, von denen
man nicht sicher ist, ob sie zurückzahlen können.

Die Euphorie an den Immobilienmärkten wurde so
extrem, dass Banken oder spezielle Makler oftmals Hypotheken blind vergaben, ohne dass der Antragsteller
auch nur ein Dokument vorlegen musste. Selbst nachdem
die Blase schon längst geplatzt war, hörte man im amerikanischen Radio und Fernsehen immer noch Werbung,
in denen Finanzmakler versprachen, Hypotheken ohne
jegliche Prüfung innerhalb einer Stunde zu gewähren und
innerhalb einer Woche zur Verfügung zu stellen. Das sollte sich aber im Verlauf des Jahres 2008 noch erheblich
ändern. Man brauchte einfach nur in eine Bank zu spa-
zieren oder einen Makler aufzusuchen, ein Formular aus-
zufüllen, und man erhielt sofort einen Kredit von einer
halben Million Dollar, eine Hypothek, die oft nie zurückbezahlt wurde. Die Banken und Makler, die sich auf dieses Spiel einließen, wetteten dabei darauf, dass die Häuserpreise in den USA für immer und ewig hochgehen
würden. Im Jargon der Banker sprach man von sogenannten Ninja-Anleihen. Ninja stand für „no income, no
job, no assets", also kein Einkommen, kein Arbeitsplatz,
kein Vermögen. Hier wurden also arme und zum Teil un-
gebildete Menschen regelrecht übers Ohr gehauen. Es

kam auch noch ein weiteres politisch brisantes Problem in den USA auf. Ein Großteil dieser Kreditnehmer gehörte ethnischen Minderheiten an.

Aber selbst der Subprime-Wahn schien zunächst relativ gut zu laufen. Die Zahlungsausfälle blieben überschaubar. Solange der Immobilienmarkt boomte, funktionierte dieses Pyramidenspiel. Der erste Akt unseres Dramas hatte daher zunächst gar nicht den Anschein eines Dramas. Zinsen und Inflation waren auf Tiefstständen, ebenso die Arbeitslosigkeit, zumindest in den USA. Das Produktivitätswachstum war ungewöhnlich hoch. Es war in der Tat ein Goldenes Zeitalter. Akt I war daher noch relativ nett, so wie in einem griechischen Drama. Nur im Rückblick bekommt man die Gänsehaut. Zu dieser Zeit ging es der Weltwirtschaft gut, und den Immobilienbesitzern ging es noch besser. Man borgte sich Geld zu billigen Zinsen, investierte es in Immobilien und Aktien. Die Wertsteigerung in diesen Märkten war um ein Vielfaches höher, als notwendig wäre, um die Zinsen zu tilgen. Es war also rational, Kredite aufzunehmen und in risikoreiche Wertpapiere oder Immobilien zu investieren.

Was wir bislang beschrieben haben, ist ein typischer Blasenmechanismus. Man investiert auf Pump, und irgendwann platzt die Blase. Unsere Geschichte verlief anders.

In unserem zweiten Akt trat ein neuer Akteur auf, der Kreditmarkt, der sich als einer der Bösewichte unseres Dramas entpuppen sollte.

Früher war ein Kredit ein Kredit. Die Bank vergab den Kredit an einen Kunden. Dieser Kredit blieb bis zum Ende der Tilgung in der Bilanz der Bank. Doch durch eine Reihe finanzieller Innovationen ist das heutzutage immer weniger der Fall. Die Banken sind heute in der Lage, Kredite, die sie vergeben haben, in den Finanzmarkt zu schleusen, was ihnen Spielräume verschafft, wiederum neue Kredite zu gewähren. Eine der zentralen Fragen, die wir versuchen werden, in diesem Buch zu beantworten, ist, wie genau dieser Mechanismus funktioniert.

Was ist also passiert?

Einige Leser mögen sich noch an die Pleite der Kölner Herstatt-Bank im Jahre 1974 erinnern. Die Krise führte zu langen internationalen Konsultationen unter Finanzbeamten und Notenbankern, wir man Derartiges in Zukunft verhindern könnte. Man einigte sich in den 80er-Jahren auf eine Reihe von Prinzipien. Eines dieser Prinzipien war es, dass man Banken Obergrenzen für die Kreditvergabe auferlegte. Diese Grenzen hingen von verschiedenen Faktoren ab, vor allem aber dem Eigenkapital der Bank und der Art der Kredite. Im Fachjargon der Banker bezeichnet man diese Eigenkapitalregeln als „Basel I", benannt nach der Schweizer Stadt, in der die Bank für Internationalen Zahlungsausgleich (BIZ) ihren Hauptsitz hat. Die BIZ nennt man auch die Notenbank der Notenbanken. Dort hatte man sich auf diese neuen Regeln geeinigt.

Basel I hatte aber einen wichtigen Nebeneffekt, der sich als eine der Ursachen dieser Krise erweisen sollte. Durch die Bestimmung von Obergrenzen der Kreditvergabe gab Basel I den Banken einen Anreiz, existierende Kredite in den Kapitalmarkt abzuschieben, um sich somit neue Spielräume für Kreditvergaben zu schaffen.

Wir beschreiben im Folgenden kurz und ohne jeglichen Anspruch auf Vollständigkeit, wie dieser Prozess vonstattenging. Die Grundidee ist, dass die Bank eine Anzahl von Krediten aus ihrer Bilanz entfernt, indem sie sie regelrecht „verkauft". Das alles ist in der jetzigen Rechtslage völlig legal und gängige Praxis.

Wer ist also der „Käufer" dieser Kredite? Zu diesem Zweck errichten Banken Zweckgesellschaften, die sogenannte besicherte Wertpapiere herausgeben. In der ursprünglichen und einfachsten Form spricht man im Englischen von Asset-Backed Securities oder ABS. Wenn es sich um Hypotheken handelt, dann spricht von Mortgage-Backed Securities oder MBS. Die Aufgabe einer ABS oder MBS ist es – um bei unserer Wurst-Analogie zu bleiben –, die Kredite zu verwursten. Die ABS sind die Wurstfabrik (und die Bank ist der Schlachter). Die Kredite werden in festverzinsliche Wertpapiere umgeformt und werden dann im Markt an professionelle Investoren verkauft.

Für den Kreditnehmer ändert sich hier nichts. Er oder sie zahlt den Kredit zurück (oder auch nicht). Nur endet der Zahlungsstrom nicht mehr bei der Bank, sondern bei der ABS.

Vermögen und Schulden der ABS tauchen in keiner Bankbilanz auf, denn das würde die ganze Operation ad absurdum führen.

Die ABS wird oft auf einer exotischen Insel domiziliert, was allerdings nicht heißt, dass ihre Angestellten ebenfalls auf einer dieser Inseln leben. Im Gegenteil, sie leben dort, wo sie immer gelebt haben, in den Vororten von Zürich, in der Grafschaft Kent oder auf der Upper East Side in New York.

Jetzt stellt sich die Frage: Wie funktioniert die Umwandlung eines Kredits in ein Wertpapier? Man spricht hier vom Prinzip der Verbriefung. Ein Kredit ist ein Vertrag zwischen zwei Parteien. Man kann einen Kredit nicht auf einer Börse handeln. Man kann diesen Kredit aber „verbriefen". Man muss sich jetzt eine ABS nicht als eine traditionelle Firma vorstellen, mit Kantine und Fuhrpark, sondern als eine Papierfirma mit Forderungen und Verbindlichkeiten. Die ABS gibt eigene festverzinsliche Wertpapiere heraus, die von den Ratingagenturen bewertet und dann an Anleger weiterverkauft werden. Diese Papiere sind durch die Kredite gedeckt.

Jetzt stellt sich eine weitere Frage: Wie ermittelt man den Preis eines solchen Wertpapiers? Da hinter diesen Wertpapieren lediglich die Kredite als Sicherung stehen, muss man also die Frage beantworten: Wie hoch ist die Wahrscheinlichkeit, dass ein Kreditnehmer den Kredit nicht zurückbezahlt? Dazu hat die moderne Finanzmathematik bahnbrechende Ergebnisse bereitgestellt, die den Banken zunächst die Illusion gaben, dass sie Kreditrisiken genau berechnen konnten.

In diesem Prozess spielten die Ratingagenturen eine wichtige Rolle. Sie waren es, die mithilfe der mathematischen Modelle, diesen Wertpapieren ihren Gütesiegel aufstempelten. Nicht nur das: Das Gütesiegel war der entscheidende Faktor für die Preisbildung. Eine Ratingagentur ist im Finanzmarkt ähnlich wie die Stiftung Warentest im Produktmarkt. Ein Gütesiegel der Ratingagentur bedeutet, dass der Markt ein Wertpapier als besonders sicher ansieht. Dabei war der Einfluss der Ratingagentur um ein Vielfaches höher als der Einfluss eines Produkttests, denn die Bewertung bestimmt effektiv den Preis des Wertpapiers. Dieser ergibt sich direkt aus dem der Bewertung zugrunde liegenden mathematischen Modell. Hier wurde also der Preis nicht direkt durch Angebot und Nachfrage bestimmt wie an einer Börse, sondern durch die Mathematik. Daher spielen diese Modelle eine wichtige Rolle in unserem Drama.

Und somit gab es eine Kette von Ereignissen, angefangen mit der Pleite von Herstatt, gefolgt von den Baseler Eigenkapitalregeln, der Auslagerung von Krediten an Zweckgesellschaften und der Schaffung des Kreditmarktes als der legale Ort, wo man die Regulierer regelrecht austricksen konnte.

Was hier beschrieben wurde, ist eine einfache ABS. Es gibt darüber hinaus noch komplizierte Strukturen mit Namen wie CDO, CMO, SIV oder SIV-light. Wir werden diesen Strukturen im Laufe des Buchs noch begegnen. CDO steht für Collateralized Debt Obligation oder besicherte Schuldverschreibung im Deutschen. Eine CDO funktioniert ähnlich wie eine ABS, nur im größeren Stil.

Wohingegen eine ABS aus Krediten festverzinsliche Wertpapiere produziert, kauft die CDO zum Beispiel die ABS oder MBS und verwurstet diese dann in neue Wertpapiere. Es gibt auch CDOs, die andere CDOs kaufen, und dieser Prozess kann theoretisch immer weiter geführt werden. Mit jedem Schritt wächst die Entfernung zwischen dem Investor, der am einen Ende der Kette steht, und dem Kreditnehmer am anderen Ende.

Ein SIV oder Special Investment Vehicle tut Ähnliches, nur besorgt es sich die Finanzen vom Geldmarkt, genauer gesagt dem Markt für Asset-Backed Commercial Paper, der in unserer Geschichte noch eine wichtige Rolle spielen wird. Die übliche Abkürzung für diesen Markt ist ABCP. Im Deutschen spricht man auch von besicherten Geldmarktpapieren. Die SIVs hinterlegen also Sicherheiten, und zwar die von ihnen selbst erzeugten Wertpapiere.

Das alles klingt kompliziert und ist es auch. Am Ende ist die Idee immer dieselbe. Man kauft entweder Kredite oder Wertpapiere auf und strukturiert sie in andere Wertpapiere um. Das tut man, entweder um den Baseler Eigenkapitalregeln zu genügen, oder um Investoren bestimmte Risikoprofile zu bieten. Es gibt noch viele andere Gründe.

Wie sehen nun diese Wertpapiere aus? Es handelt sich um Rentenpapiere oder Bonds, oberflächlich also ähnlich wie Bundesanleihen. Sie zahlen regelmäßig einen festen Zins und werden am Ende ihrer Laufzeit zurückbezahlt. Wie Bundesanleihen sind diese Wertpapiere im Markt handelbar. Und ebenso wie Bundesanleihen werden sie von Ratingagenturen bewertet.

Im Gegensatz zu Staatsanleihen gibt es aber einen entscheidenden Unterschied. Diese Wertpapiere werden nicht an einer Börse gehandelt, sondern nur im direkten Handel. Der Markt ist ähnlich strukturiert wie der Gebrauchtwagenmarkt. Man muss als Verkäufer einen Käu-

fer finden. Es gab in diesem Markt keine Händler, die zu
jedem Zeitpunkt einen Preis für Kauf und Verkauf eines
Wertpapiers anboten.

In den Boomjahren war es für Besitzer von verbrieften
Wertpapieren kein Problem, ihre Beute zu verkaufen oder
als Sicherheit für Kredite zu hinterlassen. Der Markt in
diesen Produkten war zunächst rege und heizte sich in
den Jahren billigen Zentralbankgeldes ernorm auf. In guten Zeiten ließ sich fast alles vermarkten. Die Investoren
haben sich um diese Tranchen regelrecht gerissen. Später
sollte sich herausstellen, dass gerade in dieser Markt-
struktur die Achillesferse dieses Marktes bestand.

1.2 Akt II: Das Ende des Booms

In der realen Wirtschaft gab es einen Boom, der durch
billige Kredite entfacht wurde. Und in den Finanzmärkten, hinter den Kulissen, entstand ein neuer Zockermarkt,
und zwar für komplizierte, verbriefte Produkte auf der
Grundlage des guten alten Kredits. Im dritten Akt sind
wir wieder in der realen Welt. Es ist die Spätphase des
Booms.

Im Jahre 2006 fing der Häusermarkt der amerikanischen Ost- und Westküste an zu stagnieren. Es gab keine
dramatischen Einbrüche. Die Preise gingen nur nicht
weiter hoch, und in einzelnen Gebieten gaben die Preise
ein wenig nach. Der Preisverfall hat sich im Jahre 2007
beschleunigt, und zwar flächendeckend. Damit endete
die Spekulationsblase im Hypothekenmarkt abrupt.

Zu dieser Zeit wurde die Immobilienkrise ein Politi-
kum. Das amerikanische Repräsentantenhaus und der
Senat waren seit den Kongresswahlen im Jahre 2006 fest
in der Hand der Demokraten. Viele der Opfer des Subprime-Booms lebten in demokratischen Distrikten. Die
Demokraten prangerten die Wall Street an und drohten

mit drakonischer Regulierung. Für den Fall eines Wahl-
siegs der Demokraten bei der Präsidentschaftswahl im
Jahre 2008 wäre auch damit zu rechnen, dass das regulative Umfeld in den USA sehr stark zuungunsten der Banken verändern wird.

Die Krise an den Hypothekenmärkten existierte schon
unterschwellig in der zweiten Hälfte des Jahres 2006, damals aber noch weit weg vom Auge der Öffentlichkeit.
Die Zeitungen interessierten sich wenig für dieses Thema, und nur einige spezielle Wirtschaftsinformations-
dienste wie Professor Nouriel Roubinis RGE Monitor,
die amerikanische Fachpublikation *Grant's Interest Rate
Oberserver* und in Europa die *Financial Times* schrieben
über dieses Thema. Zu diesem Zeitpunkt waren die Ereignisse in den Kreditmärkten eher ein Thema für Fach-
leute, weit weg von der Öffentlichkeit, auch in den
USA.

Die ersten großen Schockwellen kamen Ende Februar
2007. Das Problem war nicht der allgemeine Hypothekenmarkt, sondern vor allem die Subprime-Komponente,
also diese abenteuerlichen Hypotheken, für die man keinen Einkommensnachweis brauchte. Diese Spekulationen
rechneten sich nur unter der Annahme, dass die Immobilienpreise weiter stark ansteigen würden. Selbst eine
Stagnation hätte diese Krise hervorgerufen. Ein Verfall
der Hauspreise war für diesen Markt katastrophal. Und
genau das war schließlich passiert.

Im Februar 2007 meldete New Century, der zweitgrößte Subprime-Kreditgeber in den USA, plötzlich hohe
Verluste im Subprime-Geschäft. Die Meldung schreckte
den gesamten Kreditmarkt auf. Überall stiegen die Zins-
margen, und zwar auch für Kreditpapiere, die überhaupt
nichts mit dem Immobiliensektor zu tun hatten. Denn
das Prinzip der Verbriefung wurde nämlich auch auf andere Kredite angewandt, auch Autokredite und Unternehmenskredite.

Ende Februar 2007 meldete die Börse von Schanghai einen plötzlichen Einbruch von knapp zehn Prozent. Der Grund hatte nichts mit dem Subprime-Debakel zu tun. Es war eine rein chinesische Angelegenheit. Die chinesische Regierung hatte zuvor angekündigt, Aktienspekulationen begrenzen zu wollen. Die Weltmärkte benutzten die Panik von Schanghai als Vorwand für eine Neubewertung der globalen Aktienmärkte. Auch in den Kreditmärkten kriselte es kurzfristig. Kredite wurden teurer, und es kehrte zumindest für ein paar Wochen wieder ein Sinn für Risiko in den Markt zurück. Die Krise schwappte kurzfristig vom Immobilienmarkt auf den Rest des Kreditmarkts über. Nach ein paar Wochen war aber diese Minikrise dann auch vorbei.

Der Boom ging danach fröhlich weiter und mit ihm immer verzweifeltere Versuche von Marktakteuren, diese Blase mit rationalen Argumenten zu erklären.

Später im Frühjahr nahm die Blase ein weiteres bedrohliches Ausmaß an. Man entwickelte einen neuen Typus von Kredit, einen Firmenkredit für Unternehmen mit schlechter Kreditwürdigkeit. Bei diesen Krediten verzichtete man auf die üblichen Kontrollen. Die maximale Höhe eines Kredites steht normalerweise in einem engen Zusammenhang mit dem Einkommen des Kreditnehmers. Ein Kreditnehmer ist normalerweise verpflichtet, bestimmte Liquiditätsvoraussetzungen zu erfüllen, wenn er den Vertrag für einen Kredit unterzeichnet. Jeder, der schon einmal eine Hypothek beantragt hat, weiß, dass die Banken in der Regel weniger als 100 Prozent des Immobilienwertes finanzieren, und dass die monatliche Abzahlung nicht höher sein darf als etwa ein Drittel des Nettoeinkommens. Das dient dazu, dass sich der Kreditnehmer nicht überlastet.

Bei dieser speziellen Form von Kredit wurde auf alle diese Vorsichtsmaßnahmen verzichtet. Es handelte sich dabei um ein Äquivalent von Subprime-Kredit, diesmal

übertragen auf den Markt für Unternehmenskredite. Im
Fachjargon spricht man von „Cov-light"-Krediten, was
für „Covenant light" steht. Das englische Wort „Covenant" bedeutet „Vertrag". Cov-light bezeichnet also eine
lockere vertragliche Regelung. Die maßlose Überhitzung
im Immobiliensektor griff nun auf den Markt für Unternehmensanleihen über. Unternehmen konnten somit
Konsortialkredite erhalten, auf die sie sonst keinen Anspruch gehabt hätten. Im Gegenzug dazu zahlte das Unternehmen einen etwas erhöhten Zinssatz. Da der Markt
regelrecht boomte, war dieser Zinssatz allerdings nur ein
wenig höher. Aus Sicht des Investors war der Ertrag relativ gering im Verhältnis zum Risiko. Nur scherten sich
die Investoren wenig um das Risiko. Hauptsache, die Ge-
winnmarge war etwas höher.

Die Kontroverse um diese hochriskanten Kredite erreichte ihren Höhepunkt im Mai 2007, als Anthony Bolton[1], ein bekannter Fondsmanager, öffentlich vor diesem
Instrument warnte. Es ist sehr selten, dass derartige War-
nungen direkt aus der Industrie selbst kommen, und
nicht etwa von Notenbankern oder Journalisten. Boltons
Kritik war eines von mehreren Warnsignalen zu dieser
Zeit, die signalisierten, dass hier ein Markt dabei war,
völlig aus den Fugen zu geraten.

Doch zunächst ging auch diese Kontroverse spurlos
an den Märkten vorbei. Die Kreditspannen – die Differenz zwischen den Zinssätzen von Krediten und denen
von sicheren Staatsanleihen – wurden immer geringer.
Die Investoren hatten zu dieser Zeit das Risiko völlig
ausgeblendet. Ein etwas naiver Fondsmanager sagte einmal der *Financial Times*, die Firmen hätten nicht genug
Zeit, pleitezugehen.

Das sollte sich als ein fulminantes Fehlurteil erweisen.
Fast der gesamte Markt unterlag der Illusion, Liquidität
sei schließlich ausreichend vorhanden. Doch dies ist oft
eine Illusion. Plötzlich passiert etwas, und die Liquidität

ist mit einem Mal verschwunden. Im deutschen Volks-
mund sagt man über Bankkredite, man bekomme sie nur,
wenn man sie nicht braucht. Ähnlich ist es mit der Liquidität. Sie ist ausreichend vorhanden, wenn man sie nicht
braucht. Aussagen, wonach Liquidität reichhaltig vorhanden sei, sollte man daher mit Vorsicht genießen.

Was ist eigentlich Liquidität?

Man hört überall, dass es reichlich Liquidität gibt. Die
einen behaupten, die Ursache für die Liquidität liegt
bei der Niedrigzinspolitik der Notenbanken, insbesondere der Federal Reserve in den Jahren 2001 bis 2003.
Andere sagen, die Ursachen liegen in den globalen Ungleichgewichten. Die eine Erklärung ist eine monetäre
Erklärung, die andere eine realwirtschaftliche. Die Argumente sind auf beiden Seiten alles andere als trivial.
   Wir kennen Liquidität, wenn wir sie sehen. Sie zu
definieren ist ungleich schwerer. Marktteilnehmer machen oft die schmerzliche Erfahrung, dass Liquidität
reichhaltig im Aufschwung vorhanden ist und dann im
Abschwung plötzlich verschwindet – also genau das,
was im August 2007 passiert ist. Das liegt daran, dass
im Abschwung die hinterlegten Sicherheiten weniger
wert sind und damit die Kreditversorgung reduzieren.
   Der Kreditmarktexperte Henry Maxey definiert
drei Sorten von Liquidität: Cash, also Bargeld, beziehungsweise liquide Mittel; Kredite, die auf der
Basis von Einkommenserwartungen gegeben werden,
wie etwa Konsumentenkredite; und schließlich Kredite auf der Basis von Sicherheiten, Collateral im
Englischen. Maxey macht eine weitere Klassifizie-
rung bezüglich der Herkunft der Liquidität, und zwar
solche, die von Zentralbanken direkt erzeugt wird;

solche, die vom klassischen Bankensystem erzeugt wird; und schließlich Liquidität, die vom Nichtbankensektor her stammt. Letztere zum Beispiel ist ausschlaggebend für den hohen Hebel bei den Krediten für Hedgefonds.

Die Arten von Liquidität beziehungsweise deren Herkunft sagt uns allerdings wenig über die Zusammenhänge zwischen diesen Gruppen aus. Es kann also schon sein, dass die Liquidität am Ende der Kette ein monetäres Phänomen ist, das direkt von den Zentralbanken durch eine konsequente Niedrigzinspolitik verursacht ist. Zentralbanken versorgen Banken mit Liquidität, die dann durch eine ganze Reihe von direkten und indirekten Kanälen Liquidität in die Wirtschaft schleusen. Woher genau der Kredit am Ende kommt, ist letztlich irrelevant.

Es kann aber auch sein, dass Liquidität globale Ursachen hat. Selbst wenn die heimischen Zentralbanken keine Schuld treffen sollte, kann Liquidität dadurch entstehen, dass einige Länder, zum Beispiel die OPEC-Staaten oder China, enorme Handelsüberschüsse mit den USA aufweisen und die überschüssigen Dollars durch den globalen Finanzmarkt schleusen. Eine Liquiditätsblase ist daher in letzter Konsequenz immer ein volkswirtschaftliches Phänomen.

Es waren die letzten Monate vor dem Crash. Im Juni 2007 meldeten zwei Hedgefonds der großen US-Bank Bear Stearns, dass sie durch die Subprime-Hypothekenkrisen in ernste Zahlungsschwierigkeiten gerieten. Damals hieß es, einer der Fonds stünde kurz vor dem Kollaps. Die Muttergesellschaft hat später die Fonds mit milliardenschweren Finanzspritzen gerettet. Im August 2007 wurde die Lage an den US-Hypothekenmärkten

immer brenzlicher. Nach New Century, dem zweitgröß-
ten US-Hypothekenkreditgeber, der im Februar Verluste
meldete und Anfang April nach amerikanischem Recht
das Insolvenzverfahren eröffnete, geriet plötzlich die
gesamte Subprime-Industrie ins Straucheln. Während
des zweiten Quartals 2007 beschleunigte sich der Verfall
der Häuserpreise. Der Case-Shiller-Hauspreisindex für
die 20 größten Städte der US fiel in diesem Quartal um
3,2 Prozent gegenüber dem Vorjahr. Im dritten Quartal
ging es weiter bergab. Die Varianz war sehr hoch. In
einigen Regionen, wie zum Beispiel Chicago oder Westküste, waren die Verluste sehr viel höher.[2]

Viele Experten hatten Ende 2006 prognostiziert, dass
sich der Immobilienmarkt bald wieder erholen würde.
Das Gegenteil ist eingetreten. Der Preisverfall beschleunigte sich, und gerade für die Kreditnehmer im Subpri-
me-Segment bedeutete der Knall im Immobilienmarkt
den Ruin. Die Hausbesitzer waren plötzlich mit einer
Situation konfrontiert, in der sie weder in der Lage waren, die Kredite abzuzahlen, noch, ihr Haus zu verkaufen. Denn der zu erwartende Erlös des Hauses war geringer als die gesamte Kreditschuld. Es passierte also, was
passieren musste. Immer mehr Subprime-Kredite wurden
nicht zurückgezahlt. Da die Banken die Kredite längst
weiterverkauft, aufgeschnitzelt und in kleine Pakete
transformiert hatten, waren sie selbst aus dem Schneider,
aber nicht die SIVs. Im Juni und Juli 2007 brodelte es
weiter, aber zumeist unterhalb der von der Öffentlichkeit
bemerkten Oberfläche. Es war die Ruhe vor dem Sturm.
Im August war es dann so weit.

Im August 2007 wurde schnell klar, welche Investoren
sich mit diesen Subprime-Produkten eingedeckt hatten.
Man vermutete zunächst, dass es hauptsächlich Hedgefonds waren. Hierbei handelt es sich um Investmentgesellschaften, die nicht reguliert sind und die höhere
Risiken eingehen als gewöhnliche Investmentfonds. Vor

der Krise hatte man große Angst davor, dass ein bedeutender Hedgefonds pleitegehen würde und damit seine eigenen Kreditgeber mit in den Abgrund reißen würde. Ähnliches passierte im Jahre 1998, als der damals größte Hedgefonds der Welt, Long-Term Capital Management, sich verspekulierte und eine Finanzkrise auf der Wall Street ausgelöst hatte.

Die ganze Welt starrte Anfang August wie gebannt auf die Hedgefonds. Es stellte sich heraus, man führte wieder einmal den Krieg von gestern. Die wirkliche Krise kam aus einer ganz anderen Ecke – aus der Ecke des Geldmarktes.

1.3 Akt III: Der Anfang der Krise

Der Schock kam am Donnerstag, den 9. August 2007. Um die Mittagszeit kam es in Europa in den Interbankmärkten plötzlich zu einem Verkäuferstreik. Dabei handelt es sich um Finanzmärkte, auf denen die Banken sich untereinander und ohne Sicherheit mit kurzfristigem Geld versorgen. Sie sind ein wichtiger Bestandteil der Finanzmärkte. Da es sich um extrem kurzfristige Kredite handelt, sind die Zinsen in diesem Markt relativ stabil, meist in der Nähe des Zentralbankzinses.

Um die Mittagszeit des 9. August 2007 herum passiert etwas Ungewöhnliches. Der Marktzins für Tagesgeld sprang plötzlich von ungefähr vier Prozent, dem Leitzinssatz der Europäischen Zentralbank, auf über 4,4 Prozent. Es war also offensichtlich, dass am Geldmarkt das Geld knapp wurde. Banken waren plötzlich nicht mehr willens, einander Geld zu leihen. Die EZB, zu deren Aufgabe es gehört, für stabile Konditionen an den Geldmärkten zu sorgen, intervenierte in einer bislang unbekannten Dimension. Binnen kürzester Zeit versorgte sie den Markt mit Liquidität im Wert von 95 Milliarden Euro. Die Interventionen dauerten mehrere Wochen, ohne dass es gelang, den Geldmarkt zu stabilisieren. Zeitweilig wuchs die Zinsdifferenz noch weiter. Überall auf der Welt lagen die Geldmarktzinsen knapp einen halben Prozentpunkt über den Leitzinsen. Es handelte sich um ein weltweites Liquiditätsproblem.

Die Nachricht der europäischen Geldmarktkrise verbreitete sich wie ein Lauffeuer und führte zu ähnlichen Geldmarktverwerfungen in anderen Kontinenten, natürlich auch in den USA, wo die Federal Reserve mithilfe von zwei Geldmarktoperationen an diesem Tag insgesamt 24 Milliarden Dollar in den Markt pumpte.

Einige Händler hofften, der Spuk ginge schnell vorüber, aber es wurde schlimmer. Die Liquiditätskrise im Interbankenbereich schwappte auf einen anderen Teil des Geldmarktes über, und zwar den Markt für Commercial Paper.

Was ist ein Commercial Paper?

Hierzu gibt das Wirtschaftslexikon24.net folgende sinnvolle Definition:[3] Bei Commercial Papers (CPs), oft auch Euro Commercial Papers oder Euronotes genannt, handelt es sich um Geldmarktpapiere, die als Inhaberpapiere ausgestattet sind. Sie sind insofern mit den Certificates of Deposit (CDs) vergleichbar. Im Gegensatz zu den CDs sind die Laufzeiten nicht standardisiert, sondern können auf individuelle Anlagebedürfnisse der Anleger abgestellt werden. Die Laufzeiten bewegen sich in der Regel zwischen 30 und 270 Tagen. Die Zinsen werden im Gegensatz zu den CDs abgezinst gezahlt. (Anmerkung des Autors: abgezinst heißt, wenn man sich 100 Mark für ein Jahr ausleiht zu einem Zinssatz von vier Prozent, dann erhält man am

Anfang 96,15 Euro und zahlt am Ende des Jahres die 100 Euro zurück). Commercial Papers werden vornehmlich durch erstklassige Industrieadressen begeben. Darüber hinaus treten in den USA die Niederlassungen ausländischer Banken als Emittenten auf.

CPs werden durch Broker vertrieben und durch diese auch auf dem Sekundärmarkt gehandelt. Voraussetzung für die Platzierung und den Handel ist ein ausgezeichnetes Rating der Emittenten. Adressen mit weniger guter Bonität können Commercial Papers mit der Garantie einer erstklassig eingestuften Bank oder Versicherungsgesellschaft begeben (Support Facilities, Back-up Lines) ... Eine wichtige Variante des klassischen Commercial Papers stellt das Asset-Backed Commercial Paper dar, im Deutschen auch wertbesichertes Geldmarktpapier genannt. Commercial Papers werden hauptsächlich von großen Industrieunternehmen für die kurzfristige Finanzierung benutzt. Dieses Teilsegment des Marktes war zunächst nicht betroffen, aber auch das sollte sich später ändern.

Als sich die Krise auf den Commercial-Paper-Markt ausdehnte, war hauptsächlich nur ein Subsegment betroffen, und zwar der schon erwähnte Markt für wertbesicherte Geldmarktpapiere, ABCP. Der ABCP-Markt ist dabei der Markt, in dem sich vor allem die SIVs kurzfristig finanzierten.

Und somit hatten die Zweckgesellschaften gleich zwei Probleme. Die langfristige Finanzierung funktionierte nicht mehr, da die Investoren die Wertpapiere nicht mehr kaufen wollten, und die kurzfristige Finanzierung funktionierte ebenfalls nicht, weil der Geldmarkt diese Wertpapiere nicht mehr als ausreichende Sicherheit akzeptierte. Und somit kam es zu einer akuten Finanzkrise

bei einigen dieser Gesellschaften. Sie saßen auf ihren
Papieren, und keiner wollte sie haben, auch nicht der
ABCP-Markt, wo man sie normalerweise als Sicherheit
hinterlegen kann.

Die Krise hatte zu diesem Zeitpunkt also fast den gesamten Geldmarkt umfasst. Auch wenn die Zweckgesellschaften den Banken nicht gehören, die Banken stehen
trotzdem für ihre Verluste gerade. Und so kam es zu den
verschiedenen Minikrisen bei den Banken, zunächst bei
Bear Stearns, dann bei der IKB und der Sachsen LB, und
später bei den Investmentbanken. Banken wie Citibank,
Bank of America oder auch die Deutsche Bank sowie
einige Investmentbanken wie Merrill Lynch hatten mil-
liardenschwere Verluste erlitten, die sie im dritten Quartal begannen, abzuschreiben. Bei Merrill Lynch und der
Citibank mussten später die Chefs zurücktreten. Das
Problem während dieser ganzen Zeit war, dass kaum einer wusste, wie tief das Fass war. Es kamen täglich neue
Katastrophenmeldungen hinzu.

Die IKB Deutsche Industriebank in Düsseldorf unterhielt ebenfalls einen SIV mit dem Namen Rhineland Funding. Wie andere auch erlitt auch dieser SIV kurzfristige
Zahlungsschwierigkeiten. Nur konnte die IKB die Mittel
zur Rettung von Rhineland Funding nicht selbst aufbringen, und es kam zum Eklat.

Der Chef der Bankenaufsicht Bafin, Jochen Sanio,
warnte daraufhin vor der schwersten Bankenkrise seit den
30er-Jahren, ein Kommentar, der zwar logisch richtig
war, aber zu diesem Zeitpunkt die Märkte in Deutschland noch weiter verunsicherte. Die bundeseigene Kredit-
anstalt für Wiederaufbau, einer der Anteilseigner der
IKB, sprang sofort mit einer Kreditlinie von 8,1 Milliarden Euro ein. Effektiv bedeutete dies: Die Bundesregierung hat diese Bank gerettet. Die IKB wäre ohne diese
Hilfe in akute Schwierigkeiten geraten. Der Aufsichtsrat
der IKB war ebenfalls nicht vollständig informiert und

schien mit der ganzen Angelegenheit hoffnungslos überfordert.

Zwischenzeitlich gab es auch eine weitere Krise in
einer deutschen Bank, die allerdings mit der Kreditmarktkrise nicht im Zusammenhang stand. Auch die Düssel-
dorfer WestLB geriet in Schwierigkeiten, weil sich dort
einige Händler verspekuliert hatten.[4] Die Nervosität an
diesen Märkten war zu dieser Zeit extrem.

Im August wiederholte sich das Schauspiel bei der
Sachsen LB. Auch dort gab es Subprime-Verluste, auch
dort gab es Bankmanager, die nicht wussten, wie ihnen
geschah. In diesem Fall bestand die Rettung in einer Fusion mit einer anderen Landeszentralbank, und zwar die
LBBW in Stuttgart, die dann später auch eine Fusion mit
der WestLB anstrebte.

Die Krise, die im Subprime-Geschäft in den grauen
Vororten amerikanischer Großstädte ihren Ursprung
nahm, hatte Mitte August 2007 den deutschen Bankensektor erreicht. Die ersten Opfer waren also nicht die
hochriskanten Hedgefonds, sondern stinklangweilige Finanzinstitutionen wie die IKB oder die Sachsen LB. Die
bravsten deutschen Kleinbanken, die sich darauf spezialisiert haben, mittelständische Betriebe zu finanzieren,
haben sich massenweise mit diesen Schrottpapieren eingedeckt. Natürlich ist das Problem nicht auf die IKB und
die Sachsen LB beschränkt. Überall in Europa haben sich
Banken mit Papieren versorgt, die Traumrenditen von bis
zu 20 Prozent versprachen, Renditen, von denen man im
Aktienmarkt nur träumen kann.

Was die Investoren nicht beachteten, war, dass sie in
Märkte investierten, deren Liquidität nicht gesichert war.
Natürlich war die Liquidität groß, als die Zeiten noch
gut waren, aber das änderte sich sehr schnell, als die
Banken feststellten, dass es keine Käufer für diese Wertpapiere mehr gab. Ein kurzfristiger Käuferstreik wäre
noch zu verkraften gewesen, aber der hohe Zahlungsaus-

fall der amerikanischen Subprime-Hypotheken bedeutete, dass die von den Banken gehaltenen Wertpapiere tatsächlich weniger wert waren. Als die Krise ausbrach,
waren viele dieser Papiere schrottreif.

In den folgenden Wochen Ende August bis Mitte September wurde sehr viel diskutiert. Wie schlimm ist die
Krise? Weitet sie sich aus? Ist das eine reine Finanzkrise,
oder wird die Wirtschaft insgesamt darunter leiden? Was
sollen die Zentralbanken tun? Sollte man den Markt
weiter mit Liquidität versorgen? Die Leitzinsen senken?
Gerade unter Notenbankern selbst wurde dieses Thema
heftig diskutiert.

Im August und September verschlechterte sich auch
die Lage bei den US-Immobilien. Der Finanzökonom
Robert Shiller von der Universität Yale, und Koautor des
Case-Shiller-Hauspreisindex, sagte voraus, dass sich Teile der USA auf Wertverluste von bis zu 50 Prozent gefasst
machen müssten, damit Hypotheken und Mietsätze wieder in Einklang gebracht werden. Wenn Shiller recht mit
seiner Prognose hat, denn steht der wirkliche Verfall der
US-Hauspreise erst noch bevor.

Für die US-Wirtschaft gehört ein derart hoher Preisverfall zu den denkbar gravierendsten ökonomischen
Ereignissen überhaupt, denn der Immobilienmarkt übt
einen übermäßig großen Einfluss auf die Wirtschafts-
leistung aus. Die Möglichkeit eines drastischen Einbruchs
der Immobilienpreise alarmierte daher eine ganze Reihe
von Ökonomen, auch innerhalb der amerikanischen Zentralbank.

Anfang September während des jährlichen Sympo-
siums der Notenbanker in Jackson Hole[5] im US-Bun-
desstaat Wyoming forderte der ehemalige Wirtschaftsberater von Ronald Reagan, Martin Feldstein, die Federal
Reserve dazu auf, die Zinsen um einen ganzen Prozentpunkt von 5,25 auf 4,25 Prozent zu senken, um eine
Rezession abzufedern. Auch der Notenbank-Gouverneur

Frederick Mishkin[6] argumentierte dort, dass eine Notenbank durchaus eine durch einen Immobiliencrash verursachte Rezession abwenden kann, aber nur, wenn sie
entschlossen und schnell genug reagiert. Es gab während
dieser Tage viele Vorschläge, wie man diese Krise bewältigen sollten. Die Ökonomen Willem Buiter und Anne
Sibert[7] schrieben in mehreren Kommentaren in der *Financial Times*, das Grundproblem sei schließlich das Versa-
gen eines Markts, der nicht in der Lage ist, den Preis für
bestimmte Wertpapiere zu bestimmen. Wäre es da nicht
angebracht, wenn die Zentralbanken in ihrer Funktion
als Kreditgeber der letzten Instanz diese Papiere als Sicherheiten akzeptieren würden?

Die Zentralbanken lehnten diesen Vorschlag ab. Aber
unter den Zentralbanken gab es erhebliche Unterschiede.
Die Europäer waren am großzügigsten, vielleicht auch,
weil gerade in Europa die ersten Banken ins Straucheln
gerieten. Die EZB versorgte die Banken mit ausreichend
viel Geld zu den normalen Konditionen. Die Bank of
England hingegen zeigte sich in diesen Monaten weniger
großzügig. In Großbritannien unterhält die Zentralbank
die Möglichkeit der Notfinanzierung zu einem entsprechend hohen Zinssatz. Ähnliches gibt es auch in den
USA. Die Banken nehmen diese Kredite nur ungern in
Anspruch, zum einen, weil die Zinsen sehr hoch sind,
und zum anderen, weil es peinlich ist, zugeben zu müssen, dass man solche Kredite nötig hat. In England versuchte man, derartige Geschäfte geheim zu halten, aber
in einem modernen Finanzmarkt wie der City von London, umzingelt von Tausenden Journalisten, ist so etwas
nicht möglich.

Zum offenen Streit kam es Mitte September, als der
Gouverneur der englischen Notenbank, Mervyn King[8],
der EZB den Vorwurf machte, dem Markt übermäßig
viel Liquidität zur Verfügung zu stellen. King argumentierte, die Probleme in den Märkten sitzen tiefer. Es han-

dele sich nicht um eine Liquiditätskrise, die mit einem Überbrückungskredit getilgt werden könnte, sondern um eine strukturelle Krise. Wenn man den Märkten zu große Mengen an Liquidität zur Verfügung stellt, so King, dann geht man große moralische Risiken ein. Man schiebt das Problem von heute auf morgen. Die Spekulanten, durch die Liquiditätszufuhr erneut gestärkt, würden dann später zurückkehren und alles noch schlimmer machen. Gegen dieses Argument sprach sich später der ehemalige US-Finanzminister Larry Summers aus.[9] Er sagte, schlimmer noch als diese moralische Gefahr, die von dieser Situation ausgeht, wären die Moralisten, die diese Gefahr immer heraufbeschwören. Er meinte natürlich den britischen Notenbank-Gouverneur, ohne ihn explizit beim Namen zu nennen.

Mervyn King galt unter den Notenbank-Gouverneuren als ein Primus inter Pares. In den 80er-Jahren ein anerkannter Geldtheoretiker, der an der London School of Economics forschte und lehrte, wurde King in den frühen 90er-Jahren Chefökonom der Bank of England, später Stellvertretender Gouverneur und schließlich Notenbankchef. Sein Ruf war bis zu diesem Zeitpunkt unbestritten. Er war einer der Erfinder des Prinzips der direkten Inflationssteuerung, eine Methode, mit der Zentralbanken eine vorgegebene Inflationsrate mithilfe eines Prognosemodells ansteuern konnten. King sagte einmal, sein Ziel sei, die Geldpolitik langweilig zu machen. Es ginge schließlich nicht um Leben und Tod oder um den Kampf zwischen einer Theorie und einer anderen, sondern nur um technische Fragen. Das Direktorium der Bank of England bestand daher auch vorwiegend aus Technikern, die sich um den Verlauf von projizierten Inflationskurven stritten.

Kings hohes Ansehen geriet innerhalb 24 Stunden ins Wanken, als er an einem Tag etwas behauptete und am nächsten Tag das Gegenteil unternahm. Nachdem er am

Donnerstag, den 13. September, vor der moralischen Gefahr warnte, die davon ausgeht, wenn Zentralbanken anfangen, das Finanzsystem mit allzu viel liquiden Mitteln zu versorgen, wurde ein Tag später, am Freitag, den 14. September, bekannt, dass ausgerechnet die Bank of England einer britischen Hypothekenbank namens Northern Rock unter die Arme gegriffen hat.

Die von King kurz zuvor kritisierten Europäer waren schockiert, zum einen, dass einer ihre Kollegen sie öffentlich so scharf attackierte, und zum anderen, dass er dann selbst einen „Bail-out" finanzierte, also die Rettung einer Bank in Not. Des Weiteren hatte die Bank of England keine andere Notenbank in Kenntnis gesetzt.

In einem Artikel in der *Financial Times*[10] verteidigte der französische Notenbankchef Christian Noyer die Haltung der EZB in dieser Angelegenheit. Immerhin hat die EZB nicht eine einzige Bank direkt gerettet. Sie hat lediglich dem gesamten Markt Geld zur Verfügung gestellt. Die Bank of England hingegen verlieh eine Milliardensumme an eine ziemlich aggressive Bausparkasse, die zuvor dadurch bekannt geworden war, dass sie im überhitzten britischen Immobilienmarkt Hypotheken im Wert von 130 Prozent des Hauspreises zur Verfügung stellte. Hier handelte es sich also nicht um die nette Nachbarschaftsbank, sondern um eine Zockerbank.

Die Bank of England war an dieser Notrettung beteiligt. Die Initiative selbst ging aber von der britischen Regierung aus. So wie die Bundesregierung nicht das Risiko eingehen wollte, die Sachsen LB zum Einsturz zu bringen, so wollten die Briten nicht Northern Rock untergehen lassen, vorwiegend aus politischen Gründen.

Als die Nachricht von der Notfinanzierung für Northern Rock über die BBC am Morgen des 14. September 2007 verbreitet wurde, kam es in England zu einem klassischen Run auf die Bank.[11] Die Kunden standen Schlange, um ihre Konten bei Northern Rock aufzulösen. Die

Online-Kunden beschwerten sich, dass sie nicht in der Lage waren, sich in das System einzuloggen, denn die Computersysteme von Northern Rock waren hoffnungslos überlastet. Binnen zweier Tage haben die Kunden zwei Milliarden britische Pfund aus ihren Northern-Rock-Konten abgezogen. Drei Tage lang schwelte die Krise, bis sich die Lage allmählich beruhigte.

King und die Treasury, nicht die EZB, machten den kapitalsten Fehler, den eine Zentralbank in dieser Situation machen kann. Auf keinen Fall darf eine Zentralbank insolvente Finanzinstitutionen unterstützen. Die Spekulanten sind die Gewinner. Wenn ihre riskante Wette aufgeht, behalten sie den Gewinn. Wenn nicht, greift ihnen die Zentralbank oder die Regierung unter die Arme. Der Dumme in diesem Spiel ist der Steuerzahler.

In den 90er-Jahren sprach man auch vom sogenannten Greenspan-Put, ein Ausdruck aus der Welt der Optionen. Ein Put ist ein Instrument, das einem Investor im Fall eines Absturzes Absicherung bietet. Der damalige Fed-Chef Alan Greenspan, einer der marktfreundlichsten Fed-Chefs aller Zeiten, gehörte zu denen, die mit ihrer Zinspolitik die Blase an den Kreditmärkten maßgeblich beeinflussten. Die moralische Gefahr besteht darin, dass die Investoren in den guten Zeiten die hohen Renditen ernten, in den schlechten Zeiten von den Zentralbanken unterstützt werden. Genau das aber ist passiert. Jahrelang machten die Banken im Kreditmarkt gute Gewinne. Als es knallte, riefen sie nach staatlichen Hilfen.

Der Greenspan-Put kam erneut Ende September, als die US-Notenbank beschloss, die Leitzinsen von 5,25 Prozent auf 4,75 Prozent zu senken. Vorher entstand in den Finanzmärkten ein enormer Druck, dem die Fed nicht widerstehen konnte. Als die Leitzinssenkung bekannt gemacht wurde, da spekulierten die Märkte erneut schon auf die nächste Zinssenkung. Von den Märkten wurden die jetzt billigeren Zinsen mit großer Begeisterung aufgenommen. Binnen Kurzem schossen sich die Aktienmärkte auf neue Höchststände ein, zum Teil höher noch als vor der Krise. Zumindest auf diesem wichtigen Markt schien die Krise Ende September zu Ende zu sein.

Auf einem anderen Markt jedoch wurde es schlimmer. Durch die Leitzinssenkung wurde der Dollar für Spekulanten unattraktiver. Ende Oktober sank der Euro-Wechselkurs gegenüber dem Dollar auf 1,45 Dollar pro Euro, ein historisches Hoch. Während dieser Zeit stieg auch der Ölpreis auf neue Rekorde – Ende Oktober auf knapp 100 Dollar pro Barrel – und die Feinunze Gold wurde mit knapp 800 Dollar gehandelt. Die Märkte hatten plötzlich Angst vor einem Anstieg der Inflation, und gleichzeitig freuten sie sich über jede Zinssenkung. Ende Oktober legte die Fed mit einer weiteren, diesmal kleineren Zinssenkung nach, auf 4,5 Prozent. Zu diesem Zeitpunkt war die Zinsdifferenz zwischen den USA und dem Euro-Raum fast geschmolzen.

Was die Entwicklung der Kreditmärkte selbst anging, war der Oktober ein relativ ruhiger Monat, aber es fühlte sich in den Märkten erneut an wie die Ruhe vor dem Sturm. Im Oktober gab es zwei wichtige Ereignisse. Das erste war die Etablierung eines großen Rettungsfonds für den Kreditmarkt. Citibank, Bank of America und Bear Stearns einigten sich unter Druck des amerikanischen Finanzministeriums, einen Rettungsfonds in einer Größenordnung von 75 bis 100 Milliarden Dollar einzurichten mit dem Ziel, als Käufer der letzten Instanz den Kreditmarkt von seiner illiquiden Notlage zu befreien. Es hörte sich zunächst an wie eine großartige Rettungsaktion. Die Banken, die für den Schlamassel verantwortlich waren, ziehen jetzt die Konsequenzen. Aber in den Tagen und Wochen danach kamen immer mehr Skepsis und Kritik auf. Denn auch ein Rettungsfonds kann schließlich nicht das Grundproblem lösen, denn der Rettungsfonds selbst ist nichts anderes als ein SIV. Auch der Rettungsfonds kauft schlechte Papiere auf und wandelt sie in vermeintlich gute Papiere um. Die Frage, die am häufigsten gestellt wurde zu dieser Zeit, war: Was passiert, wenn der Rettungsfonds in Schwierigkeiten gerät? Denn schließlich war das Grundproblem ein fehlerhafter Markt in diesen Produkten. Es gab keinen regelrechten Marktmechanismus, vor allem gab es keinen Preismechanismus. Die Preise errechneten sich aus einem theoretischen Modell, dem zu diesem Zeitpunkt keiner mehr vertraute. Der Rettungsfonds löste also das Problem nicht. Die Produkte blieben weiterhin intransparent. Der Marktmechanismus funktionierte nicht. Die Endkunden streikten, da sie diesen Produkten mit Recht nicht vertrauten. Was passiert also, wenn der Rettungsfonds pleitegeht? Die Antwort wurde nie gegeben, aber es war zu erwarten, dass hier erneut der amerikanische Steuerzahler einspringt. Schließlich wurde der Dachfonds mithilfe von US-Finanzminister Hank Paulson aufgesetzt. Die Regierung hing also mit drin, und war wieder in einer ähnlichen Situation wie Ende der 80er-Jahre, als sie in die missliche Lage geriet, die Sparkassenindustrie zu retten, die durch eine maßlose Zockerei in eine Krise geraten war. Erneut schlug die moralische Gefahr zu. Die Wall Street steckt in den guten Zeiten die Gewinne ein und bettelt in den schlechten Zeiten um Almosen von den Steuerzahlern. Dass sich derartiges Verhalten am Ende rächt, sollte nicht überraschen.

Die richtige Antwort wäre gewesen, dass die Banken tatsächlich ihre Risiken voll abschreiben, anstatt zu versuchen, sich über die nächste Runde zu retten. Denn genau das bedeutete der Rettungsfonds: nicht die Lösung des Problems, sondern ein Aufschub. Ökonomisch war diese Idee ähnlich missraten wie die Agrarpolitik der Europäischen Union. Dieser Rettungsfonds war der Versuch, die zum Teil unrealistischen Preise im Kreditmarkt aufrechtzuerhalten.

Das zweite wichtige Ereignis war die Herbsttagung des Internationalen Währungsfonds (IWF) in Washington, auf der die Kreditkrise natürlich das Hauptthema war. Man erhoffte sich von den Gesprächen und auch vom Treffen der Finanzminister der sieben größten Industrienationen Aufklärung. Das G-7-Treffen einigte sich darauf, dem vom italienischen Notenbankchef Mario Draghi geleiteten Finanzstabilitätsforum – eine Gruppe aus Notenbankern und Regulierern – den Auftrag zu geben, Empfehlungen für die Zukunft zu geben. Die Notenbanken suchten die Schuld natürlich nicht bei sich selbst, sondern bei den Marktteilnehmern. Und so kam eine relativ lauwarme Empfehlungsliste heraus. Man wolle die Transparenz erhöhen und die Rolle der Hedgefonds näher untersuchen. Auf die Idee, dass die Krise auch etwas mit der Niedrigzinspolitik der Notenbanken zu tun haben könnte, auf diese Idee kam dort niemand.

Ein hochrangiger Banker traf mit einem Kommentar am Ende der Tagung den Nagel auf den Kopf. Er sei, so sagte er, mit mehr Optimismus nach Washington geflogen als von Washington zurückgekehrt. Spätestens da war allen Beteiligten klar, dass die Krise noch längst nicht vorüber ist.

Auch der IWF warnte vor den langfristigen Auswirkungen dieser Krise. Im Oktober schien das Schlimmste zwar vorbei zu sein. Zumindest hatten die Banken einen Überblick über den entstandenen Schaden. Aber man war sich immer noch nicht sicher darüber, wie es weitergehen sollte. Die Unsicherheit dominierte die Stimmung der IWF-Tagung. Insbesondere machte man sich Sorgen über den Einfluss der Krise auf die Realwirtschaft. Die US-Wirtschaft begann zu dieser Zeit schon abzubauen. Der Verfall der Häuserpreise schien sich zu beschleunigen. Ebenfalls war unklar, ob und wie eine Verlangsamung der US-Wirtschaft oder gar eine Rezession auf den Rest der Weltwirtschaft wirkt.

Anfang November, als einige die Krise schon vorüber wähnten, kam es zu Problemen in einem anderen Teil des Kreditmarktes, der noch obskurer schien. Sogenannte Monoline-Versicherungen, Finanzfirmen, die sich darauf spezialisierten, Bondemissionen zu versichern, insbesondere amerikanische Kommunalanleihen (sogenannte Munis) gerieten plötzlich in große Not. Am 1. November kam es zu einem Minicrash bei Finanztiteln in den Aktienmärkten.

An diesem Punkt endete die Narrative meines Buches *Vorbeben*. Seitdem haben sich die Ereignisse nur so überschlagen. Es war sehr typisch für den Verlauf, dass die Krise in Wellen über uns einbrach und nicht geradlinig, sodass hier tatsächlich die Erdbeben-Metapher gut passte. Im Laufe des Monats November beruhigte sich die Lage zunächst. Ich selbst nahm damals an einer von Maybrit Illner moderierten Veranstaltung im Rahmen der Mittelstandstagung vom Bundesverband der Deutschen Industrie teil. Dort behauptete der Banker einer größeren deutschen Privatbank, die Finanzkrise sei spätestens im Frühjahr 2009 zu Ende. Ich hielt tapfer dagegen und warnte, dass er und seine Kollegen diese Krise erheblich unterschätzen. Er war nicht allein. Auch der Chef der Deutschen Bank, Josef Ackermann, hat mehrmals während dieser Ruhephasen erklärt, der Höhepunkt der Krise liege hinter uns. Die wellenförmige Natur dieser Krise machte diese Art von Prognose auch relativ einfach. Denn in den Ruhephasen geschah relativ wenig. Auch in den Nachrichten wandte man sich anderen Themen zu. Diese Krise brodelte aber weiter, wenn auch im Hintergrund.

Im Dezember flammte sie erneut auf. Ein gutes Indiz für diese wellenförmige Natur der Krise ist der sogenannte TED Spread. Das Wort „Spread" bedeutet die Differenz zweier Zinssätze. Der TED Spread misst die Differenz zwischen den Zinsen für dreimonatige ameri-

kanische Staatsanleihen, die als die sichersten Wertpapiere der Welt gelten, und den Drei-Monats-Zinsen auf den
Geldmärkten. Normalerweise dürften sich die beiden
Sätze nicht um viel unterscheiden. Im Geldmarkt handeln die Banken untereinander ohne jegliche Sicherung.
Früher vertraute man einander, und da war der Zins eben
der geringste, den es im Markt gab, also ähnlich dem für
Staatsanleihen. Seit Ausbruch der Krise im August 2007
klafften die beiden Zinssätze allerdings erheblich ausein-
ander. Der Grund dafür lag darin, dass die Banken einander nicht mehr vertrauten, oder wie es der Ökonom Paul
De Grauwe[12] beschrieb, die Banken misstrauten dem System insgesamt. Ein Jahr später war das Problem nicht
mehr, dass man nicht wusste, ob Bank A oder Bank B
insolvent war. Man ging davon aus, dass große Teile des
gesamten Bankensystems insolvent waren.

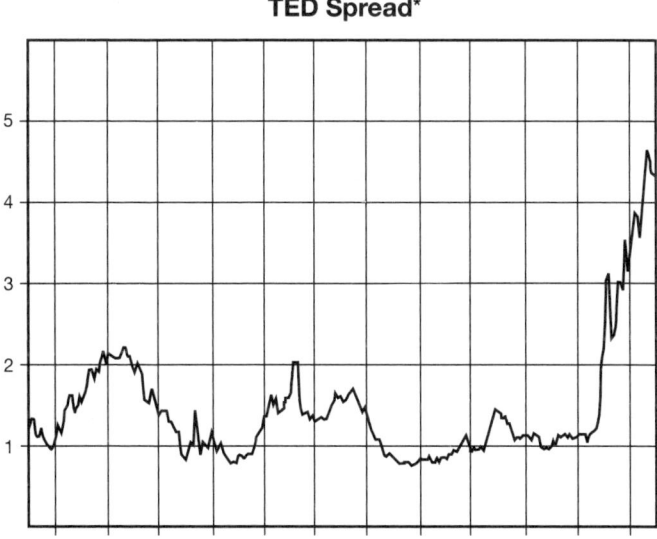

TED Spread*

11/07 12/07 01/08 02/08 03/08 04/08 05/08 06/08 07/08 08/08 09/08 10/08

* Differenz in Prozentpunkten zwischen Marktzins auf Drei-Monats-
  Treasury-Bills und Drei-Monats-Libor.

Um bei der Erdbeben-Metapher zu bleiben: Der TED Spread war somit ein guter Seismograf der Krise. Je höher diese Zinsdifferenz, desto höher das Misstrauen der Banken untereinander. Wie man auf der Grafik erkennt, schlug der TED Spread zunächst im Dezember 2007 aus, später im März 2008, und dann massiv im September/Oktober 2008. Im Oktober 2008 war der Geldmarkt komplett trocken. Es gab nur Nachfrage, kein Angebot. Damals stieg der TED Spread auf weit über vier Prozent. Normal ist eine kleine Zahl, etwas größer als Null. Während der gesamten Krise fiel der TED Spread kaum unter ein Prozent, und während der großen Krisenmomente stieg er immer kräftig an, zunächst im Dezember 2007.

Der Grund damals war das bevorstehende Ende des Jahres, an dem Firmen und Banken ihre Bilanzen erstellen müssen. Ende November kam es im Geldmarkt zu erheblichen Turbulenzen. Die Banken wollten am Jahresende ausreichend Geldmittel zur Verfügung haben, um eventuelle Forderungen zu begleichen, und somit gab es Ende November eine erhebliche Nachfrage nach Einmonatsgeld, also Kredite im Interbankenmarkt mit einer Laufzeit von einem Monat. Da die Krise zu dieser Zeit noch andauerte, mussten die Banken ihre Bilanzen der Krise anpassen. In der Zwischenzeit wurden viele der Zweckgesellschaften wieder in die Bilanzen der Banken konsolidiert. Die verbrieften Wertpapiere, für die der Markt fast komplett zusammengebrochen war, mussten teilweise abgeschrieben werden. Wie man diese Abschreibung vornehmen sollte und wie viel man abschreiben sollte, war überhaupt nicht klar. Er herrschte enorme Unsicherheit, und das bedeutete, dass sich Banken mit ausreichend flüssigen Mitteln eindeckten, um vor Überraschungen gewappnet zu sein. Im Laufe des Dezembers verschlechterte sich die Situation weiterhin. Der TED Spread stieg damals auf über zwei Prozent.

Die Notenbanken haben auf diese Situation natürlich reagiert, wenn auch unterschiedlich. Die Europäische Zentralbank beschränkte sich darauf, dem System ausreichend Liquidität zuzuführen. Die EZB versorgt die Banken mit Liquidität durch sogenannte Repo-Auktionen. Durch diese Auktionen erhalten die Banken einen 14-tägigen Kredit von der EZB. Als Sicherheit müssen sie hochwertige Wertpapiere hinterlegen, und der Zinssatz, den sie zahlen, ist der sogenannte Repo-Satz. Es handelt sich dabei um den Leitzins, über den in den Medien immer berichtet wird. Die EZB verfügt auch noch über andere Instrumente. Während der Krise hat sie ihre Liquiditätsbemühungen erheblich verstärkt. Man sollte allerdings nicht den Fehler machen, zu glauben, die EZB hätte ihr Geld gedruckt und den Banken zugeschustert. Das ist nicht so. Die EZB gibt und entnimmt dem System zu unterschiedlichen Zeiten Liquidität. In der Gesamtmasse hat sich kaum etwas verändert. Es wurde lediglich zu bestimmten Stoßzeiten die Liquiditätsversorgung aufgestockt.

Die EZB hat allerdings zu diesem Zeitpunkt den Repo-Zinssatz nicht geändert. Der blieb damals sehr lange noch bei vier Prozent. Er sollte im Sommer kurzfristig steigen, ist im Herbst 2008 aber schon wieder gesenkt worden.

Die amerikanische Notenbank Federal Reserve war in der Zinspolitik aktiver, startete allerdings auch von einem höheren Niveau. Nach der Senkung des Leitzinses im September 2007, von 5,25 Prozent auf 4,75 Prozent, kam es noch zu zwei kleinen Zinssenkungen, im Oktober und Dezember, die den Leitzins auf 4,25 Prozent reduzierten. Zu dem Zeitpunkt war der amerikanische Zinssatz immer noch ein wenig höher als der europäische. Die wichtigste Entscheidung der Fed im Dezember war eine erhebliche Aufstockung ihrer Liquiditätsversorgung. Anders als die EZB operiert die Fed im Normalfall nicht über Repo-Auktionen, sondern direkt über die Geldmärkte über ein Netz von ungefähr 20 bevorzugten Geldmarkthändlern. Die anderen Banken versorgen sich dann direkt über den Geldmarkt. Am 12. Dezember 2007 beschloss die Fed die Einführung einer sogenannte Term Auction Facility, oder TAF. Hierbei handelt es sich um Repo-Auktionen, die es ermöglichten, dass alle 7.000 amerikanischen Banken direkten Zugang zur Fed haben. Es handelt sich effektiv um Monatsgeld, genauer um Notenbankkredite mit einer Laufzeit von bis zu 35 Tagen. Für die Fed war die Einführung der TAF eine echte Revolution. Des Weiteren haben Fed und EZB vereinbart, sich gegenseitig mit Geld zu versorgen, mittels eines Swaps. Wie genau ein Swap funktioniert, ist Inhalt eines der nächsten Kapitel. Mit dem Swap erhält die EZB direkten Zugriff auf Dollars, die sie den europäischen Banken gewähren kann. In der Tat gab es unter den europäischen Banken einen enormen Bedarf an Dollar-Liquidität. Durch den Swap war es ihnen möglich, diese Dollars direkt von der EZB zu bekommen.

Der amerikanische Ökonom Stephen Cechetti[13], der im Jahre 2008 Chefvolkswirt der Bank für Internationale Zusammenarbeit wurde, beantwortete zu dieser Zeit die Frage, ob diese neuen revolutionären Liquiditätsmaßnahmen uns aus der Krise helfen würden, mit einem „Ich hoffe doch sehr". Kurze Zeit später war klar, dass es nicht ausreichen würde, dass auch viele andere Programme, die man später auflegte, ebenfalls nicht ausreichen würden.

Wie man der TED-Spread-Kurve entnehmen kann, beruhigte sich die Situation im neuen Jahr zunächst. Ende Januar senkte die Fed den Leitzins um ganze 0,75 Prozentpunkte auf 3,5 Prozent, ein paar Tage später auf drei Prozent. Im März ging es dann runter auf 2,25 Prozent und im April auf zwei Prozent. Dort blieb der Zinssatz bis Anfang Oktober, als man die Zinsen durch eine koordinierte Aktion aller Zentralbanken nochmals um 0,5 Prozentpunkte senkte.

Die EZB senkte die Zinsen nicht und erhöhte sie sogar kurzfristig im Juli auf 4,25 Prozent wegen der im Frühjahr und Sommer stark ansteigenden Inflation. Der Ölpreis war mittlerweile auf ein Rekordniveau von 140 Dollar pro Barrel gestiegen, und die EZB wollte vermeiden, dass sich die höheren Rohstoffpreise in erhöhten Inflationserwartungen widerspiegeln würden.

Anfang März des Jahres 2008 herrschte noch relativer Optimismus. Natürlich war die Krise noch nicht beendet. Die Preise amerikanischer Immobilien befanden sich immer noch im freien Fall, und die Krise würde kaum vorher zu Ende sein, denn schließlich war man nicht in der Lage, den Wert eines verbrieften Subprime-Produktes zu ermitteln, solange der Immobilienmarkt fiel. Aber es kam zumindest nicht zu einer systematischen Bankenkrise. Es gab zu dieser Zeit auch noch Optimisten, die das alles nicht für so schlimm hielten. Wir wollen uns hier nicht das Vergnügen machen, diese Leute jetzt noch zu zitieren. Der Internationale Währungsfonds machte damals Schlagzeilen mit der Einschätzung, dass die Banken bis 1.000 Milliarden Dollar abschreiben müssten. Das war die bislang höchste Schätzung und wurde seitdem auch noch erheblich nach oben revidiert. Es sah aber Anfang März 2008 noch so aus, als würde das Bankensystem insgesamt die Krise bewältigen können, wenn auch mit erheblichen Belastungen.

Diese Einschätzung sollte sich Mitte des Monats radikal ändern.

In der Woche vom 10. März 2008 taten sich Gerüchte auf, dass die New Yorker Investmentbank Bear Stearns zahlungsunfähig sei. Ob und wieweit diese Gerüchte zu diesem Zeitpunkt stimmten, ist sehr schwer zu beweisen. Jedenfalls versuchte die angesehene Investmentbank eine ganze Woche, diese Gerüchte zu dementieren. Bear Stearns war eine der aggressivsten Investmentbanken während des Subprime-Booms, und man fürchtete extrem hohe Abschreibungsverluste. Wie hoch diese Verluste sein würden, war nicht bekannt, aber wie es so oft in solchen Fällen passiert, reicht allein das Gerücht in Verbindung mit einem Bauchgefühl von Angst, eine Bank in den Abgrund zu treiben. Bear Stearns erlitt, wie ihr Chef Alan Schwartz später berichtete, einen klassischen Bank-Run.

Nun ist Bear Stearns keine normale Bank mit Kunden, die dort ihr laufendes Konto oder Sparkonto unterhalten. Bei einer Investmentbank bedeutet ein Bank-Run die Weigerung anderer Banken, den Geldhahn weiter aufzudrehen. Bear Stearns war plötzlich nicht mehr in der Lage, sich zu refinanzieren, weil die Banken Angst hatten, dass Bear Stearns einen Kredit nicht mehr zurückzahlen konnte. Diese Angst war angesichts der späteren Ereignisse so irrational nicht. Wie der britische Zentralbank-Gouverneur Mervyn King einmal sagte: Wenn ein Run erst einmal beginnt, dann ist es völlig rational, dass sich Menschen daran beteiligen. Das einzige Irrationale ist sein Anfang – und auch dafür gibt es oft rationale Gründe. Bear Stearns konnte sich gerade in das Wochenende hineinretten, währenddessen es zu Gesprächen mit der Federal Reserve und anderen Beteiligten kam. Was genau besprochen wurde, war zu dem Zeitpunkt nicht öffentlich bekannt. Auch die Zeitungen in New York witterten keine große Krise, schon gar nicht, was da am Ende beschlossen wurde.

Am Sonntagabend, den 16. März, schockierte dann die Federal Reserve mit der Erklärung, dass die Bank JP Morgan Chase die Investmentbank Bear Stearns zu einem sehr niedrigen Preis von zwei Dollar pro Aktie gekauft habe. Das war ungefähr ein Zehntel des Börsenkurses vom Freitag, und dieser Kurs war im Verlauf der Woche schon heftig unter Druck geraten. Ferner garantierte die Fed, dass sie mit knapp 30 Milliarden Dollar für die Risiken von Bear Stearns geradestehen würde.

Nach der Rettung des Hedgefonds Long-Term Capital Management im Jahre 1998 war das die größte Rettungsaktion, die wir seitdem erlebt haben, mit dem Unterschied, dass diesmal die Fed nicht nur als Geburtshelfer einer Rettung dabei war, sondern als aktives Mitglied. Es war ein klassischer Bail-out. Ben Bernanke, der Chef der Fed, und seine Kollegen haben die Rettung von Bear Stearns als notwendiges Übel beschrieben. Auch wenn Bear Stearns selbst keine Bank ist, hätte der Absturz einer Bank dieser Größenordnung verheerende Folgen für das Finanzsystem insgesamt. Bear Stearns war einer der großen Akteure im Markt für Credit Default Swaps, komplizierten Instrumenten, mithilfe derer Investoren in den Kreditmärkten sich gegen Zahlungsausfälle absicherten. Wenn also der Versicherungspartner wegen Pleite ausfällt, dann werden viele dieser Absicherungen wertlos, und das Risiko der ohnehin schon höchst riskanten Investitionen steigt noch weiter. Man weiß natürlich nie genau, was passiert wäre, wenn die Fed Bear Stearns hätte fallen lassen. Ein paar Monate konnte die Fed den Test wagen, indem sie eine Investmentbank, Lehman Brothers, fallen ließ. Es war der Auslöser eines dramatischen Crashs.

Der Rettung von Bear Stearns war ein großer Schock für das System, brachte aber auch etwas Ruhe, denn man sah schließlich, dass die Regierung (ohne deren Zustimmung die Fed nicht hätte handeln können) bereit ist, den Retter in der Not zu spielen. Ben Bernanke sagte einige Zeit später vor dem US-Kongress, die Rettung von Bear Stearns hat die Wahrscheinlichkeit eines Zusammenbruchs des gesamten Systems verhindert. Er glaube jetzt nicht mehr daran.

Bernanke hatte unrecht. Mit Bear Stearns war die Geschichte leider nicht zu Ende, aber es sah zumindest eine gewisse Zeit so aus. In Europa brodelte die Krise, aber die Hauptsorge galt den steigenden Energiepreisen, die die Inflation im Euro-Raum auf über vier Prozent ansteigen ließ. Im Juli erhöhte die EZB sogar deswegen die Zinsen auf 4,25 Prozent. Natürlich war diese Krise noch nicht vorbei, aber man glaubte zumindest, dass das Gröbste jetzt hinter uns liegt. In Europa hatte wieder die Politik die Titelseiten der Zeitungen zurückerobert. Das Nein der Iren zum Lissaboner Vertrag war das große Thema des späten Frühlings in Europa. Und die USA gerieten in den Bann von Barack Obama, der im Frühjahr kurz vor der Nominierung zum Präsidentschaftskandidaten der Demokraten stand. Zwischenzeitlich gab es weitere kleinere Paniken, wie man am Verlauf unseres TED Spreads erkennt. Im Mai und Juli gingen die Zinsdifferenzen nochmals kurzfristig hoch, als sich in den Märkten wieder Angst breitmachte.

Im Juli war der Grund die Sorge des Marktes vor einer Zahlungsunfähigkeit von Fannie Mae, einer der zwei großen Hypothekengesellschaften, die für die Stabilisierung des amerikanischen Immobilienmarktes eine große Rolle spielen. Wir werden im Verlauf des Buches die Geschichte und das Geschäftsmodell von Fannie Mae noch genau beleuchten und begnügen uns hier mit der narrativen Seite des Geschehens. Fannie Mae war eines der zehn größten Privatunternehmen der Welt. Das Geschäft bestand darin, gute Hypotheken, die bestimmten Mindestanforderungen entsprachen, zu verbriefen und im Kapitalmarkt zu verkaufen. Rund die Hälfte aller US-Hypotheken wurden von Fannie Mae und Konkurrent Freddie Mac verbrieft.

Die ökonomische Rolle von Fannie Mae bestand darin, unabhängig von der Liquiditätssituation amerikanischer Banken, genügend Liquidität für den Immobilienmarkt bereitzustellen. Fannie und Freddie hatten den

Titel „government sponsored". Sie waren im Privatei-
gentum, genossen aber quasi staatlichen Schutz. Der
Markt handelte Fannie und Freddie mit ähnlichen Konditionen wie Staatsanleihen. Fannie hatte seinen Ursprung in der Großen Depression. Später wurde Fannie
privatisiert, wie so vieles, und mit Freddie wurde ein
Konkurrent entgegengesetzt.

Weder Freddie noch Fannie waren direkte Akteure in
der Subprime-Krise selbst. Doch auch sie spielten eine
wichtige Rolle im Hypothekenmarkt insgesamt. Auch sie
lockerten ihre einst so hohen Standards, wenn natürlich
auch nur in ihrem Segment. Auch ihr Segment stürzte ab.
Der ganze Markt war betroffen. Anfang Juli ergriff die
Krise Fannie und Freddie, die von akuter Zahlungsunfähigkeit betroffen waren. Der ehemalige Notenbank-Gouverneur der Federal Reserve in St. Louis, William Poole,
bezeichnete Fannie Mae damals als „faktisch zahlungsunfähig". Fannie und Freddie operierten wie so viele andere Mitglieder des sogenannten Schattenbanksystems
mit einer viel zu geringen Kapitalbasis. Man lieh sich
Geld auf Teufel komm raus und konstruierte damit immer abenteuerlichere Produkte, die dann plötzlich keinen
Abnehmer mehr fanden. Als dann plötzlich der Markt
einbrach, ging das Spiel nicht mehr weiter. Die Luft wurde für diese Gesellschaften zu dünn. Das Problem war
nicht einmal ein kurzfristiger Liquiditätsengpass. Das
hätte man noch schnell lösen können. Fannie und Freddie waren wirklich insolvent, wie Poole es formulierte.
Das heißt, die Summe der Schulden war höher als die
Summe des mittlerweile geschmolzenen Vermögens. In
der Woche bis zum Freitag, den 11. Juli, stürzte der Aktienpreis von Fannie Mae in den Boden. Man hatte sich,
wie kurz vorher Bear Stearns, in das Wochenende gerettet. Die US-Regierung erklärte darauf, man werde alles
tun, um Fannie und Freddie am Leben zu erhalten. Es
war eine explizite Garantie im Gegensatz zu der implizi-

ten Garantie, die durch den Titel „government sponsored" bislang die Märkte beruhigte.

1.4 Akt IV: Der Höhepunkt der Krise

In den Sommerferien entspannte sich die Lage ein wenig.
Die beiden nennenswerten Ereignisse dieser Zeit waren
das Absacken des Ölpreises und der überraschende Anstieg des Dollars. Die Märkte glaubten zu diesem Zeitpunkt zu erkennen, dass die Situation in Europa kaum
besser sei als in Amerika, und es kam zu einer Neubewertung. Die Stimmungsindikatoren gerade in Europa zeig-
ten zu diesem Zeitpunkt schon sehr eindeutig, dass es mit
der Wirtschaft nach unten ging. Aber all das war nicht
Ausdruck einer besonderen Krise, sondern eine ganz
normale zyklische Entwicklung. Die Krise brodelte zwar
noch, aber es herrschte noch eine gewisse Normalität.

Viele glaubten, die heiße Phase der Finanzkrise sei vorüber trotz der noch schwelenden Probleme, und das
wirkliche Problem wäre der Wirtschaftsabschwung. Wie
so oft unterschätzte man die schlimme Dynamik dieser
Krise. Ihren bisherigen Höhepunkt erreichte sie in den
Monaten September und Oktober 2008.

Den Anfang dieser Entwicklung nahm die staatliche
Rettungsaktion von Fannie und Freddie. Am 7. September entschied die US-Regierung, die Hypothekenfirmen
offiziell unter staatliche Obhut zu stellen, und zwar
unter die Regie der Federal Housing Finance Agency,
der nationalen Immobilienfinanzagentur. Nur so, sagte
Finanzminister Hank Paulson, könne er es verantworten,
Steuergelder lockerzumachen. Insgesamt betrugen die Verluste von Fannie und Freddie zu dieser Zeit 14,9 Milliarden Dollar. Die US-Regierung versprach eine Finanzsprit-
ze von insgesamt 200 Milliarden Dollar in Form von
Krediten und frischem Kapital. Fannie und Freddie saßen

auf Wertpapieren und Krediten im Wert von 5.000 Milliarden Dollar, knapp die Hälfte des jährlichen Bruttosozialprodukts der USA. Ein unbestimmter Teil dieser Summe war durch die Immobilienkrise akut gefährdet. Es war in der Krise die erste nennenswerte Übernahme von Finanzinstitutionen durch den Staat.

Aber auch in den Tagen nach dem 7. September waren viele Kommentatoren noch optimistisch. Jetzt doch sicherlich wäre der Höhepunkt der Krise überschritten. Nach Bear Stearns und Fannie und Freddie wären die letzten beiden Großrisiken beseitigt.

Dieser Optimismus sollte sich innerhalb weniger Tage ebenfalls als falsch herausstellen. Es lauerten in der Tat noch viele Gefahren. Der Quasi-Versicherungsmarkt der Credit Default Swaps blieb weiterhin eine tickende Zeitbombe. Man wusste viel zu wenig über die finanzielle Lage des sogenannten Schattenbankmarktes – Finanzakteure, die keine offiziellen Banken waren, die trotzdem bankähnliche Geschäfte verfolgten, wie zum Beispiel die Investmentbanken oder Hedgefonds. Auch damals gab es immer noch das Risiko eines Totalzusammenbruchs des globalen Finanzsystems. Das Problem war, man wusste, dass das Risiko nicht trivial war, aber man konnte es trotzdem nicht beziffern. Auch die Notenbanker, die normalerweise über einen etwas besseren Informationsstand verfügen als Journalisten, waren hier hilflos.

In der Woche vom 8. bis 14. September spitzte sich die Krise trotz Rettung von Fannie und Freddie erneut zu. Lehman Brothers war neben Goldman Sachs, Morgan Stanley und Merrill Lynch zu diesem Zeitpunkt noch eine von vier unabhängigen großen Investmentbanken. Bear Stearns war die fünfte, aber jetzt war Bear Stearns Teil einer größeren Bankengruppe. Die Investmentbanken waren die Hauptakteure der Finanzkrise, die Könige des weitgehend unregulierten Schattenbankenmarktes, Hauptkonstrukteure der Produkte im Kreditmarkt, und sie waren das wichtigste Bindeglied zu den Hedgefonds. Lehman war einer der wichtigsten unter ihnen. Der langjährige Chef von Lehman Brothers war Richard Fuld, einer von diesen ehemaligen „Masters of the Universe" an der Wall Street. Fulds Gesamteinkommen vom Jahr 2000 bis zum Jahr 2008 betrug lockere 484,8 Millionen Dollar, knapp eine halbe Milliarde. Nach dem Bankrott von Lehman hat er das Geld natürlich nicht zurückgezahlt. Anstatt dessen sagte er, der Schmerz des Lehman-Bankrotts sei mit ihm für den Rest seines Lebens.

Eines der Grundprobleme der Investmentbanken – auch vieler normaler Banken – war eine zu geringe Kapitalausstattung im Verhältnis zu den Risiken, die sie trugen. Ihr Vermögen hielten sie in Form zweifelhafter Wertpapiere, für die es zu diesem Zeitpunkt schon über ein Jahr lang keinen liquiden Markt mehr gab. Immer mehr Abschreibungen waren nötig, die Kapitaldecke wurde dünner und dünner. Als Erstes versuchten diese Firmen dann, wie Lehman Brothers auch, mehr Kapital zu besorgen.

Der erste Versuch, Anfang September, war die Etablierung einer sogenannte „Bad Bank". Die Idee dahinter bestand darin, den guten und schlechten Teil der Bank zu trennen. Somit würde die gute Bank wieder kreditwürdig und solvent, und die schlechte Bank würde separat gemanagt, mit dem Ziel, die dubiosen Produkte zu verkaufen oder mit ihnen später einen Gewinn zu erzielen. Die Idee einer Bad Bank hört sich an wie der Versuch, die Schwerkraft zu überwinden. Es war sehr typisch für die Denke der Banker in dieser auslaufenden Periode des Kreditmarktbooms. So wie man aus faulen Krediten gute Wertpapiere zaubern wollte, wollte man jetzt aus einer schlechten Bank eine gute machen, indem man um das Gute einen Zaun schlug und das Schlechte zusammenfasste.

Was im Jahre 2007 vielleicht noch funktioniert hätte, gelang im Jahre 2008 nicht mehr. Der Markt hatte zu viel Vertrauen verloren. Zu diesem Zeitpunkt war Lehman bereits in Gesprächen mit der Korea Development Bank, die sechs Milliarden Dollar an neuem Kapital in die „gute Bank" einbringen wollte. Mit diesem Geld wollte Lehman dann die „schlechte Bank" finanzieren. Insgesamt sollte die Kapitalausstattung der schlechten Bank acht Milliarden Dollar betragen, plus weitere 24 Milliarden in Krediten. Die Koreaner waren von dieser „Good Bank"- „Bad Bank"-Idee nicht begeistert. Sie hätte lieber an einer normalen Kapitalerweiterung teilgenommen, allerdings zu einem billigen Preis. Am Ende scheiterte die Transaktion am Widerstand der koreanischen Regierung. Am Montag, den 8. September, hing die Zukunft vom Lehman Brothers an einem seidenen Faden.

Am 9. September veröffentliche der renommierte US-Ökonom Kenneth Rogoff, früher Chefvolkswirt beim Internationalen Währungsfonds und jetzt Professor an der Harvard University, einen Artikel, in dem er Zentralbanken vor zu großzügigen Finanzspritzen warnte.[14] Rogoff argumentierte dort, das Finanzsystem müsse schrumpfen. Man könne nicht jede Bank retten. Aus einem Kreditrisiko würde man ein Staatsrisiko machen.

Rogoff war nicht der einzige Kritiker. Die Federal Reserve stand unter erheblichem Druck, nicht alle Banken, die zu ihr kamen, zu retten. Dieser Druck war im September höher als zuvor, und es war sicherlich Lehman Brothers' Pech, in einer solchen Zeit in Schwierigkeiten zu geraten. Man glaubte damals, dass Hank Paulson es sich nicht leisten könnte, nach Bear Stearns, Fannie und Freddie eine weitere große Investmentbank zu retten. Im US-Immobilienmarkt spielte Lehman auch keine so große Rolle.

Am 11. September krachte der Aktienkurs von Lehman nach der Veröffentlichung sehr schlechter Quartalszahlen ein. Die Verluste betrugen 3,9 Milliarden nach Abschreibungen von 5,6 Milliarden Dollar. Innerhalb eines Tages fiel der Preis um 46 Prozent, als bekannt wurde, dass die Ratingagenturen eine Herabstufung planten. Innerhalb der letzten zwölf Monate betrug der Verlust der Aktie 89 Prozent. Zu diesem Zeitpunkt war klar, dass die Bank keine Zukunft mehr als unabhängige Institution hatte. Man hatte noch ein oder zwei Tage Zeit, die Bank zu verkaufen. Das Wochenende vom 13. und 14. September sollte das bislang wichtigste seit Ausbruch der Krise werden.

Verschiedene Banken wurden in der Presse als mögliche Retter von Lehman gehandelt: Konkurrent Goldman Sachs, Bank of America, JC Flowers, der ebenfalls Großaktionär der deutschen Hypo Real Estate war, und sogar die Chinese Investment Company. Hank Paulson traf sich mit der Federal Reserve, um eine mögliche Rettung für Lehman Brothers auf die Beine zu stellen.

Zur gleichen Zeit erschreckte eine andere Nachricht aus einer anderen Ecke die Wall Street. Die Aktien der Versicherung American International Group, AIG, verloren plötzlich 30 Prozent. AIG ist die nach der deutschen Allianz zweitgrößte Versicherung der Welt. Aber im Gegensatz zur Allianz war sie ebenfalls einer der Hauptakteure in den Kreditmärkten, und zwar als Versicherer im schon erwähnten Markt für Credit Default Swaps. Eine Pleite von AIG hätte den Totalzusammenbruch dieses Marktes zur Folge gehabt, und damit einen Totalzusammenbruch des gesamten globalen Finanzsystems. Wir werden uns im Laufe des Buches noch eingehend mit dem CDS-Markt beschäftigen. Seine Größe beträgt laut Schätzungen der Bank of International Settlements 62.000.000.000.000 Dollar, das sind 62 Billionen oder 62.000 Milliarden Dollar. Das entspricht der Größe des Bruttosozialprodukts der gesamten Weltwirtschaft.

AIG war eine amerikanische Institution. Gegründet im Jahre 1919, entwickelte sich AIG zur führenden Versicherungsgesellschaft der USA und später der Welt. Gegründet wurde AIG von dem damals 27-jährigen Cornelius Vander Starr. In den 60er-Jahren übergab er das Ruder an Maurice „Hank" Greenberg, dessen Name heute unzertrennlich mit AIG verbunden ist. Greenberg betrieb die Modernisierung und Erweiterung von AIG mit großem Erfolg. Im Jahre 2005 kam ein Verdacht auf wegen Bilanzfälschung, woraufhin AIG eine Strafe von 1,6 Milliarden Dollar zahlte, was zu Greenbergs Ablösung führte. Mit Greenbergs Abgang wuchsen die Probleme der Gesellschaft allerdings noch weiter an. Das Risikomanagement wurde vernachlässigt. AIG beteiligte sich immer mehr am kurzfristig lukrativen, aber höchst gefährlichen CDS-Geschäft. Dort wurden mittlerweile die Risiken größer. Obwohl es noch zu keinem nennenswerten Kollaps einer Großbank gekommen war, musste AIG schon heftige Verluste hinnehmen. Im September 2008 erschienen die Risiken plötzlich viel höher als noch ein Jahr zuvor. AIG hat den klassischen Fehler einer Versicherung begangen, nämlich das Gesamtrisiko systematisch zu unterschätzen.

Am Samstag, den 13. September, wurde bekannt, dass AIG insgesamt 20 Milliarden Dollar an Aktiva verkaufen wolle, um die finanzielle Position zu verbessern.

Am Samstag glaubte man noch, Lehman Brothers würde verkauft, und AIG würde sich durch Verkäufe selbst retten. Wieder einmal sollte sich eine optimistische Einschätzung als falsch erweisen.

Dann überschlugen sich die Ereignisse. Die *New York Times* berichtete, die britische Barclays Bank hätte sich zwischenzeitlich als möglicher Käufer von Lehman Brothers herauskristallisiert, aber Barclays habe die Verhandlungen platzen lassen. Ohne Absicherungen durch die US-Regierung oder Beteiligung anderer Banken wolle

man das Risiko nicht allein übernehmen. Ohne eine
Rettung blieb Lehman aber nichts anderes übrig, als am
Montag früh den Konkurs anzumelden. Die Nachrich-
tenlage wurde immer düsterer. Es kam zu einer erneuten
Schockmeldung. Die Investmentbank Merrill Lynch wurde mal eben so an die Bank of America verkauft – für
44 Milliarden Dollar. Und gleichzeitig versuchte die US-
Regierung auch noch AIG zu retten, denn auch dort
wurde die Lage dramatischer. AIG verkündete, man
suche nach einer sofortigen Kapitalspritze und bat
schließlich die Federal Reserve um einen milliardenschweren Überbrückungskredit. Gleichzeitig verstärkten
sich die Gerüchte über die mögliche Insolvenz einer großen amerikanischen genossenschaftlichen Bank, Washington Mutual. AIG erhielt grünes Licht, 20 Milliarden Dollar vom Kapital ihrer Tochtergesellschaften anzuzapfen,
aber auch das half nicht viel. Die Ratingagenturen drohten mit einer Herabstufung, und das wiederum würde die
Gesellschaft nicht überleben.

Für Lehman Brothers gab es keine Lösung. Im Verlauf
des Montags meldete Lehman den Konkurs. Im Londoner
Lehman-Hochhaus in den Docklands von Ost-London
räumten Hunderte von Mitarbeitern ihre Schreibtische,
packten ihre Privatsachen in Kisten und verließen die
Bank. Auch in New York war das Bild ähnlich. Touristen
eilten zur Hauptzentrale, um die verstörten Mitarbeiter
zu fotografieren.

Am Montag kam die Herabstufung von AIG. Zunächst fürchtete man, AIG müsse sofort mehr Sicherheiten für die CDS-Verträge hinterlegen. Der Grund dafür
ist, dass es sich bei CDS um Derivate handelt, denen ein
Zahlungsversprechen zugrunde liegt. Um sicherzustellen, dass dieses Zahlungsversprechen im Versicherungsfall eingelöst werden kann, hinterlegen die Versicherer
Kautionen, deren Höhe sich an ihrem eigenen Rating ori-
entiert. Je höher die Bewertung, desto geringer die Kauti-

on. Das heißt aber dann auch, dass eine Herabstufung schnell zu einer Katastrophe wird, eine Art sich selbst erfüllende Prophezeiung. Am Montag früh konnte AIG einen derartigen Teufelskreis gerade noch verhindern und benötigte trotzdem 14 Milliarden Dollar an sofortiger Liquidität.

An einem Wochenende passierten also vier monumentale Ereignisse. Lehman Brothers, eine der renommiertesten Investmentbanken der Welt, war bankrott. Merrill Lynch wurde verscherbelt; AIG, die größte amerikanische Versicherungsgesellschaft, stand kurz vor dem Bankrott, und ebenso Washington Mutual, eine der größten amerikanischen Banken. Die Kernschmelze des Finanzsystems hatte begonnen.

Dann kam erneut eine große Überraschung. Die US-Regierung, die sich Stunden zuvor weigerte, Lehman Brothers zu retten, war plötzlich bereit, AIG zur Seite zu stehen. 85 Milliarden Dollar kostete die Kapitalerhöhung von AIG, was effektiv einer Verstaatlichung des Versicherungskonzerns gleichkam. Die amerikanische Regierung kalkulierte, dass ein Bankrott von AIG eine systematische Krise des gesamten Finanzsystems auslösen würde. Die Regierung kalkulierte ebenso, dass Lehman Brothers für das System weniger wichtig ist. Letzteres sollte sich als eine Fehleinschätzung herausstellen.

Wie wir schon erwähnt haben, galt der TED Spread als der zuverlässigste Seismograf der Krise. In den ersten September-Wochen schoss dieser Wert nach oben. Auch die Rettung von AIG und die Nachrichten weiterer Liquiditätszufuhren von der Federal Reserve beeindruckten die Märkte nicht. Der TED Spread erreichte einen Wert von 2,83 Prozentpunkten, damals ein Höhepunkt, aber es sollte alles noch schlimmer kommen.

Ben Bernanke, der Chef der Federal Reserve, wurde zitiert mit der Aussage: „Wir haben die Kontrolle verloren."[15] Auch wenn diese Aussage ehrlich war, trug das

nicht gerade zur Beruhigung der Märkte bei. Im Verlauf
der Woche pumpten Federal Reserve, die Europäische
Zentralbank und die japanische Zentralbank fast eine
viertel Milliarde Dollar in den Markt, denn der Geldmarkt trocknete zusehends aus.

Mit der Verstaatlichungswelle kamen auch die ersten
regulativen Veränderungen. Die Amerikaner waren die
Ersten, die ein zeitlich begrenztes Verbot von Leerverkäufen beschlossen. Ein Leerverkauf ist ein Verkauf von
Wertpapieren, die man nicht besitzt, die man zu einem
späteren Zeitpunkt allerdings kaufen muss. Mit einem
Leerverkauf spekuliert man auf einen Verfall eines Preises. Die Banken verdächtigten Spekulanten, mit Attacken
von Leerverkäufen ihren Aktienpreis zu drücken. Am
Ende der Woche schrieb der ehemalige US-Notenbank-
chef Paul Volcker, man bräuchte eine Resolution Trust
Company, RTC, eine Art staatliche Treuhandgesellschaft,
die die Banken aufkauft und später wieder privatisiert.
Mit der RTC hatte man in den späten 80er-Jahren die
Krise der amerikanischen Sparkassen gelöst, die sich damals in dem Boom vor 1987 erheblich verzockt hatten.

Ende der Woche kamen auch schon erste Gerüchte
auf, dass Finanzminister Hank Paulson an einem großen
Plan bastele. Am Wochenende kamen die Details. Der
Plan hatte einen Umfang von 700 Milliarden Dollar, mit
dem die US Treasury den Markt für die verbrieften Kreditpapiere wiederbeleben wollte. Die Idee bestand darin,
dass man den Banken die Papiere zu überhöhten Preisen
abkauft, um somit die Bewertungskrise zu überwinden.
Die Reaktion der Ökonomen war ungewöhnlich einstim-
mig und negativ. Fast alle Ökonomen, die sich zu diesem
Thema äußerten, kritisierten den Plan als grundlegend
falsch. Das wichtigste Argument: Der Plan löst nicht das
Problem eines strukturell unterkapitalisierten Bankensektors. Was die Volkswirtschaft braucht, sind Injektio-
nen von neuem Kapital. Der Paulson-Plan rekapitalisiert

die Banken nur indirekt, indem er ihnen die giftigen
Wertpapiere etwas versüßt.

Des Weiteren hatte Paulson verlangt, dass es keine
Kontrolle geben darf darüber, wie die 700 Milliarden
Dollar ausgegeben werden. Selbst die Gerichte wurden
außen vor gelassen. Dieser Plan stieß auf den fast totalen
Widerstand im Kongress. Den Demokraten war er zu un-
fair, da hier der Steuerzahler das gesamte Risiko trägt,
aber nicht später von den Früchten der Rettung profi-
tiert. Vielen marktfundamentalistischen Republikanern
war der Plan ein zu tiefer Eingriff in den freien Markt.
Notenbankchef Ben Bernanke flehte den Kongress an,
den Plan nicht zu sabotieren. Es drohe sonst eine wirtschaftliche Depression.

In den Tagen danach kam es zu Verhandlungen im
Weißen Haus. Dort wurde der Plan an einigen Stellen
modifiziert. Der Kongress durfte Kontrollen ausüben,
und der Staat dufte sich auch an den Banken beteiligen.
Während eines kritischen Momentes in den Verhandlungen, so berichtete die *New York Times*, fiel Hank Paulson vor der demokratischen Führerin im US-Kongress
auf die Knie und flehte sie an, den Plan nicht zu blockie-
ren. Sie antwortete, nicht die Demokraten im Kongress
seien das Problem, sondern die Republikaner. Gleichzeitig wuchs die Anzahl der Kritiker. Fed-Gouverneur
Richard Fisher von der Fed in Dallas in Texas äußerte
öffentliche Zweifel an der Wirksamkeit des Rettungsplans, weil er die öffentlichen Schulden erheblich erhöhen würde. Am Wochenende schien es aber so, dass sich
das Weiße Haus und der Kongress auf einen Kompro-
miss geeinigt hätten mit dem Namen TARP. Das stand
für Troubled Asset Relief Program, was sich nicht sehr
einfach übersetzen lässt: ein Programm zur Stützung un-
terbewerteter Wertpapiere. In der Zwischenzeit hat JP
Morgan die Überbleibsel von Washington Mutual aufge-
kauft, aber dafür interessierte sich kaum noch einer.

In Berlin hielt es der deutsche Finanzminister Peer Steinbrück für eine gute Idee, dem Bundestag zu erklären, die Vorherrschaft der USA als wirtschaftliche Supermacht sei vorüber. Er protzte nur so von Selbstgerechtigkeit. Die Finanzkrise, so polterte er, sei in erster Linie eine amerikanische Angelegenheit. Es war eine von mehreren Fehleinschätzungen eines Ministers, der während der Krise immer stärker in Panik geriet und mit immer lauteren Vorschlägen und Plänen die Öffentlichkeit verwirrte und verunsicherte.

Kurz nach dem Getöse aus Berlin erreichte die Krise Europa. In der Woche brach der Aktienkurs der belgisch-holländischen Bank Fortis dramatisch ein. Der Grund war immer derselbe. Eine Wertberichtigung hatte eine zu geringe Kapitaldecke zur Folge, und die Bank benötigte daher dringend neues Kapital. Da die Furcht vor einer Insolvenz in dieser Zeit steigt, hat eine solche Bank dann auch enorme Schwierigkeiten, sich kurzfristig mit Liquidität einzudecken. Am Ende der Woche stand Fortis kurz vor dem Bankrott. Während des Wochenendes trafen sich dann Minister aus Belgien, den Niederlanden und Luxemburg, um ein Rettungspaket für Fortis zusammenzuschnüren. Man investierte insgesamt 11,2 Milliarden Euro an neuem Kapital. Der belgische Staat war plötzlich ein Teilhaber an Fortis, und zwar zu 49 Prozent.

Steinbrücks Aussage, dass diese Krise ein vorwiegend amerikanisches Problem war, wurde jetzt auch in Deutschland binnen Stunden falsifiziert.

Die Münchener Hypo Real Estate, eine Immobilienfinanzierungsgesellschaft, die im Jahre 2003 von der HypoVereinsbank abgespalten wurde, meldete Ende der Woche einen akuten Liquiditätsengpass. Der Grund waren Probleme bei der irischen Tochtergesellschaft Depfa, deren Geschäftsmodell darin bestand, sich kurzfristig in den Geldmärkten zu verschulden, um damit Immobilienprojekte zu finanzieren. Der Zusammenbruch des

Geldmarktes produzierte einen akuten Liquiditätsengpass.

Die Bundesbank drängte die Bundesregierung zu einer Lösung. Man fürchtete einen großen Knall für das
deutsche Bankwesen, insbesondere für den Markt von
Pfandbriefen, eine Gattung von Wertpapieren, die gerade
in Deutschland für die Finanzierung von Immobilien we-
sentlich ist. Am Wochenende trafen sich Steinbrück, die
Chefs von Deutscher Bank und Commerzbank sowie
Jochen Sanio von der Bankenaufsicht und der Chef des
Bankenverbands, um ein Rettungspaket zu schnüren. Es
bestand aus einem 35 Milliarden Euro schweren Kredit,
von dem der deutsche Staat bis zu 26 Milliarden garantierte. Das Restrisiko übernahmen die privaten Banken.

Ende der Woche passierte etwas, was so oft bei derartigen Aktionen passiert. Hypo Real Estate entdeckte ganz
plötzlich, dass der Finanzbedarf ungleich größer ist als
zunächst vermutet. Auch bei der IKB ging das damals so,
und ebenso bei AIG. Es ist erstaunlich, dass der Bundes-
finanzminister sich hier hat ins Boxhorn jagen lassen,
ohne etwas stärker nachzubohren. Ende der Woche polterte er wieder vor Wut, als er plötzlich vom neuen Liquiditätsengpass erfuhr. Es kam erneut zu einem Krisen-
gipfel, in dem die Bundesregierung ihre Garantie auf
35 Milliarden aufstockte. Aufgrund einer sehr komplizierten und irreführende Presseerklärung versuchte man
der Öffentlichkeit allerdings weiszumachen, dass sich
das Risiko für die Bundesregierung nicht erhöht hätte.

Während bei uns die Hypo-Real-Estate-Krise brodelte
und in Belgien die Fortis gerettet wurde, kam es in den
USA zu einem überraschenden Eklat. Am Montag, den
29. September, stimmte das Repräsentantenhaus gegen
den amerikanischen Rettungsplan, was zu einem sofortigen Absturz der Aktien an der Wall Street führte. Die
Reaktion war Entsetzen. Selbst Gegner des Plans wie
der Ökonom und *New-York-Times*-Kolumnist Paul

Krugman hatten die revidierte Fassung befürwortet. Der Plan ist besser als kein Plan, so argumentierte Krugman, und diene als Überbrückung, bis die neue Regierung antritt. Krugman und andere, die ähnlich argumentierten, unterschätzten die dramatische Entwicklung der folgenden Tage und Wochen.

Zunächst war die Empörung groß. Krugman[16] sagte: „Okay, we are a banana republic", was man wohl nicht übersetzen muss.

In den darauffolgenden Tagen wurde heftig diskutiert, wie man TARP wiederbeleben kann, was noch in derselben Woche gelang. Der Plan wurde kosmetisch frisiert, und am Freitag, den 3. Oktober, in Deutschland ein Feiertag, stimmte der Kongress zu. Präsident George W. Bush unterzeichnete die Gesetzgebung zu dem 700 Milliarden Dollar schweren Paket noch am selben Abend.

In der Zwischenzeit verschlimmerte sich die Krise an den Geldmärkten. Vor allem hatte sich die Panik auch nach Asien ausgedehnt, wo jetzt die Geldmärkte unter Druck gerieten.

In Europa wurde die Lage ebenfalls brenzliger. Ende der Woche hatte die Hypo Real Estate bekannt gegeben, dass sie noch mehr Geld benötigte, und wieder kam es zu einer weiteren europäischen Bankkrise – diesmal war die Dexia an der Reihe, eine französisch-belgische Bank. Wieder mussten am Wochenende Notenbanker und Finanzminister zusammenkommen, um eine Refinanzierung auszuhandeln. Jedes Wochenende eine Bank, und manchmal auch zwei!

An diesem Wochenende berief der französische Präsident Nicolas Sarkozy ein Treffen mit Kanzlerin Angela Merkel, dem italienischen Ministerpräsidenten Silvio Berlusconi und dem britischen Ministerpräsidenten Gordon Brown ein, um über die Lage zu diskutieren. Die Niederländer hatten zuvor ein europäisches TARP vorgeschlagen, in der Größenordnung von 300 Milliarden Euro. In einem Interview mit dem *Handelsblatt* hatte die französische Finanzministerin sich ebenfalls dafür eingesetzt. Doch diese Idee wurde, bevor man überhaupt diskutieren konnte, von Merkel und ihrem Finanzminister verworfen. „Jeder macht seinen eigenen Scheiß", so zitierte Sarkozy Frau Merkel laut der meist gut informierten französischen Satirezeitung *Le Canard Enchaîné*. Als Sarkozy vom Widerstand Deutschlands erfuhr, distanzierte er sich zwar von dem Plan. Er wurde von Merkel brüskiert.

Deutschland wehrte sich partout gegen eine europäische Lösung. Man wolle selbst die Kontrolle behalten, hatte Steinbrück später getönt. Doch wer glaubt zu diesem Zeitpunkt daran, dass Politiker diesen Prozess noch kontrollieren?

Der Gipfel endete in einem Eklat. Deutschland blockierte die Anstrengungen Frankreichs, einen gesamteuropäischen Plan zu entwickeln, und man einigte sich eben darauf, dass jeder sein eigenes Bankensystem rettet. Spätestens da war klar, dass man von Merkel und Sarkozy beziehungsweise deren jeweiligen Finanzministern keine europäische Lösung erwarten konnte. Auch die Italiener befürworteten einen europäischen Plan, konnten sich aber ebenfalls nicht durchsetzen. Die Politik hatte versagt, und mittlerweile vertrauten die Märkte auch dem US-Plan nicht mehr.

In der Woche, die am Montag, den 6. Oktober, begann, kam dann die Rache der Märkte. Es war, über die Woche betrachtet, der größte oder zweitgrößte Börsencrash aller Zeiten, schlimmer noch als 1929 und 1987. Lediglich in den USA gab es im Jahr 1933 eine Woche mit stärkeren Kursverlusten. Der Dow Jones fiel zunächst auf unter 10.000, sackte dann auf unter 8.000 ab und stabilisierte sich bei 8.500. Der Dax fiel zunächst unter 6.000, dann unter 5.000 und endete bei etwas über 4.500. Egal in welchem Segment oder in welcher Region man schaute. Es war ein globaler und symmetrischer

Börsencrash. Der TED Spread schoss während dieser
Woche in ungeahnte Höhen. Am Ende der Woche er-
reichte er ein Niveau von 4,6 Prozent. Man kann ohne
Übertreibung sagen, der Geldmarkt existierte zu diesem
Zeitpunkt nicht mehr.

Während dieser chaotischen Woche gab es ebenfalls
eine koordinierte Zinssenkung der großen Zentralbanken. Aber auch das half nicht mehr. Ohne Geldmarkt
spielt das Zinsniveau für die Realwirtschaft kaum noch
eine Rolle. Der Zinssatz der kurzfristigen Kredite hängt
ab von den Zinssätzen in den Geldmärkten, mit Namen
wie Libor oder Euribor. Diese Zinssätze wurden durch
die Leitzinsänderung kaum bewegt. Des Weiteren beschloss
die Europäische Zentralbank, ab sofort Geld in unbe-
grenztem Umfang über den Repo-Markt bereitzustellen.
Banken sollten so viel Geld bekommen, wie sie wollten,
zum jeweils gültigen Repo-Satz. Sie brauchten nicht mehr
zu bieten, sondern nur entsprechende Sicherheiten zu
hinterlegen.

Es gab sogar Stimmen zu dieser Zeit, die sagten, die
extrem starke Liquiditätspolitik der Zentralbanken hat
die Lage in den Geldmärkten verschlimmert. Da die Banken ihre gesamte Liquidität von den Zentralbanken bekommen, brauchen sie nicht auf die Geldmärkte, um sich
dort kurzfristig einzudecken. Nicht nur das Angebot fiel
weg, weil die Banken einander nicht mehr vertrauten.
Plötzlich fiel auch die Nachfrage. Da stellt sich natürlich
die Frage: Wie bekommt man unter solchen Umständen
den Markt wieder zum Laufen?

Es gab ebenfalls Stimmen, die sagten, man bräuchte
einen Geldmarkt nicht. Die Zentralbank kann die meisten Funktionen eines Geldmarktes ersetzen. Das Problem
ist nur, dass die Kanalisation unserer Geldwirtschaft
völlig von den Geldmärkten abhängig ist. In Spanien
kennt fast jeder Bürger den Geldmarksatz Drei-Monats-
Euribor, weil dieser die Grundlage für fast jede Hypothek

bildet. Das Gleiche gilt für Italien, wo der Ein-Monats-
Euribor den Schlüsselzinssatz für die Hypotheken bildet.
In Deutschland ist das anders. Bei uns werden Hypotheken sehr stark über den Kapitalmarkt abgesichert.
Deutschland hat ein anderes System. Aber auch viele Fir-
menkredite hängen am Libor oder Euribor. Dann kann
die Zentralbank noch so billiges Geld in das Bankensystem pumpen, solange der Geldmarkt kaputt ist, kommt
die Zinssenkung in der Realwirtschaft nicht an.

Eine weitere wichtige Entwicklung in unserer Narrativen fand in der dritten Oktoberwoche in Großbritannien statt. Dort spitzte sich die Lage ebenfalls zu. Es
drohten Pleiten großer Banken. Und plötzlich produzierte Gordon Brown, der britische Premierminister, für sein
eigenes Land ein Paket, das auf ein sehr positives Echo
gestoßen ist. Es war eine Rekapitalisierung der acht größten und wichtigsten Banken des Landes, effektiv eine
zeitweilige Verstaatlichung. Die Größe des Pakets lag
bei etwa 100 Milliarden Euro, keineswegs eine triviale
Summe, aber weitaus günstiger als die Kosten einer katastrophalen Kernschmelze des Finanzsystems. Selbst im
schlimmsten annehmbaren Fall würde der britische Schuldenstand zwar ansteigen, aber nicht so weit, dass die
Wirtschaft des Landes an sich destabilisiert würde. Gegen Ende der Woche, als die Märkte weiterhin fielen,
kam zum ersten Mal der Eindruck auf, die Politik würde
hier aktiv Politik gestalten. Und es war ausgerechnet der
bärbeißige britische Premierminister, den viele schon
längst abgeschrieben hatten, der diese Initiative beschloss
und sie als Empfehlung für andere weitergab.

In Deutschland gab Angela Merkel eine Garantie für
alle Spareinlagen ab, um einen Run auf die Banken zu
verhindern, den deutsche Banker befürchteten. Aber von
Merkel ging in dieser ganzen Phase keine Führung aus.
Sie fiel eher durch die Dinge auf, die sie kategorisch ab-
lehnte, wie eine europaweite Initiative.

Sie behielt zumindest aber die Nerven, im Gegensatz zu ihrem hyperaktiven Finanzminister, der während der Woche zunächst einen Plan B ausposaunte, den er dann mangels Existenz schnell wieder einkassieren musste. Als es an den Börsen nur so krachte, hatte man in Berlin nicht die geringste Idee, was man jetzt machen müsste. Einig war man sich lediglich darin, dass man nichts mit Europa zu tun haben wollte. Für politische Beobachter mit einem etwas längeren Erinnerungsvermögen war das schon ein ziemlicher Bruch mit dem Regierungsstil von Bundeskanzlern wie Adenauer, Brandt, Schmidt und Kohl, bei denen man auf jeden Fall davon ausgehen konnte, dass sie im Falle einer globalen Krise eine globale, zumindest aber eine europäische Antwort gewollt hätten. Das wäre auch logisch, den die Geldmärkte operieren schon seit Anfang 1999 nicht mehr auf nationaler Ebene. Mit der Einführung des Euros wurden auch sie europäisch.

Es schien, Frau Merkel und Herr Steinbrück wollten nicht die Kontrolle über die deutschen Landesbanken verlieren. Die Ereignisse dieser dritten Oktoberwoche lassen sich nicht in chronologischer Reihefolge erzählen. Zu vieles passierte gleichzeitig. Unter den Experten war zu diesem Zeitpunkt klar, das man auf nationaler Ebene nichts mehr ausrichten könnte. Das galt sogar für die USA. Der Grund dafür war einerseits die Größe des internationalen Finanzsystems, welches das jährliche Bruttosozialprodukt der Welt um ein Vielfaches übertraf, andererseits die komplexen Interaktionen innerhalb des globalen Finanzmarktes. Wer hätte im Juli 2007 daran gedacht, dass Banken wie die IKB oder die Sachsen LB sich mit Subprime-Papieren eindecken würden?

In dieser Woche wurde heftig die Frage diskutiert, wie wir in Europa mit einer Großpleite umgehen. Ich selbst stellte in der *Financial Times Deutschland* die Frage, ob unsere Rettungspakete auch den „Deutsche-Bank-Test" bestehen. Wären wir auf einen Kollaps von Deutschlands größtem Finanzinstitut vorbereitet? Die Deutsche Bank gehört nämlich nicht nur zu den Instituten, die zu groß sind, um fallen gelassen zu werden. Das können wir uns nicht leisten. Das Problem war nur: Die Deutsche Bank zu retten konnten wir uns noch weniger leisten.

Die Bilanz der Deutschen Bank für das Jahr 2007 wies Aktiva von etwas über 2.000 Milliarden Euro auf, das ist fast so viel wie das Bruttoinlandsprodukt der Bundesrepublik. Dem stand aber nur ein Eigenkapital von 38,5 Milliarden Euro gegenüber. Das sogenannte Leverage der Bank – der Kredithebel – war über 50. Das ist sehr hoch. Das heißt natürlich nicht, dass die Deutsche Bank akut gefährdet war. Die Bewertung hängt sehr davon ab, wie gut die Aktiva sind. Der Hauptbrocken der Aktiva der meisten Banken sind Wertpapiere, und deren Qualität ist von außen nicht abschätzbar. Wenn die Deutsche Bank noch weitere Wertberichtigungen in der Größenordnung von zehn Milliarden Euro hätte machen müssen, dann wäre die Luft sehr dünn geworden. Und wir wissen schließlich, wie kurz der Weg vom Gerücht zum Insolvenzrichter ist. Allein um Katastrophen in dieser Größenordnung zu verhindern, wäre ein europäischer Fonds sinnvoll. Das gilt natürlich auch für andere Länder. Belgien allein konnte am Ende Fortis nicht halten. Die Bank wurde an BNP Paribas verkauft. Belgiens größte Bank war über Nacht französisch geworden.

Eine weitere Narrative dieser Krise spielte in Island. Island ist mit seinen 300.000 Einwohnern eines der reichsten Länder der Welt. Das Land hat drei große Banken, Kaupthing, Landsbanki und Glitnir, die im Schattenbankensystem derart zockten, dass die Instabilität in den Märkten das ganze Land bedrohte. Die isländischen Banken spielten mit dem Einsatz eines relativ kleinen Bankkapitals und machten enorme Gewinne. Das Land selbst erlebt in ersten Jahrzehnten des 21. Jahrhunderts einen unglaublichen Boom, insbesondere im Immobilienbereich. Das Leistungsbilanzdefizit stieg auf weit über 20 Prozent. Es war das klassische Beispiel eines Landes, das weit über seine Verhältnisse lebte, das vom Boom derart geblendet war, dass es seinen neu gefundenen Reichtum als ein Art Belohnung für harte Arbeit empfand.

Island hatte schon einige Bemühungen unternommen, die starken Ungleichgewichte abzubauen. Aber trotzdem kam es im Laufe des Jahres 2008 mehrmals zu spekulativen Attacken auf das kleine Land, die die Währung des Landes, die isländische Krone, stark unter Druck setzten. Die Zentralbank reagierte mit einer Zinserhöhung auf 15 Prozent, um diesen Spekulationen Einhalt zu gebieten. Aber das Land blieb trotz der Verbesserung seiner makroökonomischen Situation äußerst gefährdet. Als die globale Bankenkrise über den Atlantik nach Europa schwappte, da machte sie auch vor Islands überschuldeten Banken nicht halt. Diese Banken haben enorm hohen Schulden, ein Vielfaches des Bruttoinlandsproduktes des Landes. Als der globale Geldmarkt komplett einfror, da drohte den drei isländischen Banken der Kollaps. Die Regierung reagierte mit einem Notstandsgesetz und verstaatlichte alle drei Banken. Wer in Deutschland oder anderswo bei einer isländischen Bank ein Geldmarktkonto unterhielt, der hatte Pech. Es war weder durch die deutsche noch durch die isländische Einlagenversicherung abgedeckt. Britische Gemeinden hatten insgesamt über eine Milliarde Euro in isländischen Banken investiert, und der britische Premierminister Brown wandte sogar die Anti-Terror-Gesetze an, um isländische Vermögen in Großbritannien einzufrieren. Anfang Oktober stand Island nicht nur vor dem Kollaps seines Bankensystems, sondern vor einem vollständigen wirtschaftlichen Zusammenbruch, wie ihn zu Anfang des Jahrzehnts Argentinien erlebt hat. Island steht als das Symbol für die Gefahren, die von dieser Bankkrise ausgingen. Es war eben keine reine Marktkrise, nicht einmal eine Bankkrise. Es war die große Krise des modernen Kapitalismus. Und sie war stark genug, ganze Länder mit in die Tiefe zu reißen.

In der Woche, in der die globalen Aktienmärkte eingestürzt sind, in der Island vor dem staatlichen Zusammenbruch stand, in der man in Berlin der Blankogarantie für alle Spareinlagen abgab, in der man in London acht Großbanken verstaatlichte, trafen sich nun die Finanzminister und Notenbanker in Washington zu ihrem G-7-Treffen.

In den letzten 20 Jahren haben diese G-7- oder später G-8-Treffen mit der Beteiligung Russlands kaum etwas bewirkt. Zumeist verständigte man sich schon im Vorfeld des Treffens auf das Kommuniqué. Wenn die Staats- und Regierungschefs beziehungsweise die Minister zusammenkommen, ist alles schon entschieden. Die Hauptfunktion der Politiker liegt darin, für das anschließende Gruppenfoto eine imposante Pose zu liefern und den Eindruck zu erwecken, es gäbe so etwas wie eine globale Zusammenarbeit. Man zeigte sich besorgt über die Erderwärmung, über Menschenrechte, Afrika – und die meisten Versprechen, die man gab, wurden völlig missachtet, so wie das Versprechen, die Entwicklungshilfeetats aufzustocken.

Am Abend des Freitags, den 10. Oktober, trafen sich in Washington die Finanzminister der G 7, um über ein Rettungspaket zu beraten. Wie so häufig bei diesen Treffen wurde das Kommuniqué schon vorher von den Mitarbeitern ausgehandelt mit den üblichen nichtssagenden Floskeln. Man will schließlich keine Überraschungen. Die Nachricht, dass man selbst unter diesen extremen Umständen so verfährt, hatte den Markt zunächst weiter erschüttert. Dann ließen die Italiener wissen, dass sie eine derartige Verlautbarung nicht unterzeichnen würden. Die Franzosen gaben daraufhin bekannt, dass es wahrscheinlich nicht zu einer Einigung kommen wird. Am Ende trafen sich die Minister und entschieden im Grunde nur, dass sie alle nach Hause fahren und jeder für sich seinen Plan ausarbeiten würde. Im Kommuniqué stand drin, man würde einen sogenannten Action-Plan unterstützen, der aus insgesamt fünf Punkten besteht.

1. Man wolle alle systemischen Banken retten.
2. Man wolle alles tun, um Geld- und Kreditmärkte zu retten.
3. Banken sollten Zugang zu neuem privatem und öffentlichem Kapital haben.
4. Man wollte sicherstellen, dass die nationalen Einlagensicherungssysteme robust sind.
5. Man wollte den Sekundärmarkt für Kreditprodukte stärken.

Das ist eine Liste von Dingen, die zum Teil schon gemacht wurden. Das amerikanische TARP-Programm ist schließlich nichts anderes als Punkt fünf. Die Einlagensicherungssysteme waren zu der Zeit überall in Ordnung. Der Rest war kein Plan, eher eine Zusammenstellung von Prinzipien.

Paul Krugman schrieb, das Telefonbuch sei origineller als das Kommuniqué, denn es enthalte hin und wieder einen lustigen Namen. Er gab den Finanzministern die Noten C – oder Fail – im Deutschen vier minus bis mangelhaft. Er machte ebenfalls die Beobachtung, dass Paulson sehr verunsichert war und uncharakteristisch ängstlich wirkte.

Der Ökonom Willem Buiter[17] schrieb daraufhin, dass er in seinem Bademantel ohne jegliche Referenz einen größeren und detaillierten Action-Plan aufschreiben könne.

Die Reaktion der Märkte und vielleicht auch diese Kritik dieser Ökonomen wurden von den Regierungen sehr ernst genommen. Am darauffolgenden Montag, dem 13. Oktober 2008, würde der Markt wahrscheinlich nochmals um 20 Prozent einbrechen, und die Kernschmelze des globalen Wirtschafts- und Finanzsystems wäre dann vollzogen. Wir hätten innerhalb von wenigen Tagen einen absoluten Trümmerhaufen. In Frankreich trafen sich am Samstag, dem 11. Oktober 2008, Angela Merkel und Präsident Nicolas Sarkozy in Colombey-les-Deux-Églises, dem Heimatort von Charles de Gaulle, dem Gründer der Fünften Republik. Nach dem Desaster des vorangegangenen Wochenendes wolle man jetzt gemeinsam handeln. Sarkozy rief einen Sondergipfel der Staats- und Regierungschefs des Euro-Gebiets zusammen. Noch nie zuvor hat diese Gruppe in dieser Formation getagt. Deutschland hatte bis dahin jegliche französische Initiative in diese Richtung abgelehnt aus Angst, dass die Franzosen eine europäische Wirtschaftsregierung auf die Beine stellen wollten, um so der Europäischen Zentralbank ein Gegengewicht zu setzen. In diesem Fall konnte Merkel nicht anders als zuzustimmen, sonst wäre die Katastrophe perfekt.

Gleichzeitig arbeitete in Berlin ein Stab von ungefähr zehn Personen im Bundeskanzleramt unter der Leitung von Jens Weidmann, Merkels Wirtschaftsberater, und Finanzstaatssekretär Jörg Asmussen. Noch bevor der europäische Sondergipfel startete, wurde hier schon Deutschlands Plan gebastelt. Er sollte am Sonntagnachmittag als Fait accompli präsentiert werden.

Am Sonntag empfing Präsident Sarkozy Gordon Brown, letztlich der intellektuelle Vater der sich anbahnenden europäischen Initiative, der später nicht am Gipfel teilnehmen sollte, da Großbritannien selbst kein Mitgliedsstaat des Euro-Raums ist. Mit Sarkozy und Brown saßen auch Jean-Claude Juncker, der luxemburgische Premierminister, der Chef der Euro-Gruppe der Finanzminister im Euro-Raum, sowie Jean-Claude Trichet, der Präsident der Europäischen Zentralbank. Vor dieser informellen Gruppe präsentierte Brown die groben Züge seines Rettungsplans, der die Rekapitalisierung von bis zu acht

Banken vorsah. Neben der Rekapitalisierung enthielt der
Plan zwei weitere wichtige Elemente. Das eine ist die
großzügige Versorgung der Banken mit Liquidität. Das
war im Euro-Gebiet ebenfalls schon geschehen. In der
Woche entschied die Europäische Zentralbank, den Banken so viel Geld zur Verfügung zu stellen, wie sie
bräuchten, natürlich nur gegen Sicherheiten. Ein weiterer
wichtiger Aspekt des Brown-Plans war die Geldmarktversicherung. Da die Banken nicht mehr einander vertrauten, haben sie sich auch kein Geld mehr geliehen.
Genau hier setzt die Versicherung ein. Sollte eine Bank
ausfallen, so kommt die Regierung für diese Geldmarkt-
geschäfte auf.

Gegen 17.00 Uhr trafen sich 15 Staats- und Regierungschefs und beschlossen einen sehr umfangreichen gemeinsamen Aktionsplan oder richtiger: eine gemeinsame Rah-
menbedingung für nationale Aktionspläne. Die Belgier
hatten sich allerdings quergestellt. Sie wollten einen wirklich gemeinsamen europäischen Plan haben, einen gemeinsamen Fonds auf der Ebene des Euro-Gebiets. Das
Argument der Belgier war bestechend. Die Geldmärkte
sind schließlich europäisch und nicht mehr national. Man
müsse daher auf europäischer Ebene das Problem lösen.
Weder Deutschland noch Frankreich akzeptierten die
Logik. Beide Länder haben sich auf nationale Aktionspläne festgelegt. Der deutsche Plan war zu diesem Zeitpunkt nicht nur schon in trockenen Tüchern, er war sogar schon an die Presse weitergeleitet. Das *Handelsblatt*
berichtete am Sonntag in großen Details über fast alle
Aspekte des Plans.

Das Treffen der Regierungschefs produzierte folgende
Einigung. Erstens würde man eine zeitliche begrenzte,
aber volle Garantie bieten für alle Wertpapieremissionen
der Banken. Das heißt, die Banken konnten sich am
Kapitalmarkt mittelfristig neu verschulden, und die Regierungen würden die Rückzahlungen für fünf Jahre ga-

rantieren. Das gilt für alle 8.000 Banken im Euro-Raum. Zweitens würde man Banken rekapitalisieren, da die Kapitaldecke in der Regel zu niedrig ist. Das war insbesondere in Deutschland und Großbritannien der Fall. Drittens würde man die Buchhaltungsregeln ändern, sodass Banken und Versicherungen ihre Anlagen zwischenzeitlich nicht mehr nach Marktwert verbuchen, sondern nach anderen Methoden. Ohne diese Änderung hätten viele Banken und Versicherungen in Deutschland innerhalb kürzester Zeit den Konkurs anmelden müssen, den die rapide fallenden Aktienkurse hätten das Anlagevermögen der Banken so tief fall lassen, dass sie dadurch insolvent würden.

Am nächsten Morgen folgte dann die Veröffentlichung der nationalen Pläne. In Deutschland gab es ein 500 Milliarden Euro schweres Paket, von dem 100 Milliarden sofort für die Rekapitalisierung und die Bankgarantien zur Verfügung standen. Wie einst die Banken Geld in irgendwelchen Zweckgesellschaften parkten, so führt auch die Bundesrepublik diese Summen bequem außerhalb der volkswirtschaftlichen Bilanzen. Dafür gibt es sogenannte Sondervermögen der Bundesbank, wo man Geld außerhalb der Bilanzen parkt. Es gab aber einen wichtigen Unterschied zu dem britischen Plan. Der deutsche Plan ging erheblich weiter. Die Briten haben das Interbankengeschäft abgesichert. Die Deutschen versicherten die Herausgabe von Wertpapieren bis zu fünf Jahren. Da es eine De-facto-Komplettgarantie des gesamten Bankenwesens gab, brauchte man keine spezielle Garantie für den Interbankenmarkt, auf dem sich Banken Kredite ohne jede Sicherheit kurzfristig gewähren. Da die Banken selbst abgesichert sind, erschien das nicht mehr nötig. Der deutsche Plan wurde durch diese starke Garantie auch dementsprechend teuer.

Auch in Frankreich wurde am Montag ein Plan veröffentlich mit etwas anderer Struktur, aber ökonomisch ähnlichem Effekt. Dort wurden zwei staatliche Institutionen kreiert, die zum einen die Rekapitalisierung der Banken übernehmen, zum anderen die Banken mit Krediten versorgen. Die zweite Institution ist eine Art künstlicher Geldmarkt. Sie kommt durch die staatliche Garantie billig an Geld, verleiht es dann den Banken weiter mit einem Aufschlag. Somit erhalten Banken Zugang zu kurz- bis mittelfristigen Krediten, für die sie nicht ganz so solide Wertpapiere hinterlegen können. Natürlich können die Banken auch direkt beliebig viel Geld von der Zentralbank leihen, doch da müssen sie erstklassige Wertpapiere hinterlegen wie Staatsanleihen. Da die Banken auf einer großen Menge an Schrottpapieren sitzen, war die Idee, dass man auch den Schrott als Sicherheit hinterlegen kann. Und so etwas geht natürlich nur mit einem Staat, der bereit ist, Verluste hinzunehmen.

Die Reaktion auf diese Gesamtheit der Rettungspakete war in den Märkten fast euphorisch. Am Montag, dem 13. Oktober, legten die meisten Märkte um zehn Prozent zu, am Dienstag setzte sich die Marktrallye fort. Unter Ökonomen war die Begeisterung beschränkt. Der Tenor war, man habe eine sofortige Krise verhindert, aber das Problem noch nicht gelöst. Einige Kommentatoren waren so zuversichtlich, dass sie die Prognose wagten, der Höhepunkt der Krise sei jetzt überwunden. Der Autor war zu dem Zeitpunkt anderer Meinung. Am Mittwoch brach in den USA erneut der Markt ein nach der Veröffentlichung schlechter Konsumdaten. Es kam zu den größten täglichen Kursverlusten seit 1987. Man war wieder auf dem Niveau der Vorwoche angelangt. Und die Geldmarktzinsen, das Barometer dieser Kreditkrise, gingen ebenfalls wieder nach oben.

Unsere Narrative endet an diesem Punkt. Der Leser weiß jetzt genauer als der Autor zum Zeitpunkt der Manuskriptabfassung, wie sich die Dinge weiterentwickelt haben.

1.5 Akt V: Nach der Krise

Auch in diesem Buch sind wir nicht in der Lage, die Geschichte bis zu ihrem Ende zu erzählen. Wahrscheinlich wird die Krise erst im Jahr 2010 oder 2011 vorbei sein. Die Finanzkrise war schon im Herbst dabei, sich zu einer vollen Wirtschaftskrise zu entwickeln. Zu einer Großen Depression wie in den 30er-Jahren wird es mit großer Sicherheit nicht kommen. Unsere Sozialsysteme sind weitaus leistungsfähiger, und die Wirtschaftspolitik wird nicht die Fehler dieser Zeit wiederholen.

Und trotzdem sind die wirtschaftlichen und geopolitischen Konsequenzen dieser Krisen nicht zu unterschätzen. Den USA stand eine tiefe Rezession bevor, gefolgt von einer langen Periode geringen Wachstums, während derer sie ihre mittlerweile negative Sparquote stärken würde. Aber nicht nur die USA sind betroffen. Die gesamte Weltwirtschaft wird sich verlangsamen. Das Austrocknen der Kreditmärkte hatte im Herbst schon dazu geführt, dass die Banken nicht mehr die Wechsel annahmen, die im internationalen Schiffsverkehr üblich sind. Die Krise fing an, Handelsströme einzudämmen. Große Unternehmen, die sich in den Commercial-Paper-Märkten kurzfristig finanzieren, saßen plötzlich auf dem Trockenen. In Deutschland ging es den kleinen und mittleren Unternehmen noch gut, doch viele kurzfristige Kredite wurden fällig und mussten erneuert werden. Selbst wenn das heiße Wochenende vom Oktober tatsächlich den Hohepunkt der Krise bedeutet haben sollte, also selbst im besten annehmbaren Fall, begleiten uns die wirtschaftlichen und sozialen Auswirkungen dieser Krise noch viele Jahre. Und angesichts der Ergebnisse des G-7-Gipfels war es nicht klar, dass wir jetzt gerade den Höhepunkt überschritten haben.

Jetzt stellen sich natürlich eine ganze Reihe von Fragen: Was verursachte diese Krise? Wie konnte sie sich so

stark und lange so unbemerkt entwickeln? Wie kann
man sich schützen? Und vor allem: Wie geht es jetzt weiter? Um diese Fragen im Detail beantworten zu können,
benötigt man etwas Wissen über moderne Finanzmärkte,
die über die Narrative unseres Buches und die Berichter-
stattung in Tageszeitungen und Wirtschaftsmagazinen
hinausgehen.

2 Der Kreditmarkt – eine moderne Massenvernichtungswaffe

Wenn Sie über gute Kenntnisse der Kreditmärkte verfügen oder das Buch *Vorbeben* ganz gelesen haben, dann bietet Ihnen dieses Kapitel nichts Neues. Es ist das einzige Kapitel, das ich fast vollständig übernommen habe, allerdings in verkürzter Form. Der Grund liegt einerseits darin, dass viele Leser über die Kreditmärkte heute besser informiert sind als vor etwa einem Jahr, als sich vorwiegend Profis für diese Märkte interessierten. Andererseits sind nicht alle Aspekte dieses sehr interessanten Marktes für unsere Geschichte von Bedeutung. Wir konzentrieren uns in diesem Kapitel nur auf diese wesentlichen Aspekte, ohne uns jetzt im Detail zu verlieren.

Hier geht es darum zu verstehen, wie die modernen Finanzmärkte funktionieren. Auch wenn die Medien heute detaillierter über das Funktionieren dieser Märkte berichten als noch vor einem Jahr, reichen diese Information allerdings nicht aus, um die Debatte zu verfolgen.

Der Kreditmarkt ist ein wichtiger Teil der globalen Finanzmärkte. Man sollte sich ein paar Sekunden mal darüber Gedanken machen, was überhaupt ein Finanzmarkt ist. Der amerikanische Ökonom Stephen Cechetti schreibt dem Finanzmarkt drei Funktionen zu: Liquidität bereitzustellen, Informationen zu poolen und Risiko zu teilen. Mein Kollege Martin Wolf von der *Financial Times* definiert den Finanzmarkt als ein Netzwerk von Vermittlern zwischen wirtschaftlichen Akteuren über Zeit und Distanz. Es ist eine sehr gute, allerdings geladene Definition, die einen wesentlichen Aspekt moderner Finanzmärkte ausdrückt, nämlich dass es nicht optimal ist, zu investieren, wenn plötzlich das Geld da ist, sondern wenn die Situation an sich dafür am günstigsten ist. Der Finanzmarkt sorgt im Idealfall dafür, dass das

Geld dahin fließt, wo es benötigt wird – in der Theorie zumindest.

Der Finanzmarkt erlaubt Aktivitäten, die es sonst nie geben würde. So ist es zum Beispiel nicht optimal, dass junge Menschen jahrelang Miete bezahlen, und sich die Anzahl für ein Wohneigentum mühsam in einem Bausparkonto zusammensparen. Es ist besser, wenn sie im jungen Alter eine flexible Hypothek aufnehmen, die sie jederzeit ihren Umständen anpassen können. Das Gleiche gilt für den jungen Existenzgründer, der im Idealfall einen Kredit oder eine Finanzierung erhalten sollte, und zwar unabhängig davon, ob er einen reichen Onkel hat oder nicht.

Die meisten Menschen kennen nur einen kleinen Teil des Finanzmarktes. Natürlich kennt man Banken, Sparkonten, Kredite, festverzinsliche Wertpapiere. Auch Aktienmärkte sind weitgehend bekannt. Die meisten Finanzjournalisten sind mit den Aktienmärkten mehr vertraut als mit den Märkten, in denen die Kreditkrise ausgebrochen ist. Das ist auch mit ein Grund dafür, dass diese Krise so lange im Hintergrund unbemerkt brennen konnte. Um wirklich im Detail zu verstehen, was da abgegangen ist, sollte man versuchen, den Kreditmarkt zu verstehen.

Der Kreditmarkt ist ein Markt, in dem Profis untereinander handeln. Die Instrumente dieses Marktes sind Wertpapiere, deren Basis der gute alte Kredit ist.

Der amerikanische Großinvestor Warren Buffett verglich einige diese neuen Instrumente mit Massenvernichtungswaffen. Der Vergleich ist sicher übertrieben, aber nicht ganz abwegig. Die Instrumente sind enorm kompliziert und können in ihrer Wirkung verheerend sein, sowohl für die betroffenen Investoren selbst als auch für die Volkswirtschaft an sich. Das wirklich Erschreckende an diesen Instrumenten ist, dass selbst viele Profis diese Instrumente nicht voll verstanden haben, und dass sie

dennoch bereit sind, sich mit diesen Papieren einzudecken. Wenn der Kreditmarkt platzt, dann ist nicht die
Oma pleite, sondern Omas Bank und deren Rückversi-
cherung.

Was ist also nun ein Kreditmarkt? Stark vereinfacht
geschieht hier Folgendes: Kredite werden in Wertpapiere
umgewandelt. Der ökonomische Vorteil besteht darin,
dass man diese Wertpapiere auf einem großen Kapitalmarkt handeln kann, wohingegen der Kredit auf der Bilanz der Bank bleibt. Somit erfüllt diese Umwandlung
der drei erwähnten Funktionen eines Finanzmarktes die
Schaffung von Liquidität. Unser Problem besteht daher
in der Umwandlung von Krediten in Wertpapiere, ein
Prozess, den man auch Verbriefung nennt. Das Problem
besteht darin, wie diese Umwandlung im Detail funktioniert.

Was ist eigentlich eine Bank?

Das Kerngeschäft einer klassischen Bank besteht darin,
Geld von Anlegern zu einem bestimmten Zinssatz anzunehmen und es zu einem höheren Zinssatz zu verleihen. Im 19. Jahrhundert, als die Bankensysteme noch
rudimentär waren, kam es vor allem in den USA zu
Bank-Runs, Paniken, die durch zumeist falsche Gerüchte ausgelöst wurden. Die Anleger wollten ihr Geld
zurückhaben, aber die Bank, die das Geld weiterverlie-
hen hat, hatte plötzlich nicht genug Liquidität, um die
Anleger auszubezahlen. Oft mussten die Banken ihre
Türen schließen, da sie nicht in der Lage waren, sich
kurzfristig Liquidität zu besorgen.

Das Beispiel eines klassischen Bank-Runs zeigt uns
übrigens den Unterschied zwischen einer Liquiditätskrise und einer Solvenzkrise. Die eben genannten Ban-

ken waren meistens solvent, aber nicht liquide. Die Bilanz dieser Banken war wahrscheinlich gesund. Keine Bank der Welt wäre in der Lage, ohne Refinanzierung einen Bank-Run zu überleben. Wann ist eine Bank insolvent? Zum Beispiel, wenn sie eine derart hohe Anzahl an Krediten gewährt hat, dass diese nicht mehr zurückbezahlt werden können, wenn also die Verbindlichkeiten höher sind als die Forderungen.

Banken müssen stets über ausreichende Liquidität verfügen, um Anlegern ihr Geld zurückzubezahlen oder um Kassenautomaten zu füllen. Zu diesem Zweck müssen sich Banken refinanzieren, entweder über die Zentralbank oder über den Interbankenmarkt.

Die Zentralbank spielt hier eine besonders wichtige Rolle, denn sie ist die Quelle allen Geldes. Bevor es Zentralbanken gab, gab es entweder privilegierte Privatbanken, die das Recht hatten, Geld auszugeben, sowie Clearing Houses, die von den Banken selbst unterhalten wurden, die den Zahlungsverkehr zwischen den Banken managten und die als Kreditgeber der letzten Instanz funktionierten. Heute haben wir Zentralbanken, staatliche, zumeist aber von Regierungen unabhängige Institutionen, denen das Geldmonopol unterliegt und deren Hauptfunktion darin besteht, die Stabilität des Geldes und des Finanzsektors zu gewährleisten.

Wie kommt das Geld von der Zentralbank in die Geschäftsbanken? Jede Woche schleust die Europäische Zentralbank Geld mittels eines sogenannten „Repos" in die Märkte. Dieses Wort steht für „Securities Repurchase Agreement". Damit gemeint ist ein Verfahren, durch das die Zentralbank den Banken über einen Zeitraum von zwei Wochen Geld verleiht. Dafür hinterlegen die Banken Sicherheiten in Form von Wertpapieren, und zwar nur solche, die von der Zentralbank akzeptiert werden. Dazu gehören zum Beispiel Staatsanleihen. Am Ende tilgen die Banken den Kredit dadurch, dass sie die Sicherheiten wieder zurückkaufen. Dieses Verfahren verläuft über einen sogenannten Tender, eine Auktion, bei der die Zentralbank einen Mindestzinssatz festlegt. Dieser Mindestsatz ist der sogenannte Repo-Satz. Wenn man in der Zeitung liest, die EZB habe ihre Zinsen erhöht, dann ist es genau dieser Mindestzinssatz, den sie erhöht hat.

Die Geschäftsbanken bieten regelrecht wie auf einer Auktion. Durchgeführt wird diese Auktion allerdings nicht zentral von der EZB selbst, sondern von den nationalen Zentralbanken. Die Zuteilung erfolgt nach festen Regeln, und zwar so, dass diejenigen, die den höchsten Zinssatz bieten, eine höhere Zuteilung erhalten.

Um Geld von der Zentralbank zu erhalten, müssen die Banken also entsprechende Sicherheiten hinterlegen, zum Beispiel Aktien oder festverzinsliche Wertpapiere. Was für Papiere zulässig sind, entscheidet die Zentralbank. In Krisenzeiten handelt es sich hierbei um ein wichtiges Steuerungsinstrument. Wenn Banken auf Papieren sitzen, die sie im Markt nicht verkaufen können, dann kann es für eine Bank von existenzieller Bedeutung sein, ob die Zentralbank ein derartiges Papier als Sicherheit akzeptiert oder nicht. In der Kreditmarktklemme im August 2007 war genau das ein Thema. Damals entschied sich die Federal Reserve, bestimmte Kreditmarktpapiere als Sicherheiten zuzulassen, in denen der Wertpapierhandel ausgetrocknet war (allerdings nicht Subprime-Wertpapiere). Ziel dieser Aktion war es, den Finanzierungsspielraum der Banken zu erhöhen. In Krisenzeiten sind derartige Maßnahmen oft wichtiger als der Zinssatz selbst.

Bei Repos handelt es sich also um regelmäßige, in diesem Fall wöchentliche Operationen. Was passiert aber, wenn eine Bank heute Nachmittag Geld benötigt und wenn heute kein Repo-Tag ist? Hier gibt es im Grunde zwei Möglichkeiten – über die Zentralbank selbst und über den Markt.

Die Notfinanzierung über die Zentralbank ist teuer und für die Banken oft sogar peinlich. Banken geben nur ungern zu, dass sie sich von der Zentralbank außerhalb des normalen Prozesses Geld geliehen haben, weil derartige Informationen zumeist öffentlich sind. Der amerikanische Ökonom Stephen Cecchetti verglich diese Operation damit, dass man sich von den Eltern Geld leiht.[18] Man versucht Derartiges zu vermeiden, insbesondere wenn alle Freunde eben darüber informiert sind, dass man sich von seinen Eltern Geld geliehen hat.

Das Gros der laufenden Refinanzierung erfolgt im Normalfall aber nicht über den Notfinanzierungsgeldhahn der Zentralbanken, sondern über den Interbankenmarkt. Dort leihen sich Banken untereinander Geld aus – und zwar ohne Sicherheiten. Wenn eine Bank sich über einen Repo mit Liquidität versorgt, leiht sie in der darauffolgenden Woche überschüssige Liquidität weiter an andere Banken. Die Zinssätze im Interbankenmarkt liegen in der Regel dicht bei dem Repo-Satz. Wenn es aber zu einer Finanzklemme kommt, können diese Sätze schneller hochgehen. Genau das ist im August 2007 passiert. Bis zum Oktober 2008 sind diese Zinssätze überdurchschnittlich hoch geblieben.

Die Zinssätze, die in diesem Markt gelten, haben Namen wie Libor, London Interbank Offered Rate, oder Euribor, der Zinssatz, der im Interbankenmarkt des Euro-Gebiets gilt. Viele Kredite mit variablen Zinssätzen basieren auf Libor oder Euribor. Ein typischer Kredit basiert zum Beispiel auf dem Drei-Monats-Libor plus 200 Basispunkte. Dabei sind 100 Basispunkte gleich ein Prozent.

Während der Krise sprangen die Zentralbanken ein, um den Banken ausreichend Liquidität zu gewähren, weil der Interbankenmarkt zusammengebrochen war. Die Interventionen wurden immer stärker, und den Zentralbanken gelang es monatelang nicht, die Geldmärkte zu stabilisieren trotz großzügiger Versorgung mit Geld. Das legte den Verdacht nahe, das Problem sei nicht fehlende Liquidität, sondern das Horten von Liquidität durch Banken, die durch Wertberichtigung einen enormen Liquiditätsbedarf hatten.

Der Bank-Run bei der IKB und später bei Northern Rock in England, wo sich Kunden stundenlang anstellten, um ihre Konten zu schließen, erinnerte teilweise an die Bankpaniken vergangener Zeiten. Bis in die 30er-Jahre galten Banken als sehr unsicher. Diese Unsicherheit hat sich auch im modernen Sprachgebrauch eingebürgert, wenn man eine risikobehaftete Aktion als ein Vabanquespiel bezeichnet (französisch von va banque = es gilt die Bank). Wer heutzutage zur Bank geht, geht in der Regel kein hohes Risiko ein, es sei denn, er geht zu einer amerikanischen Hypothekenbank und lässt sich dort eine Subprime-Hypothek aufschwatzen. Heutzutage sind die meisten Banken im Gegensatz zu früher viel sicherer. Einer der Gründe dafür liegt in einer enormen Verbesserung in der Qualität der Bankenaufsicht und in den staatlichen Einlagensicherungen, die im Verlauf der Krise nochmals verbessert wurden.

Umstrittener ist, ob die international gültigen Eigenkapitalregeln, die bekannt sind als Basel I und Basel II, die Banken wirklich sicherer gemacht haben. Die Baselregeln spielen eine zentrale Rolle in der Kreditmarktkrise. Wie schon in der Einleitung angedeutet, war der Auslöser für die Diskussion, die im Jahre 1988 zum Basel-I-Abkommen geführt hat, der Zusammenbruch der Kölner Herstatt-Bank im Jahre 1974. Die Notenbanken und Politiker der G 10 (Belgien, Kanada, Frankreich, Deutschland, Italien, Japan, Niederlande, Schweden, Schweiz, Großbritannien und die USA) waren besorgt, dass das Eigenkapital der Banken zu niedrig war, was das Risiko einer Insolvenz erhöht. Das Basel-I-Abkommen schreibt eine angemessene Eigenkapitalausstattung vor. Die Grundregeln des Basel-I-Abkommens sind: Die Höhe des Eigenkapitals muss mindestens acht Prozent der risikogewichteten Kredite sein. Die Betonung liegt auf dem Wort risikogewichtet. Hierzu sah das ursprüngliche Baselabkommen ein sehr starres Raster vor: Kredite an Unternehmen und Privatkunden wurden zu 100 Prozent gewichtet, und zwar unabhängig davon, ob es sich um gute oder schlechte Kredite handelte. Hypotheken hingegen flossen nur zu 50 Prozent ein. Kredite an andere Banken nur zu 20 Prozent und Kredite an den Staat überhaupt nicht.

Mit den Basel-I-Regeln standen Banken unter dem Zwang, ihre Eigenkapitalquote von acht Prozent ständig aufrechtzuerhalten, was sie dazu zwang, die Menge der risikogewichteten Kredite zu managen. Zum Beispiel hatten Banken wenig Interesse daran, Kredite an Firmenkunden mit hoher Bonität in ihren Büchern zu belassen, denn diese Kredite schlugen zu 100 Prozent in der Kalkulation der risikogewichteten Kredite ein. Es gibt Kritiker, die behaupten, Basel I sei die eigentliche Ursache für die Kreditmarktblase, denn diese viel zu starren Regeln haben Banken dazu verleitet, Entscheidungen zu treffen, die ohne derartige Regeln ökonomisch unsinnig wären. Der wichtigste Kritikpunkt am Baseler Abkommen war, dass es zu einer Fehlallokation von Kapital geführt hat. Banken hatten einen Anreiz, Kredite an Kunden mit geringerer Bonität zu vergeben, da zum einen die Zinsen höher sind und zum anderen das Kreditrisiko sofort veräußerbar war.

Gleichzeitig gibt es Risiken, die im Baseler Abkommen überhaupt nicht erwähnt sind. Dort ging es hauptsächlich um die klassischen Risiken – Marktrisiken und Kreditausfallrisiken. Der Zusammenbruch der britischen Barings Bank Anfang der 90er-Jahre zeigt aber, dass operationelle Risiken ebenfalls nicht zu unterschätzen sind. Damals hatte Nick Leeson, ein Wertpapierhändler, der Bank derart hohe Verluste zugefügt, dass Barings innerhalb von Tagen als unabhängige Institution verschwand. Diese beiden Kritikpunkte – Inflexibilität in der Risikobewertung und Unterschlagung wichtiger Risikokategorien – führten später zum Baseler Abkommen, das im Jahre 2008 für Banken in Europa verbindlich wird. Mit Basel II wird das starre Risikoraster aufgelöst und durch Ratings, also Bewertungen, ersetzt. Hierbei handelt es sich nicht um die Ratings der Ratingagenturen, sondern um Bewertungen, die Banken selbst in Bezug auf ihre Kreditkunden erstellen. Firmenkredit ist dann also nicht gleich Firmenkredit, sondern die Risikogewichtung hängt jetzt von einer konkreten Bewertung des Risikos ab. Natürlich sind auch diese Ratings problematisch, und eine der Konsequenzen von Basel II war es, dass Banken die Risikobereitschaft deutlich erhöht haben.

Die wichtigsten Ratingagenturen – Moody's, Standard & Poor's und Fitch Ratings – haben gerade in der

Kreditmarktkrise eine unrühmliche Rolle gespielt und in einigen Fällen, etwa in der amerikanischen Hypothekenkrise, das Risiko nicht erkannt. Bei diesen Ratings handelt es sich um mathematisch ausgeklügelte Verfahren, die die Banken selbst anwenden, um ein Risikoprofil ihrer Kunden zu erstellen. Aber auch hier sollte Vorsicht geboten sein. Es gibt kein mathematisches Modell, das zu jeder Zeit Risiko immer richtig bewertet.

Die Gefahr ist dann besonders groß, wenn sich Banker auf derartige Modelle blind verlassen und bei Krediten überhaupt nicht mehr auf ihren eigenen Instinkt vertrauen. Ein guter Banker kennt seine Pappenheimer. Ein schlechter Banker, ausgestattet mit einem guten Modell, wird über lange Zeiten immer schlechtere Resultate erzeugen.

Einerseits war die Erneuerung des Basel-I-Abkommens zu begrüßen, da Risiko jetzt nicht mehr mechanistisch bewertet wird, und da es Banken vielleicht zu etwas weniger Irrationalität veranlasst. Gleichzeitig sollte man wissen, dass jede derartige Regel eine Industrie erzeugt mit dem einzigen Ziel, diese Regel zu umgehen. In diesem Fall war die Industrie der Kreditmarkt. Denn der ermöglichte es Banken, ungewünschte Kredite aus ihrer Bilanz verschwinden zu lassen, was der Bank half, die von Basel I deklarierten Eigenkapitalregeln einzuhalten. Zu diesem Zweck richteten Banken die bekannten Zweckgesellschaften ein. Und damit sind wir schon wieder beim Kreditmarkt und seinen Instrumenten.

2.1 Finanzinstrumente

In diesem Unterabschnitt werden die Instrumente der modernen Kreditmärkte vorgestellt. Es handelt sich hierbei nicht um eine „Einführung in die modernen Finanzmärkte", so, wie es an einer Business School gelehrt wird. Wir beschreiben hier nicht alle Instrumente in ihren technischen und rechtlichen Einzelheiten, sondern konzentrieren uns nur darauf, was für das Verständnis der Blase nötig ist. Gleichzeitig werden diese Instrumente nicht nur in ihrer technischen Funktionsweise vorgestellt, wie dies in der Spezialliteratur oder in Lehrbüchern geschieht, sondern in ihrer ökonomischen Wirkung.

2.1.1 Das festverzinsliche Wertpapier

Das wichtigste Finanzinstrument überhaupt ist die festverzinsliche Anleihe. Man spricht auch von Bonds. Zwei weitere wichtige Konzepte, die man für ein tieferes Verständnis der modernen Finanzmärkte benötigt, sind das Prinzip der Verbriefung und das Instrument des Swaps.

In den Kreditmärkten werden Kredite in Bonds umgewandelt. Ein typischer Bond ist ein Wertpapier, das in regelmäßigen Abständen einen vereinbarten Zinssatz, oder Coupon, bezahlt. Am Ende der Laufzeit wird der Nominalwert des Bonds dem Investor zurückgezahlt. Typische Bonds sind Staatsanleihen oder Anleihen großer Unternehmen.

Ein Kredit wird nicht im strikten Sinn zurückgezahlt, sondern getilgt: Das heißt, Zinsen und ein Teil des Kapitals werden in regelmäßigen Abständen zurückbezahlt, so lange, bis die Schuld gelöscht ist.

Beim Bond wird hingegen strikt zwischen dem Coupon und Kapitalwert unterschieden. Hierbei handelt es sich um einen klassischen Bond. Man kann Bonds mit großer Vielfalt konstruieren. Ein weiterer beliebter Bond ist der Zero-Coupon Bond, der keinen Coupon bezahlt, die fehlenden Zinsen aber dadurch kompensiert, dass er am Ende der Laufzeit eine höhere Summe zurückzahlt. Solche Konstruktionen haben oft steuerliche Gründe. Es gibt Staaten wie Belgien, die eine hohe Einkommenssteuer erheben, aber für bestimmte privilegierte Gruppen keine Kapitalertragssteuern. Ein Zero-Coupon Bond ist so konstruiert, dass in diesem Fall möglichst wenig Steuern bezahlt werden.

Im Gegensatz zu einem Kredit kann man einen Bond an einer Börse handeln. Die Märkte, auf denen Bonds gehandelt werden, heißen in Deutschland Rentenmärkte oder Effektenbörsen. International spricht man von Bondmärkten. Was bestimmt den Preis eines Bonds?

Der Marktzins ist einer von mehreren Faktoren, der den Preis eines Bonds bestimmt. Da der Zins des Bonds, also der Coupon, fest ist, haben Zinsänderungen im Markt natürlich einen Einfluss auf den Preis. Wenn die Zinsen im Markt steigen, fällt der Preis eines Bonds, denn dessen Coupon ändert sich natürlich nicht. Wenn der Ausgabepreis des Bonds 100 Euro beträgt und der Marktzins über den Couponzins steigt, dann fällt der Preis des Bonds auf unter 100. Damit ist gesichert, dass dieser Bond für einen neuen Investor weiterhin attraktiv bleibt. Bei todsicheren Staatsanleihen kann man den Preis eines Bonds mit einer Formel perfekt berechnen. Neben den Daten für den Bond selbst – Laufzeit, Coupon, Kaufpreise, nominaler Preis – braucht man nur den aktuellen Marktzinssatz für die gleiche Restlaufzeit.

Im Kreditmarkt werden die Bonds von mehr oder weniger kreditwürdigen Institutionen herausgegeben, und somit spielt die Kreditwürdigkeit des Emittenten ebenfalls eine Rolle. Bundesanleihen gehören zu den sichersten Anleihen der Welt. Wenn Sie einen Bond im Subprime-Hypothekenmarkt gekauft haben, dann sind Sie sehr großen Ausfallrisiken ausgesetzt. Wie wir im Jahre 2007 gesehen haben, gilt das selbst für Subprime-Bonds mit einem AAA-Rating, also dem besten Rating überhaupt.

Die Bewertung des Risikos erfolgt über sogenannte Ratingagenturen. Die drei bekanntesten sind Moody's, Standard & Poor's und Fitch Ratings. Das beste Bond-Rating heißt bei Moody's Aaa, bei S&P AAA. Bei den mittleren und schlechteren Ratings unterscheiden sich die Bezeichnungen nicht nur durch die Groß- und Kleinschreibung. So bezeichnet Moody's einen Bond, der seinen Zahlungsverpflichtungen nicht nachkommt, mit C und S&P und Fitch mit D.

Wie bewerten Ratingagenturen einen Bond? Die Antwort ist: durch mathematische Modelle, Informationen aus dem Markt und Erfahrung. Wenn das Einkommen einer Firma unzureichend ist, um einen Bond zu bezahlen, dann wird die Ratingagentur den Bond entsprechend gering einstufen. Wenn Staaten politischen Risiken unterliegen, etwa dem Risiko eines Militärcoups oder einer Revolution, dann wird dies ebenfalls in die Bewertung mit einfließen. Die Ratings gelten für Investoren als Leitlinie, aber nicht als verbindlicher Maßstab. Schlaue Investoren bilden sich eh ihre eigene Meinung und interpretieren die Bewertung lediglich als eine von vielen Informationen.

2.1.2 Der Swap

Der Swap ist das mit Abstand wichtigste moderne Finanzinstrument und bildet die Grundlage des sogenannten Credit Default Swaps (CDS).

Die Lexikon-Definition eines Swaps – ein Austausch von Zahlungsströmen – hilft uns für ein Verständnis nur wenig weiter. Was ist also ein Swap? Ein Swap ist ein Vertrag zwischen Parteien, die sich einigen, Zahlungsforderungen, die sie selbst zu leisten haben (etwa Zinszahlungen), nach einer bestimmten Regel untereinander auszutauschen (daher auch der englische Name Swap = Tausch). Bei einem Wechselkurs tauscht einer Euro-Zahlungen gegen Dollar-Zahlungen. Natürlich kann man sich die Dollars auch in den Devisenmärkten besorgen, aber die Attraktivität eines Swaps besteht darin, dass sich hier zwei Parteien finden mit entgegengesetzten Voraussetzungen und Notwendigkeiten. Der eine hat Euros und braucht Dollars, der andere hat Dollars und braucht Euros.

Der wichtigste und größte Swap-Markt ist der für Zins-Swaps. Hier finden sich zwei Parteien, die einen festen Zinssatz gegen einen variablen Zinssatz austauschen wollen. Swaps wie auch viele andere Finanzinstrumente sind Nullsummenspiele per Definition. Einer gewinnt, einer verliert. Im Grunde genommen sind Swaps Negativsummenspiele, ähnlich wie Roulette (wegen der Null!). Denn bei einem Swap verhandeln die beiden Parteien oft nicht direkt miteinander, sondern über einen Swap-Händler, der natürlich auch seinen unbescheidenen Obolus verdienen möchte.

Wenn ein Swap ein Nullsummenspiel ist, warum ist es dann für die Beteiligten so interessant? Der Grund liegt darin, dass viele Marktteilnehmer nur Zugang zu bestimmten Krediten haben, meist Kredite mit variablen Zinsen, weil andere in der Lage sind, am Markt günstige Festzinskredite zu erzielen. Wenn Letztere lieber einen variablen Zins wollen, dann bietet sich ein Swap-Geschäft an. Man „swapt" die Kredite nach einer bestimmten Formel, und jeder Marktteilnehmer hat den Kredit, den er will. Der erste erhält einen festverzinslichen Kredit, den er sonst nie bekommen hätte. Letzterer erhält einen Kredit mit variablem Zinssatz zu günstigeren Konditionen, als die, die sonst im Markt zur Verfügung stehen.

Wie die meisten Finanzinstrumente werden auch Swaps von Investmentbanken angeboten. Investmentbanken sind die großen Verdiener in diesem Markt. Egal ob der Swap gut ist oder nicht, die Investmentbank verdient ihr Geld.

Hier ist ein konkretes Rechenbeispiel, wie ein Swap funktioniert.

Nehmen wir zwei Unternehmen, Firma Groß und Firma Klein, und treffen folgende Annahmen. Firma Groß braucht Geld für eine Investition. Folgende Finanzierungsmöglichkeiten stehen der Firma Groß offen:

Libor plus 0,5 Prozent oder fester Zinssatz von fünf Prozent.

Firma Klein steht vor der folgenden weniger attraktiven Wahl:

Libor plus drei Prozent oder fester Zinssatz zu zehn Prozent.

In diesem Beispiel wählen die beiden Unternehmen das aus ihrer Sicht jeweils attraktivere Angebot.

Firma Groß wählt den Bond mit festem Zinssatz zu fünf Prozent.

Firma Klein wählt den variablen Zinssatz, also Libor plus drei Prozent.

Aber Firma Groß hätte lieber einen variablen Zinssatz, wenn auch zu attraktiveren Konditionen, und Firma Klein hätte lieber einen festen Zinssatz, allerdings nicht zu zehn Prozent. Um das zu erreichen, vereinbaren die beiden einen Swap wie folgt:

Firma Groß zahlt Libor an Firma Klein und erhält von Firma Klein einen festen Zinssatz von 5,2 Prozent.

Firma Klein zahlt einen festen Zinssatz von 5,4 Prozent und erhält Libor.

Im folgenden Diagramm werden die Zahlungsströme dargestellt, und zwar vor dem Swap und nach dem Swap:

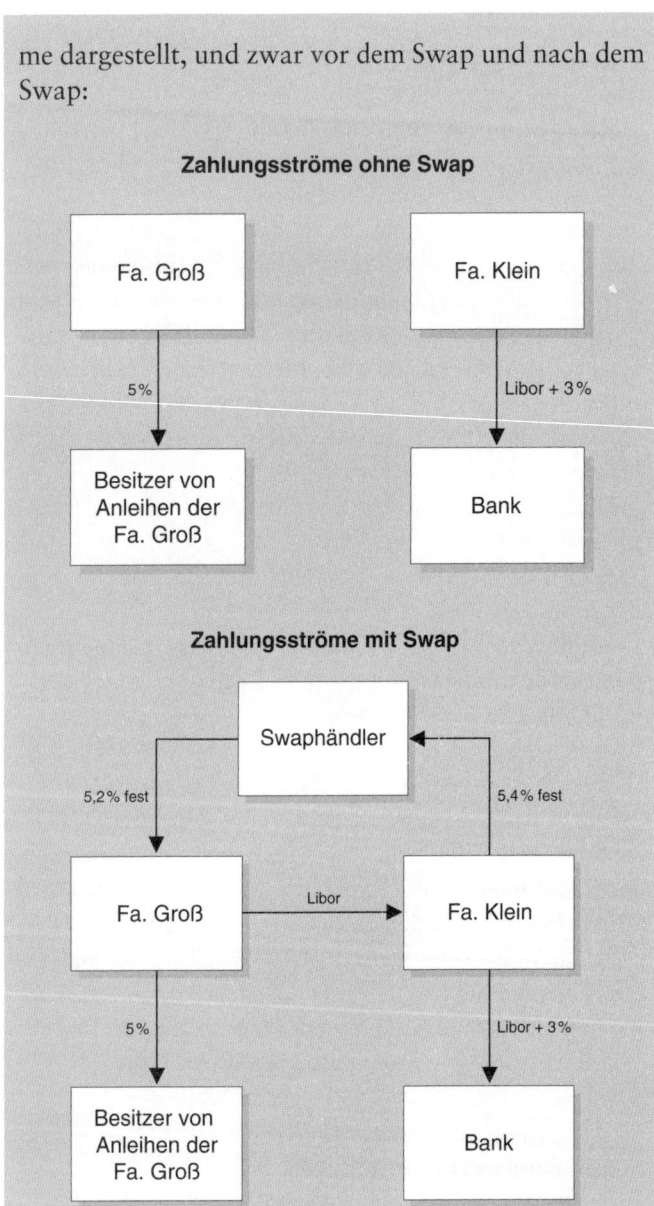

Zahlungsströme ohne Swap

Fa. Groß

Fa. Klein

5%

Libor + 3%

Besitzer von Anleihen der Fa. Groß

Bank

Zahlungsströme mit Swap

Swaphändler

5,2% fest

5,4% fest

Fa. Groß

Libor

Fa. Klein

5%

Libor + 3%

Besitzer von Anleihen der Fa. Groß

Bank

In diesem Beispiel zahlt also die Firma Groß an Firma Klein Libor, also den variablen Marktsatz. Firma Klein hingegen zahlt einen festen Zinssatz von 5,4 Prozent, von dem Firma Groß 5,2 Prozent erhält. Die Differenz zwischen diesen beiden festen Zinssätzen, in diesem Fall 0,2 Prozent, geht an den Swap-Händler. Der Swap-Satz ist also 5,2/5,4 Prozent, je nachdem, ob man den festen Satz zahlt oder erhält.

Wie sieht die Gesamtbilanz für beide Firmen nach dem Swap aus. Zunächst für Firma Groß. Firma Groß zahlt Zinsen und erhält Zinsen durch den Swap. Hier zunächst die Zinszahlungen der Firma Groß:

Zahlungen:	
für den Bond an die Investoren	5 %
für den Zins-Swap	Libor
Zwischensumme	5 % + Libor
– Zinseinnahmen durch Swap	5,2 %
Summe	Libor – 0,2 %

Für die Firma Klein gilt folgende Rechnung. Zunächst die Zinszahlungen:

Zinszahlungen an die Banken	Libor + 3 %
Zinszahlungen für den Swap	5,4 %
Zwischensumme	Libor + 8,4 %
– Zinseinnahmen durch Swap	Libor
Summe	8,4 %

Somit zahlt Firma Groß: Libor minus 0,2 Prozent anstatt fünf Prozent fest, und Firma Klein zahlt einen festen Satz von 8,4 Prozent anstatt Libor plus drei Prozent.

Haben beide gewonnen? Ja und nein. In beiden Fällen sind die Konditionen günstiger, als den Firmen sonst zur Verfügung gestanden hätten. Wir erinnern: Firma Groß hätte im Markt Libor plus 0,5 Prozent bekommen und Firma Klein einen Kredit mit festem Satz zu zehn Prozent. Jetzt zahlt Firma Groß Libor minus 0,2 Prozent und Firma Klein einen festen Satz von 8,4 Prozent.

Natürlich kann Firma Groß immer noch verlieren. Wenn der Libor auf über 5,2 Prozent steigt, dann wäre es besser gewesen, auf den Swap zu verzichten. Firma Klein verliert, wenn der Libor auf unter 5,4 Prozent fällt. Da eine dieser beiden Bedingungen für den Libor immer gilt, so verliert entweder Firma Groß oder Firma Klein relativ zu den vor dem Swap gewählten Konditionen. In der Tat, wenn der Libor genau zwischen 5,2 Prozent und 5,4 Prozent fällt, dann verlieren beide Parteien. Der Einzige, der immer gewinnt, egal was mit dem Libor passiert, ist der Swap-Händler.

Allein an diesem einfachen Beispiel sehen wir schon die Problematik dieses Instrumentes. Swap-Händler, meistens große Investmentbanken, haben ein natürliches Interesse daran, so viel wie möglich an Swaps zu verkaufen. Für die Beteiligten lohnt sich ein Swap im Nachhinein nur unter bestimmten Umständen. Natürlich kauft sich die Firma Klein durch den Zins Sicherheit. Denn wenn der Zins nach oben gehen sollte, dann würde die Firma Klein eventuell in finanzielle Schwierigkeiten geraten. Diese Sicherheit ist ihr vielleicht wichtiger als der theoretische Verlust, der sich ergeben würde, wenn die Marktzinsen stark fallen.

Swaps sind geladene Finanzinstrumente, mit denen man viel Geld verlieren kann.

Der Autor Satyajit Das gibt zu Anfang seines Buches *Traders, Guns and Money*[19] ein herrliches Beispiel eines indonesischen Unternehmers, der auf Anraten seiner Bank einen Dollar-Swap gekauft hat, den er nicht vollends verstand. Er verlor einen Haufen Geld und verklagte die Bank, was ihm überraschenderweise auch mit Erfolg gelang. Swaps sind in jedem Fall komplizierte Instrumente, und Investoren sollten sich sehr gut überlegen, wie der Swap unter verschiedenen Szenarien unterschiedlicher Zinssätze und Wechselkurse funktioniert.

2.1.3 Credit Default Swaps

Warren Buffetts Vergleich mit Massenvernichtungswaffen galt einem spezifischen Instrument, nämlich den Credit Default Swaps oder CDS. Hier gibt es keinen deutschen Ausdruck, der dieses Instrument besser bezeichnet, und wir bleiben daher bei dem englischen Originalausdruck. CDS bieten dem Investor eine Versicherung gegen einen Zahlungsausfall, was sich zunächst harmlos anhört. Ökonomisch ist ihre Funktion also die einer Versicherung. Rechtlich sind sie allerdings keine Versicherung, sondern ganze normale Finanzinstrumente. Das hat zur Konsequenz, dass die Versicherungsinstrumente nicht der Versicherungsaufsicht unterliegen. Das wiederum bedeutet, dass es keine Aufsicht darüber gibt, ob diejenigen, die die Versicherungsleistung garantieren, auch in der Lage sind, sie zu bezahlen.

Satyajit Das schrieb in seinem schon zitierten Buch davon, dass im Versicherungsmarkt das Prinzip *uberrima fides*[20] gilt, was so viel heißt, dass hier beide Seiten mit der größtmöglichen Offenheit und Transparenz miteinander umgehen sollen. Der Versicherungsnehmer soll der Versicherung die wirklichen Risiken mitteilen, und die

Versicherung soll ebenfalls unmissverständlich klarstellen, was genau versichert ist und was nicht.

Unzählige Rechtsanwälte haben sich mit der Frage beschäftigt, ob CDS formell unter die Rubrik Versicherung fallen sollten. Die Antwort wurde verneint. Ein CDS ist rechtlich somit nur eine gewöhnliche Finanztransaktion. Aus diesem Grund ist dieser Markt überhaupt erst so groß geworden. Jeder durfte an der Versicherungszockerei mitmachen. Im Markt für CDS gilt ein anderes lateinisches Prinzip, und zwar *caveat emptor*: Käufer, nimm dich in Acht.

Rein technisch betrachtet sind CDS Swaps in dem Sinne, dass hier zwei Zahlungsströme ausgetauscht werden. Der, der sich versichert, zahlt jedes Vierteljahr eine Versicherungsprämie. Der Versicherer zahlt eine Prämie, wenn der Versicherungsfall eintritt. Wenn man das betrachtet, ist jede Versicherung eine Art von Swap. Und genau das ist auch eines der Grundprinzipien in Finanzmärkten. Man kann mit bestimmten Instrumenten oder einer Kombination von Instrumenten andere Instrumente replizieren. Mit den CDS wird eben eine Versicherung simuliert.

Grundlage für einen CDS ist in der Regel ein Bündel Firmenanleihen. Nehmen wir an, Investor A besitzt ein Bündel von Mercedes-Anleihen. Mit einem CDS kann sich Investor B gegen einen Zahlungsausfall von Mercedes versichern. Dazu zahlt er eine vierteljährliche Prämie an Investor B, der im Versicherungsfall Investor A kompensiert.

Aus dieser Konstruktion ergeben sich eine ganze Reihe von Fragen: Was ist ein Versicherungsfall? Und wie berechnet sich die vierteljährliche Prämie?

Es gibt mehrere Situationen, die den Versicherungsfall auslösen. Eine Nichtzahlung des Coupons ist sicherlich ein Versicherungsfall, ebenso wie eine Firmenübernahme oder auch eine Verstaatlichung. Die vierteljährliche Prämie wird auf der Basis eines Marktpreises bestimmt, der sich in Basispunkten ausdrückt. Mercedes-CDS können zum Beispiel einen Preis von 80 Basispunkten haben. Darunter versteht man Folgendes. Man zahlt 0,8 Prozent (gleich 80 Basispunkte) auf einen Nominalwert von Mercedes-Anleihen im Wert von zehn Millionen Euro pro Jahr, das heißt 80.000 Euro pro Jahr, oder 20.000 Euro jedes viertel Jahr. Wenn Sie also in der Zeitung lesen, im CDS-Markt sind die Notierungen geklettert, dann ist das ein Zeichen dafür, dass man die Anleihe als riskanter einstuft als vorher.

Wer ist in diesem Markt der Käufer? Banken natürlich und auch Hedgefonds, die sich absichern wollen. Und wer ist der Verkäufer? Auch Hedgefonds, aber auch klassische Versicherungsgesellschaften, die hier außerhalb ihres regulierten Kerngeschäfts eine Möglichkeit sehen, ihre Gewinne zu erhöhen.

In frühen Jahren des CDS-Marktes gab es zunächst ein Problem, und zwar in der Frage der Standards und der Zahlungsabwicklung. Dem Dachverband der internationalen Derivatehändler, der International Swap and Derivatives Association, ISDA, ist es nach langen Verhandlungen gelungen, Standardverträge einzuführen, die genau regeln, was mit einem Zahlungsausfall exakt gemeint ist. Die genaue Identität des zu versichernden Kredites oder Bonds produziert gelegentlich große Probleme. Was passiert, wenn Firmen fusionieren? Es gibt viele weitere Beispiele, wo es am Ende überhaupt nicht klar ist, worauf sich die Versicherungsleistung bezieht. Es gab sogar schon Fälle, da existierte der Referenz-Bond überhaupt nicht. Mit anderen Worten: *caveat emptor*. Auch bei der Abwicklung von Zahlungsströmen hatte es in der Vergangenheit enorme Schwierigkeiten gegeben, die dank ISDA später gelöst wurden.

CDS waren – bis vor Kurzem zumindest – nicht an der Börse handelbar. Es handelt sich hierbei um sogenannte

„Over-the-Counter"-Verträge, individuelle Verträge zwischen zwei Vertragspartnern. In den letzten Jahren wurden allerdings erhebliche Fortschritte erzielt, dem Markt einheitliche Standards zu geben.

Zunächst zur Größe des Marktes für CDS. Im Jahre 2006 machte die British Bankers Association (BBA)[21] eine Umfrage zu Kreditderivaten, aus der sich ergab, dass sich die Größe des globalen Kreditderivatemarktes von fünf Billionen Dollar im Jahre 2004 auf 26 Billionen Dollar im Jahre 2006 vervielfältigte. Allein an diesen Zahlen sieht man schon das fast unkontrollierte Wachstum dieses Markts. Für 2007/2008 wurde ein weiteres Wachstum auf über 30 Billionen Dollar angesetzt, das sind 30.000 Milliarden Dollar, ungefähr das 15-Fache des gesamten Bruttoinlandsprodukts der Bundesrepublik. Und auch diese Schätzung war zu gering. Im Jahre 2008 hatte allein der CDS-Markt eine Größe von 45.000, später 62.000 Milliarden Dollar.

Eine wichtige Entwicklung, die diesem Markt zum explosionsartigen Wachstum verholfen hat, sind CDS-Indizes. Man kann einen CDS auf einen einzigen Bond ausrichten oder auch einen Index verschiedener Bonds. In diesem Fall sind die Zahlungsströme klar geregelt. Man kann zum Beispiel einen CDS erstellen, der nur für die ersten drei Zahlungsausfälle in einem Index eine Versicherungsleistung bietet, und einen weiteren CDS, der nur die Ausfälle vier bis sieben versichert. In einer separaten Box beschreibe ich, wie die Preise von CDS dargestellt sind und was es mit dem iTraxx-Index, dem in Europa mittlerweile wichtigsten CDS-Index auf sich hat.

**Wie funktioniert ein Credit Default Swap beziehungs-
weise ein CDS-Index?**

Wie berechnet sich die vierteljährliche Prämie in einem
CDS-Vertrag. Die Formel ist hier:

*Zu versichernde Prämie (meistens zehn Millio-
nen Dollar oder Euro) multipliziert mit dem
Swap-Satz (in Dezimaldarstellung).*

Normalerweise bezieht sich ein CDS-Vertrag auf ein
Bündel von Bonds im Wert von zehn Millionen Dollar
oder Euro. CDS werden notiert in Basispunkten. Eine
typische Notierung für einen CDS ist zum Beispiel
200 bp. Das heißt, die jährliche Prämie ist zehn Millionen multipliziert mit 0,02 ist gleich 200.000 Euro
im Jahr. Die vierteljährlichen Raten sind somit
50.000 Euro.

Der CDS-Markt begann in den 90er-Jahren und ex-
plodierte förmlich seit 2004/2005, als man begann,
CDS-Indizes zu schaffen. Wie ein Aktienindex bein-
halten auch die CDS-Indizes mehrere Werte. Wie funktioniert ein CDS-Index?

Hier gibt es mehrere Möglichkeiten. Bei einem
First-to-Default Swap wird die Zahlung fällig, wenn es
einen Zahlungsfall bei nur einem einzigen Wert in dem
Index kommt. Es gibt auch Second-to-Default Swaps
und Subordinate Basket Default Swaps. Bei letzteren
wird eine Obergrenze pro Titel im Index angegeben
sowie eine Gesamtobergrenze.

Nehmen wir einmal an, der Index besteht aus zehn
Werten. Die Vertragspartner treffen folgende Verein-
barung: Der maximal zu zahlende Betrag pro Wert im
Index ist zehn Millionen Dollar, der maximale Gesamt-

betrag ist 15 Millionen Dollar. Wenn der erste Wert einen Ausfall hat von 20 Millionen Dollar, der zweite Wert einen Ausfall von zwei Millionen Dollar, dann sind unter diesem Vertrag zwölf Millionen Dollar fällig, zehn Millionen Dollar für den ersten Wert und zwei Millionen Dollar für den zweiten.

Ein beliebter CDS-Index in Europa ist der iTraxx-Index. Wenn Zeitungen über diesen Markt berichten, dann wird meistens einer der iTraxx-Indizes zitiert. Hier ist ein Beispiel für einen Marktbericht vom 4. September 2007 von der Internetseite FT-Alphaville[22], ein frei zugänglicher Informationsblog, den die *Financial Times* für die Finanzindustrie eingerichtet hat.

> *"European credit derivatives markets weakened on Tuesday, with both the benchmark iTraxx Crossover index and the investment-grade iTraxx Europe index moving wider. By mid-morning, the Crossover index of 50 mostly high-yield corporate borrowers widened about 3 bp to 331 bp, while the Europe index added 1 bp to 45 bp ... In single-name news, the cancellation of oil firm Repsol and Gas Natural's Gassi Touil project with Algeria's state-owned Sonatrach pushed Repsol's five-year credit default swaps 4 bp wider to 70 bp."*

Diese Nachricht ist wie folgt zu lesen. Es werden zunächst zwei Indizes zitiert. Der erste ist der iTraxx-Crossover-Index, der aus 50 europäischen Bonds besteht, deren Kreditwürdigkeit von den Ratingagenturen als spekulativ eingeschätzt wird. Der Marktbericht besagt, dass der iTraxx Crossover um drei Basispunkte auf 331 Basispunkte gestiegen ist. Das heißt, die Versicherungsprämie für einen Ausfall von Bonds im Wert von zehn Millionen Euro im iTraxx-Index beträgt 331.000 Euro, nachdem sie vorher 328.000 Euro betragen hat.

Der iTraxx-Europe-Index, der sich auf Bonds von Unternehmen mit hoher Kreditwürdigkeit bezieht, schloss an diesem Tag einen Punkt höher mit 45 Basispunkten. Je höher die Notierung, desto höher das Risiko.

Man kann diese Basispunkte auch als eine Risikoprämie auffassen. Wie hoch ist eine Versicherung gegen den Zahlungsausfall einer Bundesanleihe? Nun, wenn Sie glauben, die Bundesrepublik gehe in den nächsten Jahren pleite, dann würden Sie sich wahrscheinlich dagegen versichern wollen. Der Markt und die Ratingagenturen sehen die Ausfallwahrscheinlichkeit als nahezu null an. Wenn also ein CDS mit 331 bp oder Basispunkten notiert ist, so wie der iTraxx am 4. September, dann heißt das, dass die Investoren bereit sind, für das erhöhte Risiko eine Prämie von 3,31 Prozent zu bezahlen. Das hört sich nicht nach sehr viel an, und das ist in der Tat so. Auf der Höhe des Kreditbooms fielen die Prämien auf unter 150 Basispunkte, was bedeutet, dass die Investoren damals sehr risikofreudig waren.

Der Marktbericht zitiert ebenfalls einen Einzelwert, Repsol, dessen Prämie an diesem Tag gestiegen ist, was ebenfalls bedeutet, dass die Investoren plötzlich ein höheres Risiko sehen. FT-Alphaville präsentiert diesen Marktbericht jeden Tag. Die Internetseite des Informationsdienstes Markit, www.markit.com, veröffentlicht ebenfalls tägliche Marktberichte über den Kreditmarkt.

Jetzt bleibt noch die Frage: Warum wollen sich Investoren gegen Nichtzahlung versichern, und warum wollen Investoren diese Versicherungsdienstleistungen anbieten? Der Grund, sich zu versichern, hängt sehr stark damit zusammen, dass der moderne Finanzmarkt Risiken aktiv managt. Das heißt nicht, dass Banken heutzutage weniger Risiken eingehen als früher. Das Gegenteil ist der Fall. Doch Banken benutzen die Ergebnisse der modernen Versicherungsmathematik, die ausgeklügelte Risikomodelle erarbeitet hat, mit denen sie ihr Risiko sehr präzise managen. Eine der bei Banken sehr beliebten Risikogrößen ist das Value at Risk, abgekürzt VaR, ein Konzept aus der modernen Statistik, das der Finanzmarkt mit Enthusiasmus aufgenommen hat. VaR reduziert das große Spektrum von Risiken, denen eine Bank ausgesetzt ist, auf eine einzige Zahl. Die Tatsache, dass jede Bank ihr Risiko heutzutage aktiv managt, bedeutet einen enormen Appetit für moderne Kreditderivate, den einfachen Swap, auch Plain Vanilla Swap genannt (was fälschlicherweise unterstellt, dass Vanille geschmacksneutral ist!), oder den Total Return Swap oder eben den Credit Default Swap.

Ein Großteil der Nachfrage für diese Instrumente besteht tatsächlich darin, dass man sich absichern möchte. Insofern sind Kreditderivate ähnlich den normalen Derivaten wie zum Beispiel Aktienoptionsscheinen, mit denen man sich auch absichern kann, zum Beispiel gegen einen Kursverfall.

Und wie bei den Aktienoptionen kann man diese Instrumente auch missbrauchen. Man kann mit ihnen zweifelsohne zocken. Und genau das ist in diesem Markt ebenfalls passiert. In Zeiten, in den man glaubte, wie ein Händler der *FT* einmal sagte, dass Firmen keine Zeit hätten, pleitezugehen, da ist man schon versucht, einen CDS zu garantieren, also als Verkäufer zu agieren. Wenn man glaubt, dass die Wahrscheinlichkeit eines Zahlungsausfalls gering ist, dann freut man sich über die vierteljährlichen Prämien, die man erhält. Hier fanden sich Investoren, die ihr Risiko fein steuern wollten, und andere Investoren, die bereit waren, hohe Risiken einzugehen, indem sie für den Zahlungsausfall eines Dritten geradestehen.

An diesem Geschäft beteiligt sind Ratingagenturen und vor allem Investmentbanken, die sich an diesem Geschäft die Nase vergoldeten. Denn es stimmt zwar, dass bei einem Swap die eine Partei immer gewinnt und die andere verliert. Zwei Gewinner gab es aber in jedem Fall: Die einen sind, wie wir schon wissen, die Investmentbanken, die den Swap auf den Markt brachten. Die anderen sind die Ratingagenturen, auf deren Ratings die Preise für diese modernen Finanzinstrumente basieren.

Eine Frage, die oft gestellt wird, ist: Warum gibt es diesen Markt erst seit den 90er-Jahren? Warum ist man nicht schon früher auf die Idee gekommen, Bonds außerhalb des offiziellen Versicherungsmarkts zu versichern?

Die Antwort liegt in der Finanzmathematik. Man konnte früher für derartige Produkte wie einen CDS keinen Preis bestimmen und sie daher auch nicht handeln. Das ist ähnlich wie bei den Aktienoptionen. Auch dieser Markt entwickelte sich, nachdem Mathematiker in den 70er-Jahren herausfanden, wie man Aktienoptionen berechnet. CDS waren noch komplizierter als Optionen, sodass ein erneuter mathematischer Quantensprung nötig war. Mit diesem Thema beschäftigen wir uns im Detail in einem separaten Kapitel.

Doch auch die Fortschritte in der Finanzmathematik waren nur ein Schritt zur Popularisierung dieser Instrumente. Die Schaffung von CDS-Indizes war ebenfalls enorm wichtig, denn hiermit können sich Investoren gegen einen ganzen Sektor absichern und nicht nur gegen Einzelwerte. Um auf unser eingangs zitiertes Beispiel zurückzukommen. Eine Bank gibt einen Kredit an eine Autofirma, möchte sich aber gegen eine Rezession im

Automobilsektor absichern. Sie kauft sich diesen Schutz mittels eines CDS auf einen Index.

Ein weiterer wichtiger Schritt wird im nächsten Unterkapitel beantwortet. Viele Investoren handeln nicht mit geradlinigen CDS, sondern mit noch komplizierteren Strukturen, in denen CDS enthalten sind. Diese Strukturen heißen im Deutschen besicherte Schuldverschreibungen und im Amerikanischen Collateralized Debt Obligations (CDOs). Die Variante, die auf den Credit Default Swaps aufbaut, nennt man synthetische CDOs. Wenn CDS die Massenvernichtungswaffen moderner Finanzmärkte sind, dann gibt es für synthetische CDOs kaum noch eine Bezeichnung, die ihre Gewalt und ihre Gefahr auch nur annähernd beschreibt. Sie gehören zu den gefährlichsten legalen Finanzinstrumenten, die jemals erfunden wurden. Diesen Instrumenten wenden wir uns jetzt zu. Sie alle basieren auf einem wichtigen Prinzip, das man auf jeden Fall verstanden haben muss, um die modernen Finanzmärkte zu verstehen: die Verbriefung.

2.1.4 Verbriefte Wertpapiere

Die Technik der Verbriefung

Wie zu Anfang erwähnt, gibt es zwei grundlegende Konzepte, die notwendig sind, die modernen Finanzmärkte zu verstehen. Neben dem Swap ist das zweite das Konzept der Verbriefung. Die Grundidee der Verbriefung besteht darin, aus einer Anzahl von Krediten Wertpapiere zu schaffen, die man dann auf dem Markt verkauft. Diese Wertpapiere haben unterschiedliche Risikoprofile. Selbst wenn alle Kredite als riskant eingestuft werden, ist es dennoch möglich, die Wertpapiere so zu gestalten, dass zumindest eines dieser Wertpapiere als relativ sicher gilt. Wie das funktioniert, wird in diesem Abschnitt erklärt.

Die Idee der Verbriefung kam aus dem Immobilienbereich mit der Privatisierung von Fannie Mae in den 60er-Jahren. Die Aufgabe von Fannie Mae und Freddie Mac ist es, ausreichende Liquidität für Hypotheken zur Verfügung zu stellen. Wie bewerkstelligen Fannie und Freddie dies? Sie kaufen die Hypotheken auf und emittieren sogenannte Mortgage-Backed Securities oder MBS. MBS sind Wertpapiere, die durch die Hypotheken abgesichert sind.

Mithilfe des MBS-Marktes wurde also ausreichende Liquidität für Hypotheken zur Verfügung gestellt. Selbst wenn das Bankensystem kriselte, konnte der Hypothekenmarkt boomen. Hier sehen wir einen der Vorteile des kapitalmarktbasierten Systems. Man ist von dem Wohlergehen der Banken unabhängiger. Mit der Hypothek nahm dieser Markt seinen Anfang, und wir wollen uns daher etwas ausführlicher mit Hypotheken beschäftigen, vor allem mit dem Unterschied zwischen deutschen und amerikanischen Hypotheken.

Woher kommt das Geld für eine deutsche Hypothek? Die Antwort ist: von einer Bank, die sich häufig über einen Pfandbrief refinanziert. Ein Pfandbrief, auch Kommunalobligation genannt, ist ein festverzinsliches Wertpapier, eines der sichersten Wertpapiere überhaupt.

In Deutschland dürfen nur eine begrenzte Zahl von Hypothekenbanken und öffentlich-rechtliche Institutionen Pfandbriefe herausgeben. Der Pfandbrief zahlt eine vereinbarte Rendite, zumeist etwas über der Rendite einer vergleichbaren Bundesanleihe, und der Pfandbrief ist selbst durch Immobilien abgesichert.

Die Laufzeit eines Pfandbriefs beträgt bis zu zehn Jahren. Natürlich haben die meisten Hypotheken Laufzeiten von mehr als zehn Jahren, das bedeutet, dass ein Pfandbrief nicht eine einzelne Hypothek finanziert, sondern dass hinter einem Pfandbrief ein Pool von Hypotheken steht.

Der Pfandbrief ist der Vorläufer der Asset-Backed Securities (ABS) beziehungsweise der Mortgage-Backed Securities (MBS), wenn es sich bei den besicherten Werten um Hypotheken handelt. Der wichtigste Unterschied zwischen Pfandbrief und ABS/MBS: Hinter einem Pfandbrief steht eine Bank mit ihrer Bilanz. Genau das ist es, was dem Pfandbrief eine erhöhte Sicherheit verleiht.

Die deutsche Hypothek ist im Verhältnis zu dem Hypothekenmarkt anderer Länder relativ konservativ. In Deutschland sind Hypotheken von 100 Prozent des Immobilienwertes nicht üblich. Ebenso nicht Hypotheken über Zeiträumen von 50 Jahren oder Hypotheken in der Höhe des fünffachen Bruttojahreseinkommens, auch nicht Hypotheken mit großzügigen Konditionen für Einsteiger, etwa geringere Abzahlungen in den ersten zwei Jahren. Es gibt zwar in Deutschland Hypotheken mit variablen und festen Zinssätzen, aber in Deutschland ist es im Gegensatz zu den USA nicht so ohne Weiteres möglich, Hypotheken mit festem Zins während ihrer Laufzeit zu refinanzieren.

Aber auch in den USA ist die Möglichkeit der Refinanzierung nicht durch die Hand Gottes gegeben, nicht einmal durch Adam Smiths unsichtbare Hand des Marktes. Im Gegenteil. Wer glaubt, dass die USA hier einen freien Markt hätten, der irrt sich gewaltig. Der Markt für US-Hypotheken ist alles andere als ein freier Markt. Dominiert wird er durch Freddie Mac und Fannie Mae.

Freddie und Fannie

Im US-Hypothekenmarkt spielen zwei Institutionen eine wichtige Rolle mit Namen, die an ein Musical erinnern und für die es international kein Äquivalent gibt. Die eine heißt Fannie Mae und die andere heißt

Freddie Mac. Ihr Ursprung liegt wie bei so vielen modernen Institutionen in den USA in den 30er-Jahren während des New Deals von Präsident Franklin D. Roosevelt. In der Großen Depression Anfang der 30er-Jahre verloren viele Menschen ihr Eigentum. Im Jahre 1938 schuf die Roosevelt-Administration die sogenannte Federal National Mortgage Association, damals noch eine staatliche Institution. Gemäß den Initialen wurde der Kunstname Fannie Mae geschaffen. Die Aufgabe von Fannie Mae war es, für Liquidität im Hypothekenmarkt zu sorgen. Fannie Mae war kein direkter Vertragspartner für jemanden, der sein Haus finanzieren wollte, aber Fannie Mae war ein Vertragspartner für die Hypothekenbanken. Fannie Mae sorgte dadurch für Liquidität, indem es den Hypothekenbanken die Kredite abkaufte, das Risiko übernahm und sich im Finanzmarkt refinanzierte. Mit diesem System unterstützte die US-Regierung über Jahrzehnte indirekt den privaten Wohnungsmarkt.

Im Jahre 1968 wurde Fannie Mae privatisiert und in ein Government Sponsored Enterprise, ein Privatunternehmen mit besonderem staatlichem Schutz, umgewandelt. Fannie Mae ist zwar privat, besitzt aber eine implizite Garantie der amerikanischen Regierung, was dazu führt, dass Fannie Mae sich zu den besten Konditionen in den Finanzmärkten finanzieren kann. Um für Wettbewerb zu sorgen, setzte man damals Fannie Mae gleich einen Konkurrenten gegenüber, die Federal Home Loan Mortgage Corporation, die man dann Freddie Mac nannte. Im Jargon spricht man die beiden Firmen mit ihren jeweiligen Vornamen an, also Fannie und Freddie.

Heutzutage unterstützten Fannie und Freddie immer noch den amerikanischen Hypothekenmarkt, indem sie alle Hypotheken, die bestimmten, jährlich neu definierten Kriterien unterliegen, aufkaufen und in Wertpapiere umwandeln, die dann am Finanzmarkt gehandelt werden. Diese Wertpapiere sind die schon erwähnten Mortgage-Backed Securities (MBS). Wir haben gesehen: Auch Pfandbriefe sind Wertpapiere, die durch eine Hypothek gedeckt sind. Die Grundidee ist ähnlich. Der Hauptunterschied besteht darin, dass eine Bank, die eine MBS kreiert, mit dem Kredit auch das Kreditrisiko verkauft. Eine Hypothekenbank, die einen Pfandbrief emittiert, bleibt auf dem Risiko sitzen. Wie ein MBS im Detail aufgebaut ist, ist Inhalt eines der nächsten Kapitel.

Die ökonomische Idee hinter der Verbriefung besteht darin, ausreichend Liquidität für den Hypothekenmarkt bereitzustellen. Damit soll sichergestellt werden, dass selbst dann Geld zur Verfügung steht, wenn es dem Bankensektor gerade einmal nicht gut geht. Mit dieser halbstaatlichen Konstruktion ist es zum Beispiel auch möglich, dass in den USA Eigenheimbesitzer ihre Hypotheken refinanzieren, weil eben Fannie und Freddie genau das ermöglichen.

Fannie und Freddie sind sehr mächtige Institutionen. Fannie ist das siebtgrößte Unternehmen der Welt. Die US-Notenbank hat mehrmals darauf hingewiesen, dass man Freddie und Fannie aufgrund ihrer Marktstellung stärker regulieren müsste.

Was auch immer man von dem System hält, einen Vorwurf darf man Fannie und Freddie allerdings nicht machen. Sie sind für die Subprime-Hypothekenkrise nicht verantwortlich. Sie refinanzieren nur die besten Hypotheken. Subprime-Hypotheken sind das Werk des freien Marktes. Sie wurden ohne jede öffentliche Hilfe durch die Finanzmärkte bereitwillig gegenfinanziert.

Selbst deutsche Banken wie die IKB Deutsche Industriebank oder die Sachsen LB, aber auch viele andere
Banken haben gern und bereit in Schuldentitel investiert, die auf Subprime-Krediten basierten. In guten
Zeiten braucht der Markt Institutionen wie Fannie
und Freddie natürlich nicht. In schlechten Zeiten, wie
damals in den 30er-Jahren oder eben nach dem Platzen der Kreditblase spielen derartige Institutionen allerdings eine wichtige Rolle in der Stabilisierung der
Märkte. Der ehemalige US-Finanzminister Larry Summers schrieb in der *Financial Times*, er sei zwar im
Prinzip kein Befürworter des privilegierten Status von
Fannie und Freddie, aber wenn es jemals eine Rechtfertigung für diese Institutionen gab, dann jetzt. Es ist
gerade in Zeiten von Liquiditätsengpässen wichtig,
dass man den Hypothekenmarkt stabilisiert und die
Krise nicht weiter verschlimmert.

Verbriefte Hypotheken sind ein wichtiger Teil des Kreditmarkts, aber dort wurde weitaus mehr verbrieft als nur
Hypotheken, etwa Kredite für Autos oder auch Kredit-
kartenzahlungen. Die Wertpapiere, die aus solchen Krediten stammen, haben dann den etwas allgemeineren
Namen Asset-Backed Security oder ABS. Im Finanzwesen ist eine ABS kein Bremssystem, sondern steht für ein
besichertes Wertpapier. Eine MBS ist somit ein Spezialfall
einer ABS.

In den 80er-Jahren wurde dieser Markt groß, denn es
war plötzlich möglich, aus Krediten Wertpapiere zu erzeugen und Liquidität für alles Mögliche bereitzustellen,
nicht nur für Hypotheken und Autodarlehen, auch für
Leasing.

Aber es gab noch einen weiteren Grund, warum dieser Markt in den 90er-Jahren und danach sich explo-

sionsartig ausweitete. Dieser Grund ist das ursprüngliche Basel-Abkommen. Sie erinnern sich: Das Basel-Abkommen verlangte von den Banken ein Eigenkapital von mindest acht Prozent ihrer risikogewichteten Kredite. Damit wurde jeder Bank der Welt eine Kreditobergrenze vorgeschrieben, die vom Eigenkapital abhängig war. Was passiert nun, wenn eine Bank an diese Grenze stößt? Es gab logischerweise nur drei Möglichkeiten. Erstens, die Bank begnügt sich mit dieser Situation. Eine genügsame Bank ist allerdings ein Widerspruch in sich. Zweitens, die Bank erhöht ihr Eigenkapital, um sich somit weitere Freiräume für neue Kredite zu schaffen. Drittens, die Bank stößt existierende Kredite ab. Letzteres wurde zur Regel.

Die Käufer des Kredits sind die eingangs schon erwähnten Zweckgesellschaften, die im Englischen Special Purpose Vehicle (SPV) genannt werden. Ein SPV ist also eine eigens zu diesem Zweck kreierte Firma, die nichts anderes tut, als Kredite zu kaufen und selbst Bonds zu emittieren, die durch diese Kredite abgesichert sind.

Zu diesem Zweck zahlt das SPV der Bank eine vereinbarte Summe. Die Bank ist den Kredit los, kann also erneut Kredite vergeben. Der Kredit hängt jetzt bei dem SPV, das natürlich jetzt den Anspruch auf den regelmäßigen Zahlungsstrom der Kredite hat. Das Risiko ist damit jetzt ebenfalls nicht mehr bei der Bank, sondern bei dem SPV. Entscheidend ist, dass das SPV nicht auf der Bilanz der Bank erscheint. Ein SPV ist also eine Nichtbank, Teil des Schattenbanksektors. Es nimmt die Funktion einer Bank wahr, ist aber nicht reguliert.

Jetzt stellt sich die Frage: Wie kommt das SPV an das Kapital für eine solche Transaktion? Dazu emittiert das SPV seine eigenen Wertpapiere, die über den Kreditpool abgesichert sind. Die Kredite dienen also als Sicherheit. Der Witz bei dieser Geschichte besteht darin, dass das SPV Anleihen in verschiedenen Risikoklassen, auch Tranchen (Scheiben) genannt, herausgeben kann. Die unterste

Stufe, die mit dem höchsten Risiko, heißt Equity. Equity ist im Grunde ein falscher Name, denn es handelt sich nicht um Aktien im klassischen Sinn, wie man das Wort Equity ins Deutsche übersetzen würde, sondern in der Regel um Bonds, die lediglich derart riskant sind, dass sie aktienähnliche Eigenschaften haben. Die mittlere Tranche heißt Mezzanine. Und dann gibt es auch eine obere Klasse, die das geringste Risiko hat. Die trägt den Namen Senior Debt. Wenn ein Zahlungsausfall eintritt, ist zunächst die Equity-Tranche betroffen, dann die Mezzanine-Tranche und schließlich die Senior-Tranche.

Bei den Zahlungsströmen verhält es sich genau umgekehrt. Was auch immer an Geld in den Kreditpool einfließt: Die Senior-Klasse bekommt ihr Geld zuerst, dann Mezzanine und schließlich Equity. Man spricht hier auch von einem Wasserfall. Bei dieser Metapher ist das Geld das Wasser. Es sprudelt von den oberen Tranchen nach unten. Die unteren Tranchen erhalten das gesamte Wasser, das von den oberen nicht aufgefangen wird.

Worin besteht die Attraktivität dieser Tranchen für Investoren? Im Gegensatz zu den Krediten selbst unterliegen die Tranchen einer Bewertung durch Ratingagenturen. Die oberste Tranche ist laut der Ratingagentur oft sehr sicher, weil das gesamte Risiko in den unteren Tranchen gebündelt ist. Die oberste Tranche hat oft ein Rating von AAA – das höchste Rating überhaupt, das sonst den besseren Staatsanleihen vorbehalten ist. Gleichzeitig sind die Renditen der obersten Tranchen höher als die der Staatsanleihen. Die Equity-Tranche ist dagegen weitaus gefährdeter, hat aber eine extreme hohe Rendite, und das macht sie besonders attraktiv für einige Spekulanten.

Verbriefung ist also ein Prozess, mit dem Kredite in Wertpapiere umgeformt werden. Diese tranchierten Wertpapiere heißen ABS oder MBS, je nachdem, um was für Kredite es sich handelt.

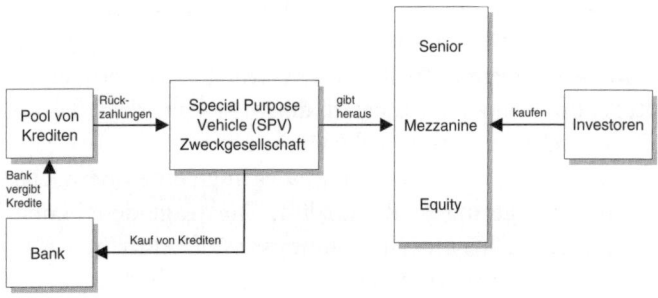

Asset Backed Security

Wie riskant die Papiere sind, entscheidet eine Ratingagentur. Man darf sich aber den Prozess nicht so vorstellen, dass die Geschichte ähnlich abläuft wie bei der Stiftung Warentest oder wie beim Michelin-Führer, der Restaurants beurteilt. Ob eine Tranche eines derartigen Wertpapiers ein AAA-Rating oder nur ein A-Rating bekommt, können die Manager der CDO selbst bestimmen.

Wie bitte? Wie kann man sich selbst ein AAA-Rating zulegen? Geht so etwas mit rechten Dingen zu? Die Antwort heißt „Überabsicherung". Hinter jeder dieser Tranchen steht schließlich eine bestimmte Menge an Krediten. Um das Risiko der Tranche zu reduzieren, könnte man also die Anzahl der Kredite erhöhen, also mehr Sicherheiten bieten, als das strikt notwendig wäre. Je nachdem, wie viele Sicherheiten man in die Tranche hineinsteckt, desto besser wird das Rating. Das heißt, man hat es durch die Sicherheiten selbst in der Hand, die Qualität der Ratings zu bestimmen. Im Amerikanischen spricht man von Overcollateralization.

Die Verbriefung hat sich als eine enorm wichtige Entwicklung in den globalen Finanzmärkten erwiesen. Vor der Verbriefung waren Kreditnehmer darauf angewiesen, dass es Kreditgeber gibt. Immer wieder trockneten Märkte aus. Von Zeit zu Zeit erhöhen Banken ihre Bereitschaft, Kredite zu geben. In anderen Zeiten reduzieren sie die

Kredite. Wer also in einem System ohne Verbriefung eine Hypothek zur falschen Zeit beantragt, kann Pech haben. Die Verbriefung öffnete den Zugang zum Kapitalmarkt. Und das bedeutete, dass plötzlich die gesamte Liquidität des globalen Finanzmarktes zur Verfügung stand. Zwar ändern sich laufend die Finanzierungsbedingungen und die Zinsen, aber die Liquidität ist da. Auch wenn man dem Konzept der Finanzmarktinnovationen eher skeptisch gegenübersteht, so muss man dennoch zugeben, dass die Verbriefung zu den großen Innovationen in diesem Sektor gehört.

Die Ökonomie der Verbriefung

Es lohnt sich, an dieser Stelle einmal über die ökonomischen Aspekte der Verbriefung nachzudenken. Als Laie hat man eventuell den Eindruck, dass hier lediglich nur Geld von einer Ecke des Marktes in die andere verschoben wird. Ökonomisch wird hier kein Wert geschaffen.

So sah es zumindest John Kenneth Galbraith, der behauptete, der Finanzmarkt eigne sich überhaupt nicht für Innovationen. Am Ende ist alles irgendwo ein Kredit. Wenn Galbraith jetzt noch lebte, dann würde er die Verbriefung als nichts anderes abtun als den Versuch, den guten alten Kredit mit neuen Tricks in neue Kleider zu stecken. Wenn Galbraith recht hat, dann ist die Kreditkrise extrem problematisch, angesichts des enormen Wachstums der Kreditderivate. Dann würde sich der gesamte Kreditmarkt irgendwann in Luft auflösen.

Gibt es auch eine ökonomische Rechtfertigung für die neuen Instrumente? Die gibt es auch. Die Befürworter der neuen Welt verbriefter Wertpapiere sagen, der moderne Kreditmarkt schafft eine effizientere Zuteilung von Krediten als der klassische Bankenmarkt, wo man oft nur Kredite bekam, wenn man Geld hatte. Insbesondere schafft er einen besseren Zugang zu Wagniskapital für junge Unternehmen. Selbst für den Subprime-Hypotheken-markt gibt es eine Rechtfertigung. Auch wenn die Zahlungsausfälle drastisch gestiegen sind, die große Mehrzahl aller Hypothekenkunden, auch im Subprime-Bereich, zahlt ihre Hypotheken zurück. Das heißt, für diese Leute hat die Innovation in den Finanzmärkten ein Eigenheim überhaupt erst ermöglicht. Im alten System wären sie Mieter.

In volkswirtschaftlichen Modellen wird oft naiv angenommen, jeder hätte Zugang zu Kapital. Die Realität ist, wie wir alle wissen, natürlich anders. Somit besteht die ökonomische Rolle der Kreditmärkte darin, dem idealtypischen Zustand näher zu kommen, wo jeder, der Kredit braucht, ihn auch bekommt, wo es also tatsächlich einen richtigen liquiden Markt für Kredite gibt.

Banken hingegen verursachen eine Menge an Reibungsenergie in diesem System, und zwar dadurch, dass sie einigen guten Kreditnehmern den Kredit vorenthalten. Und somit erfüllt der Kreditmarkt die Rolle, diese Reibungsenergie zu reduzieren.

Ein weiteres ökonomisches Argument liegt in der feinen Risikoabstufung. Auch hier gilt das Prinzip, dass man mittels Verbriefung ökonomische Reibungsenergie reduziert. In der Theorie erlaubt eine Welt verbriefter Papiere die perfekte Risikoabstimmung. Während man früher die Wahl hatte zwischen hochriskanten Aktien mit hoher Rendite und sicheren Bonds mit geringerer Rendite, bietet der Kreditmarkt nicht alle Grautöne der Risikoabstufung. Ein gut funktionierender Kreditmarkt wäre in der Theorie etwas Großartiges, denn er würde uns einen erheblichen Schritt in diese Lehrbuchwelt perfekter Finanzmärkte bringen.

Die Frage, die sich aus dieser Darstellung ergibt, ist: Inwieweit stimmt diese Theorie mit der Praxis überein? In der Praxis wissen wir, dass Ratingagenturen selbst dann Geld verdienen, wenn ihre Ratings nichts taugen.

Bei einem Swap verdient eine Investmentbank grundsätzlich, egal ob sich das Geschäft für die Beteiligten lohnt oder nicht. Wir haben in der Praxis also nicht nur Bewegung in Richtung perfekterer Märkte, sondern auch Bewegung in Richtung von eklatantem Marktversagen. Die Kreditkrise ist in erster Linie eine Krise des Systems der Verbriefung. Hier haben grundlegende Marktprozesse nicht funktioniert.

Egal wie man Galbraiths manchmal extremen Ansichten gegenübersteht: Seine These, dass Finanzmärkte sich nicht für Innovationen eignen, ist mit einigen Abstrichen richtig. Es handelt sich am Ende der Kette um Kredite, nicht mehr und nicht weniger. Deren Volumen dehnt sich mal aus, dann zieht es sich zusammen. Auch wenn die Blase nur zu 90 Prozent wieder zurückgehen würde, wäre es immer noch die wahrscheinlich größte Blase aller Zeiten.

2.1.5 Die besicherte Schuldverschreibung (Collateralized Debt Obligation)

Wer die Verbriefung im Prinzip versteht, hat mit dem Kerninstrument der modernen Kreditmärkte keine Schwierigkeiten mehr. Die „besicherte Schuldverschreibung" ist lediglich eine Weiterentwicklung der Verbriefung. In den technischen Büchern liest man oft, die CDO sei etwas grundlegend anderes. Das stimmt nicht. Das Prinzip ist dasselbe. Eine Investmentbank kreiert eine Zweckgesellschaft mit dem Ziel, eine bestimmte Menge von Krediten in Wertpapiere umzuformen. Eine CDO ist ökonomisch ein Instrument und rechtlich eine Firma. Wie bei den Mortgage-Backed Securities wird das Risiko in Tranchen aufgeteilt, die dann durch Ratingagenturen bewertet und dann an Endinvestoren weiterverkauft werden.

Was ist also der Unterschied zu einer normalen verbrieften Struktur? Der wesentliche Unterschied besteht darin, dass eine CDO nicht direkt Hypotheken einkauft, sondern zum Beispiel die Mortgage-Backed Securities selbst. Im positiven Sinne sind CDOs also nichts anderes als eine natürliche Weiterentwicklung von MBS.

CDOs sind darüber hinaus flexibler. Es gibt sehr unterschiedliche Formen von CDOs. Bei einigen CDOs geht es darum, das Kreditportfolio aktiv zu managen, so wie Manager eines Investmentfonds versuchen, die Investitionen zu optimieren. Andere CDOs verfolgen wieder sehr spezielle Ziele. In einigen Fällen geht es Banken nur darum, die Kredite aus ihrer Bilanz zu schieben, um den Baseler Kapitalregeln zu genügen. Eine derartige CDO trägt in der Regel ein geringes Risiko.

Wir wollen hier nicht alle Verzweigung des CDO-Marktes im Detail beschreiben.[23] Wir beschränken uns auf die CDO in ihrer einfachsten Form.

Wohingegen bei MBS Hypotheken als Sicherheit dienen, sind CDOs oft einen Schritt weiter vom ursprünglichen Kreditnehmer entfernt. Es gibt CDOs, die sich auf bestimmte Wertpapierklassen konzentrieren, Auto-CDOs zum Beispiel kaufen ABS, die durch Autokredite abgesichert sind. Es gibt auch CDOs, die sich auf große Firmenanleihen spezialisieren. Die meisten CDOs spezialisieren sich auf Hypotheken.

Der Rest funktioniert ähnlich wie eine ABS oder MBS. CDOs emittieren ebenfalls Tranchen von Wertpapieren mit unterschiedlichem Risikoprofil. Wie wir im letzten Abschnitt gesehen haben, ist die Bonität so gut, wie man selbst entscheidet. Man kann also ein AAA-Rating erzwingen durch das Prinzip der Überabsicherung. Wir wissen bereits, dass die Kredite als Sicherheit für die emittierten Wertpapiere stehen. Im Falle einer Überabsicherung stellt man mehr Kredite als Sicherheit zur Verfügung als notwendig. Je mehr Kredite als Sicherheit ausgegeben werden, desto höher die Absicherung und desto höher das Rating. Und so kann es dann auch geschehen, dass man aus einer Gruppe riskanter Kredite – zum Beispiel zweifelhafter amerikanischer Hypothekenkredite – eine scheinbar sichere Tranche kreiert.

Der Handel mit CDO-Tranchen verläuft nicht über Börsen, sondern direkt zwischen Investor und Verkäufer. Eine AA-Tranche wird in diesem Markt zum Beispiel für eine Rendite von acht Prozent angeboten. Die riskante Junior-Tranche kann schon mal mit Renditen von 20 Prozent locken. Je nachdem, wie hoch Ihr Risikoappetit als Investor ist, je nachdem, ob Sie im Moment Ihr Portfolio in die eine oder andere Richtung umschichten müssen, im Markt für CDOs gibt es immer ein Produkt, das aufgrund seiner speziellen Risikostruktur und seiner Renditen den Bedürfnissen eines Anlegers genügt, zumindest war das bis zum Ausbruch der Krise im August 2007 so. Viele dieser Investoren brauchten nicht in die lästigen Aktienmärkte zu investieren, wo die meisten von ihnen selten mehr als zehn Prozent herausholen konnten. Im Kreditmarkt war es üblich, Renditen von 20 Prozent für riskante Wertpapiere zu handeln.

2.1.6 Besicherte Schuldverschreibung mit synthetischer Struktur (Synthetic Collateralized Debt Obligation)

Einer ABS liegt ein Pool an Krediten zugrunde. Einer CDO liegt meistens ein Pool von ABS oder von Großkrediten zugrunde. Man kann die Struktur noch weiter aufmotzen, wenn man anstatt der Kredite die schon besprochenen CDS benutzt. Ein weiteres Instrument, das dort einfließt, sind die sogenannten Credit Linked Notes. Die sind ähnlich einem CDS mit der Ausnahme, dass der Verkäufer schon von vornherein einen Teil der Versicherungsleistung aufbringt, die dann am Ende der Leistung unter entsprechenden Konditionen zurückbezahlt wird. Mit einer synthetischen CDO wird der Weg vom Kredit-

nehmer zum endgültigen Investor noch weiter und unüberschaubarer. Es ist das risikoreichste und am wenigsten transparente Finanzinstrument im Kreditmarkt. Wenn
eines den Namen einer Massenvernichtungswaffe verdient hat, dann dieses.

Hier eine kurze Notiz für den Leser. Dieses Instrument
ist sehr kompliziert. Die synthetische CDO wird in der
weiteren Narrative des Buches nicht mehr vorkommen.
Sie können diesen Unterabschnitt daher überspringen.
Sie sollten es aber nicht, denn dieser Abschnitt gibt einen
Vorgeschmack darauf, wie verrückt die Konstruktionen
im Kreditmarkt geworden sind. Man stellt sich an vielen
Punkten zu Recht die Frage: Wer hat sich nur so etwas
ausgedacht?

Die Technik einer synthetischen CDO

Wie funktioniert eine synthetische CDO und wozu ist
sie gut? Mit einer CDO wälzt man zum Beispiel einen
Pool an Krediten ab und erhält Geld dafür. Wie wir
bereits wissen, machen Banken so etwas, um sich Freiräume für ihr Kreditgeschäft zu schaffen. Mithilfe
einer synthetischen CDO kann die Bank sich diese
Freiräume schaffen, ohne gleich dafür die Kredite
„verkaufen" zu müssen. Sie kann die Kredite weiterhin behalten, indem sie sich durch CDS absichert.
Dann fallen diese Kredite nicht mehr unter die Baseler
Regeln.

Wohingegen vorher die Bank die Kredite direkt an
die CDO verkauft, ist die Transaktion diesmal eine andere. Die Bank kauft sich Schutz mithilfe eines CDS.
Zu diesem Zweck wird eine synthetische CDO gegründet. Die Bank kauft den Versicherungsschutz und
die synthetische CDO verkauft ihn. Das heißt, die

Bank zahlt jedes Vierteljahr eine Versicherungsprämie an die CDO.

Jetzt betrachten Sie sich einmal die Welt aus der Perspektive der synthetischen CDO. Sie erhält jedes Vierteljahr eine Prämie, für die sie im Versicherungsfall eine bestimmte Leistung erbringen muss. Diese Zahlungsströme gehen wie im Fall einer normalen CDO an die Investoren. Wie eine normale CDO emittiert also auch eine synthetische CDO verschiedene Tranchen, also auch wieder Senior-, Mezzanine- und Junior-Tranche. Wodurch sind diese Tranchen abgesichert? Das ist jetzt nicht mehr so klar. Die Kredite gehören weiterhin der Bank. Das Kreditrisiko liegt bei der CDO. Die Sicherung besteht im vertraglichen Anspruch auf Zahlungsströme von der Bank.

Da die synthetische CDO keine Kredite kauft, stellt sich die Frage: Was passiert mit dem Geld der Investoren, die die Tranchen kaufen? Das Geld wird in bombensichere Staatsanleihen investiert, zum Beispiel Bundesanleihen.

Das ist das Grundgerüst einer synthetischen CDO. Aber in Wirklichkeit ist das alles noch viel komplizierter. Meistens sind die schon erwähnten Credit Linked Notes in der Struktur enthalten. In der Regel wird nicht das gesamte Kreditrisiko über die CDO-Struktur verteilt, sondern ein Teil des Risikos wird in einer separaten Transaktion zwischen Bank und zum Beispiel einer Versicherungsfirma abgewickelt in einem separaten Swap, dem sogenannten Senior Credit Default Swap. Man kreiert eine Super-Senior-Tranche oberhalb der normalen Senior-Tranche. Des Weiteren sind die Banken oft direkt an der Equity-Tranche beteiligt.

Es gibt unzählige Varianten dieser Struktur. Wir wollen die weiteren Details der synthetischen CDO nicht weiter besprechen. Dazu finden Sie in dem im Anhang aufgeführten Lehrbuch mehr Material.

Die Frage, die sich allerdings stellt, ist: Wozu sind diese Strukturen überhaupt noch nützlich? Schließlich können die Banken auch mit einer einfachen CDO ihr Kreditrisiko abwälzen. Auch mit einer normalen CDO lassen sich Firmenübernahmen finanzieren. Die Antwort ist, dass man versucht, mit einem erheblichen Mehraufwand den Prozess noch weiter zu optimieren, indem den Banken, also den Kunden, attraktivere Konditionen angeboten werden können. Das Problem ist nur, dass synthetische CDOs so kompliziert sind, dass man die Risiken nicht mehr wirklich berechnen kann. Das eigentliche Problem mit Komplexität ist nicht, dass man sich die Mühe machen muss, das Produkt zu verstehen. Die meisten Banken verstehen sehr wohl, in was sie da investieren. Das Problem mit der Komplexität ist, dass sich die Risiken nicht mehr errechnen lassen.

Es gibt noch weitere verrückte Variationen von CDOs, zum Beispiel CDOs von CDOs. Das sind CDOs, die keine Kredite kaufen, sondern Tranchen von anderen CDOs. Man spricht hier auch von CDO^2, also eine CDO zum Quadrat. Dass irgendeiner der brillanten Mathematiker auch den Reiz der dritten Potenz irgendwann einmal entdeckte, ist nicht überraschend. So gibt es auch CDO^3. Es gibt so gut wie keine betriebswirtschaftliche Begründung für diese Produkte mit der Ausnahme, dass sie den Investmentbanken, die sie auf den Markt bringen, hohe Gebühren bescheren, im Falle einer CDO^3 wird gleich viermal eine Kommission verdient – für jede der einzelnen CDOs und für die neue künstliche Struktur. Der Verdienst bei ABS und CDO besteht in einem Servicevertrag zwischen

der CDO und der Investmentbank. Die ersten Kreditzahlungen gehen nämlich nicht an die Investoren der
Senior-Tranche, sondern zunächst an die Investmentbanken. Das erklärt, warum Investmentbanken auch
während der Subprime-Krise noch relativ gut verdient
haben.

Wenn man das Prinzip der Verbriefung einmal verstanden hat, dann kennt man die eigentlich wichtige
Innovation in den Finanzmärkten. Alles andere sind
Ableitungen. Die CDOs und CDS, die von vielen Experten als die wirklichen Innovationen gefeiert werden, sind lediglich Weiterentwicklungen, die nicht unbedingt einen Fortschritt signalisieren.

Wie Alan Greenspan in einem Interview mit der *Financial Times* sagte, nicht alle Finanzinnovation überleben im Markt. Er sagte voraus, dass CDOs nicht zu
den Instrumenten gehören würden, die auch nach dieser Krise eine Überlebenschance hätten, im Gegensatz
zu den CDS, die dazu dienen, Risiko effizienter zu ver-
teilen. Greenspans Aussage ist unter Experten umstritten. Ob die synthetischen CDOs überleben, ist allerdings zweifelhaft.

2.2 Die Akteure

Bevor wir uns der Frage zuwenden, wie die Zockerei in diesen Märkten funktioniert, sollten wir uns die Frage stellen: Wer ist überhaupt in diesen Märkten tätig?

Die klassischen Banken

Das klassische Geschäft einer Bank besteht darin, dass man auf Ersparnisse einen Zinssatz zahlt und das Geld mit einem etwas höheren Zinssatz verleiht. Hierzu gibt es eine Reihe von Spielregeln, insbesondere die schon besprochenen Baseler Eigenkapitalregeln. Ein großer Teil des Kreditmarkts existiert nur deswegen, weil Banken einen (legalen) Weg suchen, um mit diesen Regeln besser zu leben, und weil sie in der Lage sind, mit cleveren und fast immer legalen Tricks, ihr Geschäft auszuweiten, ohne dabei ihr Kapital zu erhöhen. Die Idee der Baseler Regeln war sicherlich nicht, dass die Banken derart kreatives Verhalten an den Tag legen, aber Regeln führen oft zu merkwürdigen Konsequenzen.

SPV, SIV, SIV-light, Conduit

Die Strukturen, mit denen man im Kreditmarkt arbeitet, sind oft sehr kompliziert und basieren auf unterschiedlichen rechtlichen Grundlagen. Wir sprachen bislang von Zweckgesellschaften oder Special Purpose Vehicles. Das sind also die Wurstfabriken im Kreditmarkt.

Des Weiteren gibt es Conduits und Special Investment Vehicles (SIVs), ebenfalls Strukturen außerhalb der Bilanz, die sich kurzfristig an den Geldmärkten finanzieren und sich langfristig verschulden, indem sie in CDOs investieren und wie eine CDO ebenfalls Papiere auf den Markt werfen, in die Investoren investieren. Das Wort Conduit wird synonym mit dem Begriff SIV verwendet.

Conduits werden von den Banken selbst gemanagt, wohingegen SIVs fremde Manager haben.

Dann gibt auch ein SIV-light. Ohne jetzt auf die technischen Einzelheiten einzugehen, lässt sich sagen, SIV-light sind kurzfristiger angelegt als SIVs. Sie finanzieren sich noch stärker über besicherte Geldmarktpapiere (ABCP). Die Kreditkrise brach aus, weil genau in diesem Markt die Kreditgeber den Sicherheiten nicht mehr trauten.

Hedgefonds

Hedgefonds sind im Grunde normale Investitionsfonds mit dem Unterschied, dass die Hedgefonds sich aller Arten moderner Finanzinstrumente bedienen, wohingegen klassische Fonds eher traditionelle Wertpapiere kaufen oder verkaufen. Ersteres ist in vielen Ländern überhaupt nicht erlaubt, sodass die meisten Hedgefonds sich dort ansiedeln, wo das regulative Umfeld günstig ist. Viele Hedgefonds sind daher ebenfalls auf tropischen Inseln angesiedelt. Die europäischen Hedgefonds-Zentren sind London, Zürich und Luxemburg, wo die Regulierung ebenfalls sehr locker ist, zumindest im Gegensatz zu Deutschland.

In den 80er-Jahren managten Hedgefonds hauptsächlich das Vermögen reicher Individuen. Die Mindesteinlage war in der Regel eine Million Dollar. Seitdem sind nicht nur die Mindesteinlagen heruntergegangen, mittlerweile investieren auch klassische Fonds, einschließlich Pensionskassen, in Hedgefonds, weil viele Hedgefonds höhere Renditen erwirtschaften.

Wie erreichen Hedgefonds die höheren Renditen? Ein bekanntes Beispiel ist George Soros, der ungarische Financier, dessen Quantum Fund im Jahre 1992 mit Erfolg gegen den Verbleib des britischen Pfundes im europäischen Währungsmechanismus gewettet hat und mit dieser Wette eine Milliarde Dollar verdiente. Der Trick bestand in Leerverkäufen des Pfundes. Ein Leerverkauf – oder Short Sale im Englischen – ist ein Verkauf von Wertpapieren, die man nicht besitzt, die man zu einem späteren Zeitpunkt allerdings kaufen muss, um den ursprünglichen Verkauf zu legitimieren. Mit einem Leerverkauf spekuliert man also auf einen Verfall eines Preises.

Wie funktioniert ein Leerverkauf?

Nehmen Sie folgendes Beispiel an. An einer Börse gilt die Regel, dass eine Transaktion innerhalb von zwei Wochen geregelt werden muss. Wenn Sie heute verkaufen, dann liefern Sie das zu verkaufende Papier in zwei Wochen ab. Mit einer solchen Regel können Sie natürlich Wertpapiere verkaufen, die sie so noch gar nicht besitzen. Sie müssen sie dann innerhalb von zwei Wochen besorgen. Das lohnt sich natürlich nur, wenn der Preis dieser Wertpapiere während dieser Zeit fällt. Wenn der Preis steigt, dann erzielen Sie einen Verlust.

Mit Long Sale bezeichnet man einen normalen Kauf. Die Ausdrücke short und long werden uns im weiteren Verlauf des Textes noch oft begegnen. Mit short spekuliert man also auf den Verfall eines Preises, mit long auf den Anstieg. Privatinvestoren sind fast immer long. Profis sind entweder long oder short, je nach Markteinschätzung. Soros war also „short englische Pfund" im Fachjargon. Was ihm half, war, dass es im europäischen Währungsmechanismus für das Pfund eine Untergrenze gab. Soros tätigte an dieser Grenze Leerverkäufe, also er verkaufte Pfund, die er später zurückkaufen musste. Zunächst gingen die Zentralbanken auf seine Wette ein und fungierten als Käufer der letzten Instanz. Um seine Leerverkäufe zu tätigen, musste Soros zunächst die Pfunde wieder zurück-

kaufen, womit er auch kleinere Verluste eingefahren hatte. Aber Soros hatte fast unbegrenzte Kreditlinien. Er
spekulierte so lange, bis die Zentralbanken nicht mehr
bereit waren, das britische Pfund durch Stützungskäufe
zu sichern. Am Ende ging seine Wette auf. Das Pfund
stürzte ab und Soros' Leerverkaufwette ging auf.

Im Laufe der Finanzkrise spielten Leerverkäufe eine
wichtige Rolle. So vermuten Banker von Bear Stearns
und Lehman Brothers, der Kurs der Aktie sei deswegen
so stark gefallen, weil man einer Attacke von Leerver-
käufern ausgesetzt war. Man spricht im Englischen von
Naked Short Sale, was man besser nicht wörtlich übersetzt. Es heißt so viel wie Leerverkauf ohne jegliche Absicherung. Die Leerverkäufer waren sich ihrer Sache
ziemlich sicher. Als eine der ersten Maßnahmen in der
Krise haben die Regulierungsbehörden diese Form von
Leerverkäufen verboten oder eingeschränkt.

Gerade für Hedgefonds spielten die Leerverkäufe eine
wichtige Rolle. Es gibt eine ganze Reihe von Hedgefonds-
Strategien. Soros war ein sogenannter Makromanager,
der darauf wettete, dass bestimmte volkswirtschaftliche
Konstellationen eintreten. Diese Strategie ist bei Hedgefonds allerdings die Ausnahme. Die beliebteste Strategie
ist die sogenannte Long-Short-Strategie. Zum Beispiel
kauft man Aktien einer Firma (man ist also „long in Aktien") und tätigt Leerverkäufe von Bonds. Man ist also
„short in Bonds", also man verkauft Firmenanleihen, die
man später zurückkaufen muss, in der Hoffnung, dass
ihr Preis fällt.

Die grundsätzliche Idee hinter Long-Short-Strategien
besteht darin, dass man das Wertpapier mit den höheren
Renditen kauft und das mit den geringeren Renditen
leerverkauft und die Differenz einsteckt. Solche Long-
Short-Strategien sind nicht risikofrei. Wir werden später
ein Beispiel kennenlernen, wo eine solche Strategie spek-
takulär danebengegangen ist, und zwar im Falle von

General-Motors-Aktien. An dieser Stelle sei nur vermerkt, die Long-Short-Strategie ist eine Standardstrategie der Hedgefonds. Die Hedgefonds-Manager sind nicht besonders gut darin, die besten Werte aus dem Dax oder Dow-Jones-Index herauszupicken. Das ist Spiel der Privatinvestoren, die auch nicht sehr gut darin sind.

Eine weitere Spezialität der Hedgefonds ist der Carry Trade (was sprichwörtlich bedeutet, dass man das Geld von einem Ort zu einem anderen Ort „trägt"). Man verschuldet sich in billigen Yen, tauscht sie in Euro oder Dollar um, legt das Geld dort zu einem höheren Tageszinssatz an, tauscht es am nächsten Morgen wieder in Yen um, und erzielt damit einen Gewinn. Die Long-Short-Strategien spielen auch eine zentrale Rolle bei der Spekulation in den Kreditmärkten. Mit den verschiedenen Tranchen der CDOs kann man sehr gut Long-Short-Strategien anwenden. Hedgefonds kaufen gern die Equity-Tranche wegen der hohen Rendite. Um das Risiko zu reduzieren, tätigt man Leerverkäufe in der Mezzanine-Tranche. Die dieser Strategie zugrunde liegende Annahme ist, wenn es zu Problemen mit einer CDO kommt, dann sind am Ende alle Tranchen betroffen. Die Verluste, die man dann mit der Equity-Tranche hätte, würde man durch Gewinne mit den Leerverkäufen der Mezzanine-Tranche auffangen, denn damit spekuliert man schließlich auf fallende Kurse.

Hedgefonds erzielen in guten Zeiten hohe Gewinne, können aber extrem hohe Verluste erleiden. Ein Zusammenbruch eines großen Hedgefonds kann dabei andere Finanzinstitutionen ebenfalls in Schwierigkeiten bringen. Im Jahre 1998 verspekulierte sich der damals größte Hedgefonds, Long-Term Capital Management, mit russischen Anleihen, als Russland plötzlich ein Zinsmoratorium ausgerufen hat. LTCM bediente sich modernster mathematischer Verfahren und hatte mit Robert Merton und Myron Scholes zwei Nobelpreisträger in seinem

Aufsichtsrat. In den guten Jahren erzielte LTCM Renditen von über 30 Prozent. Als LTCM in Schwierigkeiten
geriet, war die Panik an der Wall Street derart, dass die
New Yorker Zweigstelle der Federal Reserve eingreifen
musste, damit der Untergang von LTCM nicht zu einer
Bankenkrise ausartete. Denn mehrere Banken – unter anderem Bear Stearns – hatten LTCM hohe Kredite gewährt.

Hedgefonds spielen als Investoren auch in der gegen-
wärtigen Kreditblase eine zentrale Rolle. Sie sind die vorwiegenden Käufer der hoch dotierten und hochriskanten
CDO-Tranchen. Sie sind also die Kunden. Hedgefonds
müssen mindestens 20 Prozent Rendite pro Jahr erwirtschaften. Der Grund liegt darin, dass die meisten Investoren nicht direkt in Hedgefonds investieren, sondern in
sogenannte Dachfonds – Fonds, die ihrerseits wiederum
in Hedgefonds investieren. Die Idee ist, dass man somit
eine höhere Risikostreuung erreicht. Wenn man aber die
Gebühren der Hedgefonds-Manager und der Dachfonds-
Manager abzieht, dann bleiben gerade mal um die zehn
Prozent an Rendite übrig – das Minimum, was im Markt
heutzutage akzeptiert wird – und das funktioniert nur,
wenn alle Hedgefonds im Dachfonds im Durchschnitt
20 Prozent verdienen.

Leicht ist es in einem modernen Finanzmarkt nicht,
jedes Jahr eine Rendite von 20 Prozent zu erzielen. Am
Aktienmarkt ist dies kaum möglich. An den Rentenmärk-
ten ist dies noch weniger möglich mit Renditen von unter
fünf Prozent für zehnjährige US-Staatsanleihen oder Bundesanleihen. An dieser Stelle stellt sich natürlich eine
wichtige Frage: Selbst wenn Long-Short-Strategien luk-
rativ sind, wie kommt es, dass man damit so viel Geld
verdienen kann?

Die Antwort liegt im Kredithebel. Wenn alle Hedgefonds long in Equity und short in Mezzanine wären,
dann würde der Preisunterschied über kurz oder lang fal-

len. Solange der Preisunterschied eine Mindestgrenze nicht unterschreitet, kann man trotzdem seinen Verdienst sichern, und zwar durch die Hebelwirkung durch Kredite. Hedgefonds investieren nicht das Geld ihrer Investoren, sondern sie besorgen sich darüber hinaus einen Kredit über ein Vielfaches der Einlagen und investieren dann die Gesamtsumme. LTCM hatte zum Beispiel einen Kredithebel von 30 – das heißt, mit einem eingezahlten Kapital von einer Milliarde Dollar tätigte man Investitionen von 30 Milliarden Dollar. Die meisten Hedgefonds haben einen Hebel von fünf, aber die Varianz ist groß. Die Investoren erhalten den Gewinn aus der Gesamtinvestition minus Zinsen. Solange also die Zinsen geringer sind als die Renditen, funktioniert der Kredithebel.

Was ist eigentlich ein Kredithebel?

Viele Laien sind überrascht davon, dass mit dem fremden Geld mehr verdient wird als mit dem eigenen. Ich beantworte die Frage daher mit einem einfachen Beispiel.

Nehmen Sie an, Sie kaufen ein Haus für eine Million Euro in bar. Nach 15 Jahren ist das Haus 1,8 Millionen Euro wert. Die Wertsteigerung ist 80 Prozent.

Jetzt nehmen Sie an, Sie hätte das Haus durch eine Hypothek finanziert. Wir treffen jetzt eine vereinfachende unrealistische Annahme, nämlich die Hypothekenzinsen seien null Prozent. Nehmen wir weiter an, die Hypotheken würden 80 Prozent vom Wert des Hauses finanzieren. Sie müssen also lediglich 20 Prozent aufbringen. In diesem Beispiel wäre die Rechnung wie folgt. Ihr Eigenkapital ist 200.000 Euro, das Fremdkapital, die Hypothek also, beträgt 800.000 Euro. Nach

15 Jahren ist der Wert des Hauses wie im obigen Beispiel auf 1,8 Millionen Euro gestiegen. Die Wertsteigerung ist 800 Prozent. Wie hoch ist die Wertsteigerung
bei einer Hypothek, die 100 Prozent des Hauses finanziert. Da man hier durch null teilt, kommt eine Zahl
von unendlich heraus. Sie haben ohne jeden Einsatz
einen Gewinn verbucht. Derartige Spielchen sind im
marktwirtschaftlichen System allerdings die Ausnahme.
Sie funktionieren, wenn überhaupt, im Immobiliensektor, denn dort erhalten selbst einfache Bürger ohne
große Sicherheiten hohe Kredite, da das erworbene
Objekt selbst als Sicherheit dient.

Das Prinzip ist aber dasselbe. Je höher der Anteil
des Fremdkapitals ist, desto höher Ihr Gewinn. Das
Fremdkapital übt auf Ihre Investition eine Hebelwirkung aus. Je höher das Fremdkapital, desto höher der
Hebel.

Das Spiel funktioniert allerdings nur unter einer
Voraussetzung. Die Zinsen Ihres Kredits müssen geringer sein als die Wertsteigerung Ihrer Investition, natürlich auf die gleiche Periode berechnet. Wenn Sie also
eine Hypothek aufnehmen zu 100 Prozent des Immobilienwertes, und wenn der Immobilienmarkt dann
plötzlich einbricht, wenn also die Zinsen der Hypothek höher sind als die Gewinnsteigerung, dann wirkt
Ihr Hebel in umgekehrter Richtung. Genau das ist
nach dem Einbruch des Kreditmarktes passiert. Solange aber die Geldmarktzinsen geringer sind als die
Wertsteigerung in den Märkten, so lange lässt sich allein mit der Hebelwirkung von kurzfristigen Krediten
und relativ langweiligen Investitionen noch ordentli-
che Rendite erwirtschaften.

Das ist auch das Prinzip des schon beschriebenen
Carry Trades. Ein Carry Trade zwischen Yen und

Euro, der die Zinsdifferenzen beider Währungen ausnutzt, beinhaltet das Risiko eines plötzlichen Anstiegs des Yen, da man den ursprünglichen Kredit in Yen begleichen muss. Wenn also der Yen plötzlich ansteigt, kann es sein, dass trotz positiver Zinsdifferenz der Spekulant seine Yen-Schulden nicht mehr begleichen kann.

Die Geschäftsidee des Carry Trades ist also genau die gleiche wie die Geschäftsidee des privaten Grundstücksspekulanten. Solange man glaubt, dass man höhere Renditen erwirtschaften kann als die Zinsen, die man bezahlen muss, so lange funktioniert das Spiel. Je geringer die Zinsen sind, desto mehr Leute gibt es, die so etwas glauben. Carry-Trade-Spekulationen sind daher einer der Kanäle, über die die Geldpolitik Einfluss auf die Wirtschaft nimmt.

Prime Broker

Ein Ausdruck, den man während der Krise viel öfter hörte als früher, war der des Prime Brokers. Darunter versteht man eine Investmentbank, die für die Hedgefonds alle Transaktionen durchführt, einschließlich Wertpapierhandel, Vermittlung von Hebelkrediten bis zur Abwicklung.

Die Prime Broker sind die Katalysatoren im Prozess. Sie stellen die Liquidität zur Verfügung. Wohlgemerkt, es handelt sich hier nicht um klassische Liquidität – also um Liquidität, die im Bankensektor erzeugt wird und die maßgeblich von Zentralbanken bestimmt wird. Die Form von Liquidität, die wir heute in den Finanzmärkten erleben, ist Liquidität des Nichtbankensektors. Investmentbanken gehören dazu. Und unsere ganzen Zweckgesellschaften, SPV, SIV und so weiter. Marktplatz der

Liquidität ist der Markt für Commercial Paper. Die Liquidität in diesem System kommt also nicht direkt über die Banken, sondern über den Nichtbankensektor.

Die Prime Broker sind die Fixer im System. Hedgefonds sind ihre besten Kunden. Hedgefonds zahlen die höchsten Kommissionen, und im Gegensatz zu klassischen Fonds sitzen Hedgefonds nicht auf ihren Investitionen, sondern sie gehen dauernd neue Transaktionen ein. Prime Broker haben also ein Interesse daran, dass Hedgefonds ihre Gewinne maximieren, solange sie glauben, dass man das Risiko unter Kontrolle hat.

Traditionelle Fonds

Auch traditionelle Fonds sind in diesem Geschäft tätig. Die *Financial Times* berichtete, dass laut einer internen Erhebung der Citibank festgestellt wurde, dass die vorwiegenden Käufer der Equity-Tranche von CDOs nicht wie erwartet die Hedgefonds waren, sondern die klassischen Publikumsfonds und sogar Pensionsfonds. Mit anderen Worten: Diejenigen, die früher risikoscheu waren, sind plötzlich bereit, hochriskante Wetten einzugehen. So etwas ist meistens ein Zeichen für einen bevorstehenden Knall (ähnlich wie die Beobachtung von Präsident Kennedys Vater, der im Jahre 1929 seine Aktien rechtzeitig verkaufte, nachdem ihm sein Schuhputzer einen Aktientipp gegeben hatte). Die klassischen Fonds sind mittlerweile genauso spekulativ wie einige der spekulativen Fonds mit dem großen Unterschied, dass viele der Fondsmanager die Produkte und das Risiko nicht so gut verstehen wie einige Hedgefonds-Profis. Man muss als Anleger daher sehr vorsichtig sein. Ein klassischer Fonds bietet heute keinen Schutz mehr vor Zockerei. Darüber sind klassische Fonds auch direkt an Hedgefonds beteiligt, sodass sie auch dadurch ein indirektes Kreditrisiko eingehen.

Die Ratingagenturen

Die drei berühmten Ratingagenturen, Moody's, Standard & Poor's und Fitch Ratings, sind die Schiedsrichter des Finanzsystems, aber in letzter Zeit werden sie immer mehr selbst zu Akteuren. Ratingagenturen vergeben Bewertungen für Bonds, einschließlich für Tranchen von CDOs. Deutsche Staatsanleihen genießen die höchste Bewertung AAA, das sogenannte *Triple-A*, was einer Drei-Sterne-Bewertung von Michelin entspricht. Triple-A bedeutet ein Ausfallrisiko, das so klein ist, dass man es eigentlich ignorieren sollte. Bei deutschen Staatsanleihen ist das in der Tat so, aber das gilt leider nicht für alle AAA-gerateten Papiere.

Ratingagenturen sind keine gemeinnützigen oder staatlichen Institutionen, sondern Unternehmen, die mit den Ratings selbst Profite erzielen. Natürlich sind diese Firmen nicht bestechlich. Man kann sich also kein Triple-A erkaufen. Dennoch gibt es erhebliche Zweifel an der Art und Weise, wie Ratingagenturen arbeiten, und viel Kritik an der Rolle, die die Agenturen in dieser Kreditblase spielten.

Ratingagenturen basieren ihre Ratings auf Modellen, Marktinformationen und Erfahrung. Bei Kreditderivaten und bei CDOs ist es unmöglich, aufgrund von Erfahrung zu sagen, wann ein bestimmter Kreditnehmer pleitegeht. Hier helfen also nur die mathematischen Modelle. So vergeben Ratingagenturen AAA-Bewertungen für die oberste Tranche riskanter CDOs aufgrund der mathematisch errechneten Wahrscheinlichkeit, basierend auf einem Modell, dass diese Tranche ein Risiko darstellt. Mithilfe dieser Modelle ist nun dieses der Logik widersprechende Phänomen möglich: aus einem Pool an schlechten Krediten eine Triple-A-Tranche zu erzeugen. Wie hier im weiteren Verlauf argumentiert wird, liegt das zum Teil daran, dass die Modelle falsch sind, und zum Beispiel das Kor-

relationsrisiko unterschätzt wird. Die Kritiker der Ratingagenturen behaupten, sie würden diese Blase durch ihre
unverantwortlich hohen Ratings überhaupt erst ermöglichen, denn erst dadurch können die Hedgefonds ihre
klassischen Long-Short-Strategien fahren.

Im Jahre 2007 gab es einen sehr typischen Vorfall, der
viel Licht auf das Verhalten der Ratingagenturen warf.
Moody's stufte die Bewertung der isländischen Banken
auf AAA mit dem Argument, im Falle einer Bankenkrise
würde die isländische Regierung auf jeden Fall eingreifen. Man warf Moody's vor, hier ganz bewusst Risiken
herunterzuspielen und ihre Kunden auf Kosten der Allge-
meinheit zu bereichern. Mit solchen Manövern haben die
Ratingagenturen selbst dazu beigetragen, sich in das
Zentrum der Kritik zu rücken.

Nach dem Zusammenbruch der Kreditmärkte im Jahre 2007 begann die Suche nach den Schuldigen. In Subprime-Bereich sind die Preise selbst von AAA-gerateten
CDOs dramatisch gefallen. Das Ratingsystem war völlig
diskreditiert, und die Ratingagenturen standen ganz oben
auf der Abschussliste.

Die Hedgefonds verteidigen ihre Rolle. Sie sagen, ihre
Bewertungsmaßstäbe seien transparent und für jeden er-
sichtlich. Trotzdem stellt sich die Frage, ob ein System
optimal ist, das auf den Bewertungen einer kleinen Gruppe von privatwirtschaftlich organisierten Agenturen besteht. Es gab zu diesem Zeitpunkt Bemühungen, unter
anderem von der deutschen Ratspräsidentschaft der G 7,
die Ratingagenturen stärker zu regulieren.

Egal wie man zu dem Thema der Regulierung der
Agenturen auch stehen mag, es wäre falsch, die Ratingagenturen für die Kreditmarktkrise allein verantwortlich
zu machen, so wie Alan Greenspan dies im September
2007 tat. Die Ratingagenturen waren sicherlich einer der
Akteure, die vorzüglich an der Blase verdienten. Die Bewertungen spielten sicherlich eine Rolle, wenn es darum

ging, übermäßig komplexe Produkte an übermäßig dumme Investoren zu verkaufen, die außer dem Rating nichts von dem Produkt verstanden haben. Insofern trifft die Ratingagenturen einige Schuld.

Allerdings ist es fraglich, ob man hier neue Regeln braucht, um das Problem zu lösen. Kaum ein gescheiter Investor glaubt heute noch unkritisch einem AAA-Rating. Die Ratingagenturen haben sich im Laufe der Zeit immer mehr disqualifiziert. Ein guter Investor wird ein Rating immer mit einiger Distanz bewerten. Vor allem wird er seine eigenen Rechnungen anstellen und sich nicht auf die anderer verlassen. Das Problem ist nicht, dass sich die Ratingagenturen verrechnet haben oder bewusst die Kunden täuschen. Das Problem ist, dass sich die Ratingagenturen auf mathematische Modelle verlassen, die kaum einer versteht und deren Robustheit durch die Ereignisse vom August letzten Jahres sehr infrage gestellt wurde. Das Problem ist nicht Regulierung. Das Problem war eine Überzahl extrem risikofreudiger Investoren. Die beste Methode, dieses Problem zu lösen, ist nicht Regulierung, sondern ein Crash. Der Knall in den Kreditmärkten hat uns viele Probleme bereitet. Er hat aber auch Probleme gelöst.

Alan Greenspan und die Notenbanker

Wer nach einem Sündenbock sucht, wird auch bei den Notenbanken fündig. Der beliebteste Sündenbock aller Notenbanker ist Alan Greenspan, der legendäre Chef der US Federal Reserve, der bis zu seinem Abschied im Jahre 2006 als einer der größten Notenbanker aller Zeiten gefeiert wurde, und der dann kurze Zeit später von seinen einstigen Fans zum Hauptverantwortlichen dieser Krise hochstilisiert wurde.

Auch Greenspan selbst gehört zu denen, die übermäßig schnell einen Sündenbock suchten, und zwar in den

Ratingagenturen. Insofern sollte man nicht übermäßig viel Mitleid für ihn aufbringen. Die Frage, inwieweit er persönlich die Situation verschuldete, sollte man aber etwas kritischer diskutieren, als das bisweilen der Fall ist.

Das Argument der Greenspan-Kritiker ist folgendes. Nach den Anschlägen vom 11. September hat die Wirtschaftspolitik genauso überreagiert wie die amerikanische Politik. Die Zinsen wurden zu weit gesenkt, und zwar auf ein Prozent, dann zu lange auf diesem Niveau belassen. Diese extrem niedrigen Zinsen haben den Kreditboom verursacht, indem sie lukrative Spekulationen wie den Carry Trade ermöglichten.

Die Kritiker sprachen auch empört vom Greenspan-Put. Ein Put ist eine Option, mit der man sich gegen den Verfall eines Preises oder eines Marktes absichern kann. Mit dem Greenspan-Put meint man also die Absicherung, die Spekulanten dadurch erhalten, dass die US-Notenbank im Falle einer Krise den Investoren durch Zinssenkungen unter die Arme greift. Diese vermeintliche Absicherung führt dann zu einer extrem hohen Risikobereitschaft, die letztlich für die Kreditblase verantwortlich war.

Das Gegenargument ist, dass die Fed lediglich auf eine extreme Verlangsamung der Konjunktur reagierte und auf Deflationsgefahren, die im Jahre 2002 drohten. Andere Zentralbanken hätten nicht grundsätzlich anders reagiert.

Ob man Greenspan die Schuld persönlich geben sollte oder einer weiteren Gruppe von Ökonomen, die in den USA den Konsens erzeugen, ist jedoch nicht so klar. Dennoch hat die laxe Geldpolitik der Federal Reserve über lange Zeiträume die Märkte zumindest nachhaltig beeinflusst und eine Risikofreudigkeit erzeugt, die diese Blase unterfütterte.

Es gibt auch unter Akademikern sehr unterschiedliche Positionen zu diesem Thema. So schrieb der irische Öko-

nom Alan Ahearne[24], der Schuldige an der Hypothekenkrise sei nicht die Federal Reserve, sondern die Kreditgeber,
die Kreditnehmer, die Ratingagenturen, die Investmentbanken und die Investoren, die alle an dieser Krise Geld
verdienten, zumindest zeitweise. Andere wiederum behaupten, dass es für eine Marktblase tiefe Ursachen gibt,
die fast immer in der Wirtschaftspolitik liegen. Akteure
und Profiteure gibt es natürlich in jeder Blase, aber ursächlich sind selten die Akteure selbst. Man sollte Herrn
Greenspan persönlich in Ruhe lassen, aber die Frage, inwieweit die Geldpolitik diese Blase verursachte, ist legi-
tim, auch die Frage, ob die langfristige Ausrichtung der
Geldpolitik verantwortlich war.

Eine kontroverse Frage innerhalb der geldpolitischen
Diskussion in den letzten 20 Jahren war: Sollte man nur
versuchen, einen konkreten Inflationsindex zu stabilisieren, oder sollte man Preisstabilität in einem weiteren
Sinne definieren? International durchgesetzt hat sich die
direkte Inflationssteuerung, der Versuch, einen ausge-
wählten Inflationsindex auf einem bestimmten Niveau
oder innerhalb einer bestimmten Bandbreite zu stabilisieren. Dies ist den Zentralbanken sehr gut gelungen, allerdings gab es Hilfe in Form billiger Importe aus Asien, die
einen weltweiten Druck auf die Produktpreise ausgeübt
haben.

Dadurch, dass die Inflation in den großen Industrieländern fast auf null gefallen ist, war es den Zentralbanken möglich, ihre nominalen Zinsen auf Niveaus zu
reduzieren, von denen man in den Jahrzehnten zuvor nur
träumen konnte.

Diese Zinssenkungen haben zu einer erheblichen Nachfrage nach Vermögenswerten geführt, insbesondere Immobilien und Aktien. In den USA, in Großbritannien, in
Spanien und in Frankreich kam es zu einem großen
Immobilienboom, der durch einen Anstieg der Kredite
weiter angeheizt wurde. Auch die Geldmenge wuchs wäh-

rend dieser Zeit über alle Maßen, und einige skeptische Zentralbanker und Ökonomen glaubten, dass die erhöhte Geldmenge zwar nicht die Inflation, so doch die Vermögenspreise, insbesondere die Immobilien und Aktien, in die Höhe treibt. Nur sind eben diese Preise nicht im Inflationswarenkorb enthalten. Daraus ergibt sich die berechtigte Frage: Fokussieren die Zentralbanken nicht auf einen zu eng definierten Preisindex, und sollten sie nicht anstatt dessen eine etwas weitere Definition von Preisstabilität annehmen?

Diese Debatte hängt eng mit einer anderen zusammen, die in den 90er-Jahren schon längst beantwortet schien, nämlich die Frage, ob Zentralbanken anstatt der Inflation die Geldmenge kontrollieren sollten. So hatten nämlich früher die Monetaristen argumentiert, die einen kausalen und vor allem zeitlichen Zusammenhang zwischen Geldmengenwachstum und Inflation postulierten. Nur brach dieser Zusammenhang zwischen Geldmenge und Inflation spätestens in den 90er-Jahren in fast allen Ländern zusammen, sodass immer mehr Zentralbanken die direkte Inflationssteuerung übernahmen.

Die Debatte zwischen Monetaristen und Keynesianern tobte mehrere Jahrzehnte lang. In den 90er-Jahren schien diese Debatte entschieden: Die Monetaristen hatten verloren. Lediglich in Deutschland verfolgte die Bundesbank zu dieser Zeit noch eine auf Geldmengensteuerung basierende Geldpolitik, allerdings mit rapide sinkender Glaubwürdigkeit. Selbst Milton Friedman, der Taufpate des Monetarismus, gab einmal in einem schwachen Moment zu, dass die Geldmenge als Steuerungsinstrument nichts mehr taugt. (Kurz vor seinem Tod im Jahre 2006 änderte er seine Meinung allerdings erneut.)

Die Kreditkrise gab denen, die der Geldmenge eine wichtige Rolle zuweisen, wieder Aufwind. Auch wenn es keinen direkten zeitlichen Zusammenhang zwischen Geldmenge und veröffentlichen Inflationsstatistiken geben mag:

Der rapide Anstieg der Geldmenge, verbunden mit einem ebenso rapiden Anstieg der Kredite, führte offensichtlich zu dramatischen Preiserhöhungen bei Immobilien und in den Aktienmärkten. Das kausale Verhältnis zwischen Geldmenge und Inflation stimmt vielleicht doch noch. Das Problem ist nur, dass wir die Inflation nicht richtig messen.

Es kann also sein, dass die Billigimporte aus Asien uns zu einer falschen, das heißt zu lockeren Geldpolitik über einen sehr langen Zeitraum veranlasst haben. Und diese zu lockere Geldpolitik führte sukzessive zu einem Immobilienboom, einem Aktienboom und einem Kreditmarktboom.

Im Jahre 2007 änderte sich die globale Inflationsdynamik. Angetrieben durch stark ansteigende Preise für Öl, Rohstoffe und Nahrungsmittel, die insbesondere durch eine hohe Nachfrage vonseiten der Schwellenländer herrühren, ist das Zeitalter niedriger Inflationsraten zu Ende gegangen. Es ist vielleicht kein Zufall, dass es zu einem synchronen Platzen gleich mehrerer Blasen gekommen ist zu einer Zeit, als die Zentralbanken weltweit wieder anfingen, ihre Zinsen zu erhöhen. Und somit ist die Rolle der Zentralbanken in dieser Krise ein legitimes Thema.

Die Regulierungsbehörden

Ebenfalls unter Generalverdacht gefallen sind die Regulierungsbehörden. Ihnen wird vorgeworfen, geschlafen zu haben und mit falscher Regulierung die Blase ermöglicht zu haben.

Dieser Vorwurf wurde besonders in Deutschland erhoben, nachdem bekannt wurde, dass die IKB Deutsche Industriebank und die Sachsen LB sich verspekuliert haben und dabei eventuell sogar Vorgaben der Regulierer missachteten. Warum hat also die Bundesanstalt für Finanzdienstleistungsaufsicht, besser bekannt als Bafin, hier nicht eher durchgegriffen? Diese Kritik kam zu einer Zeit heftiger Diskussionen über die Neuordnung der Bankenaufsicht in Deutschland. Unter Ökonomen ist die Frage seit Langem umstritten, wem die Bankenaufsicht unterliegen soll, der Zentralbank oder einer von der Zentralbank unabhängigen Institution. Das wichtigste Argument für eine Trennung liegt in der Machtfülle der unabhängigen Zentralbanken. Da die Zentralbanken keiner effektiven politischen Kontrollen unterliegen, wäre es riskant, ihnen die Oberaufsicht des Finanzmarktes zu übertragen. Sie könnten Entscheidungen treffen mit großer politischer Reichweite. Es gibt aber auch Argumente dafür, die Verantwortung für Geldpolitik und Finanzaufsicht in einer Zentralbank zu bündeln. Die Funktion einer Zentralbank besteht darin, Preisstabilität und Finanzmarktstabilität zu erzeugen. Um Letzteres effektiv zu bewerkstelligen, benötigt die Zentralbank daher die Aufsichtsfunktion.

So argumentiert der britische Ökonom Tim Congdon[25] in der *Financial Times*, die Trennung zwischen Geldpolitik und Bankenaufsicht in Großbritannien im Jahre 1997 hätte dazu geführt, dass die Zentralbank heute mehr einem Wirtschaftsforschungsinstitut als einer Bank gleicht. Die Bank of England ist heute überhaupt nicht mehr in der Lage, ihre Funktion als Kreditgeber der letzten Instanz zur erfüllen. Sie hat nicht nur zu wenig Kapital. Sie verfügt vor allem nicht mehr über das notwendige Know-how.

In Deutschland wird die Verantwortung für die Bankenaufsicht geteilt. Die Bundesbank ist zuständig für die operative Bankenaufsicht, die BaFin für die übergeordneten Fragen. Hier kommt es zu viel Duplikation und auch zu Spannungen. In den deutschen Medien tobte im Herbst 2007 eine Debatte darüber, ob die Aufsicht nicht besser bei der Bundesbank angesiedelt wäre aus den oben genannten Gründen.

Auch wenn diese Debatte nicht ganz illegitim ist, so geht sie in einem wichtigen Punkt am Kern vorbei. Es stellt sich nämlich die Frage, ob wir in Europa die Bankenaufsicht überhaupt noch national oder auf europäischer Ebene organisieren sollen, denn es gibt mittlerweile über 20 europäische Banken, die grenzübergreifend tätig sind. Wie Generäle, die den letzten Krieg kämpfen, ist die Debatte über die Struktur der Bankenaufsicht in Deutschland rückwärtsgewandt. Wir bekämpfen die letzte Bankenkrise. Die nächste ist eine europäische. Und da fehlt es uns an verantwortlichen Institutionen.

2.3 Wie die Spekulation in den Kreditmärkten funktioniert

In Zeitungen liest man zum Beispiel, eine Bank habe sich bei Hypotheken verspekuliert. Meistens belässt man es mit diesen unpräzisen Beschreibungen. Wir sind jetzt aber in der Lage, bewaffnet mit den Grundkenntnissen der Produkte in den Kreditmärkten und unserer Übersicht der wichtigsten Akteure, die Mechanik dieser Blase etwas präziser zu beschreiben.

Wir erwähnten schon den Vergleich von Finanzinstrumenten mit modernen Massenvernichtungswaffen. Sie sind nicht nur beide enorm destruktiv, sondern auch kompliziert. Wir wollen hier diesen Versuch wagen. Da wir hier nicht ganz um den Fachjargon herumkommen, haben wir im Anhang ein umfangreiches Abkürzungsverzeichnis und Glossar zusammengestellt. Dort sind die meisten Fachausdrücke wie CDO, CDS und so weiter noch einmal erklärt.

Aufgrund der bislang gewonnenen Erkenntnisse könnte man meinen, die Hedgefonds würden sich einfach mit hochrentablen, aber hochriskanten Käufen von Wertpapieren der Equity-Tranche eindecken in der Hoffnung, die Kreditnehmer würden brav ihre Kredite zurückzahlen. In anderen Worten, Hedgefonds sind long in den Tranchen der CDOs. Das ist nicht der Fall[26], zumindest nicht für die meisten Hedgefonds. Es war aber der Fall für einige der Banken, die sich im vergangenen Jahr an den Hypothekenmärkten verspekulierten. Die waren tatsächlich long in einigen der als sicher eingestuften Tranchen. Reine Long-Strategien, wie sie insbesondere von unerfahrenen Investoren getätigt werden, sind sehr riskant, denn bei einem Absturz des Marktes verliert man einen Großteil seines Vermögens. Die risikofreudigsten Investoren saßen nicht in den Hedgefonds, sondern zum Teil in den Banken. Für Hedgefonds sind Long-Strategien zu riskant, ihr Spiel war gewiefter.

Sie wetteten mithilfe der schon erwähnten Long-Short-Strategien innerhalb einer CDO. In einer einfachen CDO-Struktur gibt es drei Tranchen – Equity, Mezzanine und Senior. (Die Fachausdrücke sind alle im Abkürzungsverzeichnis noch einmal übersichtlich aufgelistet.) Das Spiel der Hedgefonds heißt: long in Equity, short in Mezzanine.

Das ist sehr ähnlich wie bei den Long-Short-Strategien im Aktien- und Bondmarkt. Man kauft die hochrentablen Aktien eines Unternehmens und tätigt Leerverkäufe in den weniger rentablen Unternehmensanleihen. Somit sichert man sich gegen einen Schock ab. Denn wenn eine Firma in Schwierigkeiten gerät, geraten meistens sowohl die Aktien als auch die Anleihen unter Druck. Mit einer Long-Short-Strategie verliert man zwar bei den Aktien, man gewinnt aber bei den Anleihen im Fall einer Krise.

Genau dasselbe Prinzip wenden die Hedgefonds in den Kreditmärkten an. Sie kaufen die hochrentable Equity-Tranche und tätigen Leerverkäufe in Mezzanine.

Wie kann man damit Geld verdienen? Die Antwort liegt in der Idee, dass die Bewertung der Tranchen untereinander korreliert, sie also in diesem Fall zusammen hoch- beziehungsweise runtergehen. Das heißt, wenn die eine Tranche den Bach runtergeht, dann tut es die andere Tranche auch. Und umgekehrt gilt dasselbe. Wenn es einer Tranche gut geht, dann auch der anderen Tranche.

Und so wettete das Gros der Hedgefonds auf Korrelation. Die Wette funktioniert so: Wenn Kredite ausfallen, dann trägt die Equity-Tranche das höchste Risiko. Das bedeutet, dass der Long-Short-Investor zunächst verliert, denn er ist long in Equities. Gleichzeitig ist er aber short in Mezzanine. Da er vermutet, dass neben der Equity-Tranche die Mezzanine-Tranche ebenfalls verliert, gleicht er mit seinen Leerverkäufen diesen Verlust aus. Es ist also gehedgt, also abgesichert. Im Grunde keine schlechte Strategie. Der Investor motzt die Rendite durch den Hebeleffekt von Krediten noch weiter auf. Die Strategie geht überraschend oft auf. In diesem Fall erzielen Hedgefonds ihre angestrebte Rendite von 20 Prozent.

Die Annahme, die dieser Strategie zugrunde liegt, ist die Korrelation zwischen den Tranchen, dass sich die verschiedenen Tranchen immer in die gleiche Richtung bewegen. Das ist eine gefährliche Annahme, denn im Grunde steht sie im Widerspruch zu der grundlegenden Idee einer CDO – dass man nämlich eine undifferenzierbare Masse von Krediten ganz feinstufig in Wertpapiere mit unterschiedlichen Risikoprofilen aufteilt. Es sollte also schon möglich sein, dass es einer Tranche gut geht und einer Tranche schlecht. Wenn das nicht so ist, dann macht die ganze Geschichte keinen Sinn mehr.

Man darf sich also die Frage stellen, wieso eine solche Strategie über Dauer funktionieren kann. Würde man nicht erwarten, dass die Renditen der verschiedenen Tranchen über die Zeit konvergieren, gerade wenn so viele Investoren diese Strategie verfolgen?

In einem normalen Markt, etwa einem Aktienmarkt, wäre das in der Tat so. Durch Angebot und Nachfrage passen sich die Preise an, und irgendwann wäre das Spiel ausgereizt. Der Grund, warum das hier nicht passiert, hängt mit den Ratingagenturen zusammen und mit deren Modellen. Die Preise für die Tranchen werden durch ein mathematisches Modell bestimmt. Sie sind *Mark-to-Model*. Das Modell produziert einen theoretischen Preis. Solange es den Banken möglich ist, AAA-Tranchen zu erzeugen, ist eine Preisdifferenz zwischen den einzelnen Tranchen garantiert und vor allem fest, und zwar so lange, bis sich die Ratingagentur erneut an die Bewertung macht.

Im Grunde genommen werden hier die Regeln der Marktwirtschaft völlig ausgehebelt. In einer Marktwirtschaft werden Preise bekanntlich durch Nachfrage und Angebot bestimmt, und nicht durch einen Preiskommissar, ein Wirtschaftsministerium und auch nicht durch ein mathematisches Modell. Wäre Letzteres möglich, dann wäre der gesamte Preisbildungsmechanismus in einer Marktwirtschaft deterministisch. Das ist aber nicht der Fall. Ein volkswirtschaftliches Modell kann zwar unter Umständen recht gut eine ganze Volkswirtschaft modellieren, aber nicht jede einzelne Komponente. In Kreditmarkt wurde allerdings genau dieser Versuch unternommen. Es handelte sich also um eine Art Planwirtschaft, mit dem Unterschied, dass der Planer nicht ein Staat war, sondern ein Computer.

Durch die zentrale Preisbestimmung werden die Preisspannen zwischen den verschiedenen Tranchen aufrechterhalten, egal ob die Nachfrage stark oder schwach ist. Das Spiel funktioniert so lange gut, bis die Ratingagenturen die Tranchen neu bewerten. Genau das geschah im Zuge der amerikanischen Hypothekenkrise. Die Agenturen fingen an, die Bewertungen für die oberen Tranchen von Subprime-CDOs herunterzusetzen. Als das geschah, brach die ganze Konstruktion wie ein Kartenhaus zusammen. Der Kreditboom wäre in dieser Form ohne Ratingagenturen überhaupt nicht möglich gewesen. Sie sind es, die die Preise der oberen, relativ sicheren Tranchen auseinanderhielten, auch wenn der Markt im Normalfall solche Preise nicht hergeben würde.

Die Long-Short-Spekulationen in den Kreditmärkten haben lange gut funktioniert. Durch die gute Weltkonjunktur ist die Anzahl der Firmeninsolvenzen in den letzten Jahren auf einen historischen Tiefstand gefallen. Kredite wurden immer billiger. Die Zinsspanne – die Differenz zwischen dem Zinssatz für eine bestimmte Anleihe und einer „todsicheren" Anleihe, wie etwa Bundesobligationen – erzielte historische Tiefstwerte. Man glaubte, man habe durch die Innovation in den Finanzmärkten jegliches Risiko für alle Zeit besiegt.

Das ist natürlich ein Irrglaube, aber er zeigt ziemlich genau, was die Leute zu dieser Zeit so dachten. Der Boom im Kreditmarkt führte zu geringeren Credit Spreads, diese wiederum heizten den Kreditmarkt an. Durch die Ratingagenturen hielt sich die Preisspanne zwischen den oberen und den unteren Tranchen länger, als das in einem normalen Markt der Fall gewesen wäre. Wir haben also eine Art scheinbares Perpetuum mobile, das sehr lange funktionierte. Als es dann plötzlich aufhörte zu funktionieren, knallte es den Investoren um die Ohren.

Hierin liegen auch die wesentlichen Unterschiede zum Aktienmarkt. Einer der Gründe dafür liegt in dem Markt selbst. Aktien, zum Beispiel, kann man sehr effizient kaufen oder leerverkaufen. Die Institution der Börse sorgt dafür, dass es für Aktien einen Markt gibt, in dem Investoren jederzeit handeln können, unabhängig davon, ob ein Käufer einen Verkäufer findet oder umgekehrt.

Bei den CDOs ist das anders. Hier handelt es sich um einen Over-the-Counter-Markt. Wenn man also Leerverkäufe in der Mezzanine-Tranche tätigt, dann funktioniert das nur, solange man jemanden findet, der bereit ist, Mezzanine-Werte auch zu kaufen. (Die Preise sind ja schließlich keine Marktpreise, sondern sie sind „Mark-to-

Model".) Die einzelnen Märkte sind allerdings häufig überhaupt nicht liquide. Gerade in Zeiten der Panik gelingt es Investoren häufig nicht, ihre Strategie auszuführen. Für einen Long-Short-Investor bedeutet das: Ihn trifft die volle Wucht der Verluste der Equity-Tranche, ohne dass er diesen Verlust durch den vermeintlichen Gewinn bei der Mezzanine-Tranche ausgleichen kann. Der Investor ist also nicht long-short, wie er denkt, sondern auch einfach nur long. Im Jahre 2005 trat genau dieses Szenario ein, als die Ratingagenturen die Wertpapiere für die US-Autokonzerne herunterstuften.

2.4 Ein Fallbeispiel: General Motors

Es lohnt sich, ein illustratives Beispiel zu studieren, den Fall des Großinvestors Kirk Kerkorian und General Motors. Die Long-Short-Strategien der Investoren gingen in der Tat lange und oft auf. Es gab allerdings auch spektakuläre Fehlspekulationen. Ein Paradebeispiel, wie eine solche Spekulation danebenging, ergab sich im Sommer 2005, als Kerkorian ein Angebot für knapp zehn Prozent der Aktien von General Motors unterbreitete. Für viele Hedgefonds bedeutete dieses Angebot eine Beinahe-Katastrophe. Es handelte sich hierbei um ein ganz konkretes Beispiel des spektakulären Versagens einer Long-Short-Strategie.

Die großen amerikanischen Automobilhersteller besorgen sich ihr Geld über den Kapitalmarkt, also durch Firmenanleihen. Diese Anleihen sind dann in CDOs eingeflossen und wurden dort nach Belieben tranchiert. Wie im vergangenen Abschnitt beschrieben, verfolgten die Investoren die bekannte Long-Short-Strategie für Automobilwerte. Die Hedgefonds waren long in Equity – das heißt, sie kauften die Equity-Tranche – und sie waren short in der Mezzanine-Tranche. Also eine typische Long-Short-

Wette innerhalb des Kreditmarktes selbst, wie aus dem Hedgefonds-Lehrbuch. Dann kamen fast zeitgleich zwei Ereignisse zusammen, die diese Wette kaputt machten.

Am 5. Mai 2005 stufte die Ratingagentur Standard & Poor's Fords Anleihen um eine Stufe auf BB+ herunter und General Motors gar um zwei Stufen auf BB. Die Reaktion der Märkte war chaotisch. Der Preis der festverzinslichen Wertpapiere von Ford und GM stürzte. Der Grund für die Herabstufung soll uns jetzt nicht im Einzelnen interessieren. Es reicht zu wissen: Die Ratingagenturen haben die finanzielle Sicherheit beider Unternehmen plötzlich schlechter bewertet als zuvor.

Damit wurden natürlich auch die CDO-Tranchen unattraktiver, aber die Hedgefonds dachten zunächst, sie seien durch ihre Long-Short-Strategie gehedgt. So ein Ereignis ist schließlich der Grund dafür, dass man sich überhaupt auf diese Long-Short-Wette einlässt. Die Hedgefonds erlitten Verluste in der Equity-Tranche als eine direkte Konsequenz der Herabstufung durch die Ratingagenturen, aber sie hofften, diese Verluste durch Leerverkäufe in der Mezzanine-Tranche auszugleichen. Das funktionierte allerdings nicht, weil der Markt in der Mezzanine-Tranche nicht so liquide war, wie sie dachten. Die Preise dort waren schließlich *Mark-to-Model*, also durch ein mathematisches Modell bestimmt, und nicht *Mark-to-Market*, also kein Marktpreis.

Die Hedgefonds stellten plötzlich fest, dass sie überhaupt nicht gehedgt waren. Um dann doch noch zu einem funktionierenden Hedge zu kommen, tätigten sie Leerverkäufe von normalen Aktien – sie gingen also eine Wette ein, dass die Aktienpreise fallen würden, was man bei einer Herabstufung der Bondpreise schließlich auch erwarten würde.

Genau zu diesem Zeitpunkt kam Kerkorian mit seinem Übernahmeangebot. Obwohl die Bondpreise gefallen waren, gingen die Aktienpreise dann plötzlich hoch,

denn der Markt wettete auf weitere Übernahmeangebo-
te. Für die Hedgefonds kam das einer Katastrophe gleich.
Nachdem sie im CDO-Markt herbe Verluste erlitten hatten, ging die erneute Wette im Aktienmarkt ebenfalls
nicht auf.

Des Weiteren hat die Herabstufung der Bonds in Verbindung mit dem Kerkorian-Angebot ebenfalls eine weitere beliebte Wette zunichtegemacht. Vor der Herabstufung waren viele Fonds long in den Anleihen selbst
(direkt, nicht über den Kreditmarkt!) und short in Aktien,
und zwar weil sie dachten, dass sie im Fall einer Insolvenz
als Besitzer festverzinslicher Wertpapiere einen Anspruch
auf einen Teil des Restvermögens hätten, wohingegen die
Aktien wertlos wären. Um diesen vermeintlichen Profit
noch weiter aufzumotzen, haben viele Hedgefonds nicht
direkt die Anleihen gekauft, sondern sie verkauften Absicherung durch Credit Default Swaps auf diese Anleihen.
Nach der Herabstufung stieg der Preis für eine derartige Absicherung, was für die Hedgefonds einen Verlust bedeutete. Wie in dem ersten Fall versuchten diese Hedgefonds
sich abzusichern, indem sie short in den Aktien waren.
Diese Strategie wurde durch Kerkorian durchkreuzt.

Die Lehre aus dieser Geschichte ist: Einen perfekten
Hedge gibt es nicht. Das heißt nicht, dass man nicht hedgen sollte. Nein, die Möglichkeit des Hedgens hat enorm
zur Stabilisierung der Finanzmärkte beigetragen. Man
sollte sich nur in seiner Risikokalkulation darüber im
Klaren sein, dass es mit keiner Strategie ein Nullrisiko
gibt. Viele Investoren in den amerikanischen Auto-CDOs
dachten wirklich, sie seien gehedgt. In Wirklichkeit waren sie genauso long wie die naiven Investoren einiger
Banken, die hofften, im amerikanischen Hypothekenmarkt einen Reibach zu machen.

Warren Buffett sagte einmal, Derivate seien wie die
Hölle: Man kommt leicht hinein und nur sehr schwer
wieder heraus. Genau so war es.

2.5 Die unrühmliche Rolle der Mathematik

Ein grundlegendes Problem der Kreditmärkte ist es, dass man die dort enthaltenen Risiken nicht wirklich numerisch bewerten kann. Dass man es dennoch versucht, gehört zu der Tragik dieses Marktes. Zwischen einer CDO und dem zugrunde liegenden Kredit besteht ein weiter Weg: Die Kredite wurden zunächst gepoolt, dann verbrieft, dann erneut gepoolt, in eine CDO eingebracht, dann tranchiert, übersichert, geratet und verkauft. Der Käufer weiß nicht, was für ein Risiko am Ende der Kette steht. Die gute alte Bank kannte ihre Pappenheimer noch sehr genau. Der Banker wusste, wem er Geld leiht und wem nicht. Zwischen Bank und Kunden bestand eine Verbindung. Wer heute in den Kreditmarkt investiert, kann in der Regel nicht genau einschätzen, was für Kredite einer CDO zugrunde liegen. Damit lässt sich das Risiko noch viel weniger abschätzen, als das ohnehin schon der Fall war. Um die Preise für ein Kreditinstrument zu bestimmen, wie etwa für einen CDS oder eine CDO, ist es natürlich wichtig, Risiken numerisch einzuschätzen. Dazu bedarf es der höheren Mathematik.

Seit der Erfindung der Formel für den Preis von Optionen in den 70er-Jahren hat sich das moderne Finanzwesen immer mehr zu einer Disziplin der angewandten Mathematik entwickelt. Die Mathematik hat zu diesem Zweck sehr viele Modelle zur Verfügung gestellt, doch das Problem ist, dass man diese Modelle oft kritiklos übernimmt und nicht hinterfragt. Der Autor Satyajit Das schrieb in seinem Buch *Traders, Guns and Money* über das sogenannte Datenparadox wie folgt:

In den Kreditmärkten ist es nicht möglich, empirisch irgendetwas zu ermitteln. Wenn man sich die Frage stellt: Wie hoch ist die Wahrscheinlichkeit, dass Firma X bankrottgeht, dann ist die Firma of-

fensichtlich noch nicht bankrott. Man kann also nicht die Vergangenheit bemühen, um die Wahrscheinlichkeit zu ermitteln. Das Datenparadox hat die Experten allerdings nicht betrübt.

Mathematische Modelle funktionieren auf der Basis von Axiomen, grundlegenden Annahmen, die in der Wirklichkeit zutreffen können oder nicht. Mithilfe der mathematischen Theorie der stochastischen Prozesse war es möglich, den Wertpapierpreis annähernd zu modellieren. Es gibt viele Arten stochastischer Prozesse, stetige Prozesse und solche, die plötzlich springen. So gibt es auch stochastische Prozesse, mit denen man modellieren kann, wann ein Anruf in einer Telefonzentrale eintrifft. Diese stochastischen Prozesse sind mathematisch hochinteressant. Die Theorie, die dahinter steht, gehört zu den elegantesten Theorien der modernen Mathematik.

Um Wertpapierpreise zu modellieren, bedient man sich eines wichtigen stochastischen Prozesses, bekannt unter dem Namen geometrische brownsche Bewegung, benannt nach einem schottischen Botaniker, der im 19. Jahrhundert die Bewegung von Gasmolekülen modellierte.

Die brownsche Bewegung, fraktale Geometrie und der Aktienpreis

Diese Textbox ist geschrieben für Leser mit etwas mathematischem Interesse. Man muss sich die brownsche Bewegung auf der zweidimensionalen Ebene wie folgt vorstellen: Die x-Achse des Prozesses ist die Zeit, die y-Achse der zu modellierende Prozess, also zum Beispiel der Wertpapierpreis. Der Prozess nimmt irgendwo seinen Anfang, sagen wir bei einem Wert null. Im nächsten Moment kann er höher oder tiefer sein, die

Fluktuation von einem Punkt zum nächsten ist aber nicht beliebig. Wie stark sich der Prozess pro Zeiteinheit verändern kann, wird durch einen vorgegebenen Wahrscheinlichkeitsprozess beeinflusst, und zwar auf der Basis der gaußschen Normalverteilung. Über lange Perioden kann es sein, dass der Prozess um den Nullpunkt oszilliert und dann in den positiven oder den negativen Bereich abdriftet. Mathematisch handelt es hierbei um eine stetige Funktion, also eine Funktion ohne Unterbrechung und plötzliche Sprünge. Und trotzdem ist diese Kurve alles andere als normal. Zum Beispiel ist die Kurve trotz ihrer scheinbaren Glätte an keinem ihrer Punkte differenzierbar.

Der brownsche Prozess in seiner ursprünglichen Form ist im Grunde genommen nicht sehr gut geeignet, um zu beschreiben, wie Wertpapiere über die Zeit ihren Preis ändern. Aktienpreise können zum Beispiel nicht negativ werden. Ein Prozess, der die Aktien beschreibt, braucht also eine untere Schranke von null. Um das zu bewerkstelligen, wurde die geometrische brownsche Bewegung geschaffen, die wirklich diese wichtige Eigenschaft beinhaltet.

Aber auch dieser Prozess bietet letztlich keine solide Grundlage für eine Beschreibung der Wertpapierpreise. Extremsituationen wie der Crash von 1987 dürften danach so gut wie nie auftreten, und die Wahrscheinlichkeit, dass zwei Crashs wie 1929 und 1987 in einem Jahrhundert stattfinden, wäre danach so gering, dass es als fast unmöglich gilt. Statistische Untersuchungen haben ebenfalls ergeben, dass die Normalverteilung eine schlechte Vorlage liefert.

Die Finanzmathematik gehört mittlerweile zu einem der wichtigsten und lebhaftesten Teilgebiete der angewandten Mathematik. Forscher versuchen schon seit einiger Zeit, die Modelle zu verbessern. In neuerer Zeit wurden die Prozesse noch um viele Aspekte verfeinert. Zum Beispiel wissen wir aus Erfahrung, dass die Preise von Wertpapieren manchmal stark springen. Wenn man die Wertpapierpreise als Kurve auf einem Papier oder einem Bildschirm darstellt, dann sieht man eine Kurve, die alles andere als glatt ist. Auch hierfür gibt es stochastische Prozesse, die diese Eigenschaften berücksichtigen. Ein wichtiger moderner Prozess ist der sogenannte Lévy-Prozess, bekannt nach dem französischen Mathematiker Paul Lévy.

Es gibt aber auch Forscher, die ganz andere Wege gehen. Einer von ihnen ist der berühmte Mathematiker Benoît Mandelbrot, einer der Begründer einer heute populären mathematischen Disziplin, der Fraktalgeometrie. Fraktale sind eng verbunden mit der Chaostheorie. Ein Fraktal ist ein „selbst-ähnliches" geometrisches Objekt. Wenn man einen Ausschnitt vergrößert, erscheint das vergrößerte Objekt genauso wie das Original. Man kann diesen Prozess beliebig fortsetzen. Man kann noch so dicht herantreten, das Objekt wird nie glatt.

Auch in der Natur gibt es Beispiele, wie zum Beispiel Küstenlinien, die einen rauen Verlauf vorweisen, und zwar unabhängig davon, wie dicht man an die Linie herangeht. In der Mathematik gibt es eine berühmte Menge, die Cantor-Menge, definiert auf dem Intervall von null bis eins, die bei jeder Vergrößerung ihre Struktur perfekt repliziert. Wenn man diese Menge unendlich oft vergrößert, erhält man ein Objekt, das fast nur aus Löchern besteht. Fraktale sind also raue geometrische Objekte, und Ziel der Fraktalgeometrie ist es, diese Objekte irgendwann mathematisch in den Griff zu bekommen, sie zum Beispiel zu vermessen.

Mandelbrot hat enorm zur Entwicklung der Fraktalgeometrie beigetragen, und mit seinem berühmten Buch *Die fraktale Geometrie der Natur*[27] hat er stark zur Popularität dieser Disziplin beigetragen. Seit den 90er-Jahren beschäftigt sich Mandelbrot immer mehr mit der Anwendung der Fraktalgeometrie auf den Finanzsektor. Hierzu erweitert er die bestehenden Modelle um „fraktale" Komponenten. So wird der Preisprozess, der einem Wertpapier zugrunde liegt, nicht durch eine normale geometrische brownsche Bewegung bestimmt, sondern durch eine fraktale brownsche Bewegung. Hier wird also der Versuch unternommen, bestimmte Phänomene, die wir aus der Realität der Finanzmärkte kennen, in die Modelle zu integrieren. Wir wissen natürlich, dass Extremsituationen häufiger auftreten, als die Modelle suggerieren. Wir wissen ebenfalls, dass in Finanzmärkten Extremsituationen oft auf andere Extremsituationen folgen. Mit anderen Worten: Dieser Prozess hat ein Erinnerungsvermögen. Mithilfe der fraktalen brownschen Bewegung ist es möglich, diese wichtigen Aspekte zu berücksichtigen.

Ob aus dieser Forschungsrichtung am Ende gebrauchsfähige Modelle für die Finanzmärkte entstehen, ist nicht abzusehen. Was man aber jetzt schon sagen kann, ist, dass die Kreditmarktkrise diese Diskussion um alternative mathematische Modelle erneut angeheizt hat.

Ein stochastischer Prozess ist die Grundlage aller Modelle. Auf dieser Basis funktioniert das vom Nobel-Komitee ausgezeichnete Optionspreismodell, das in den 70er-Jahren entwickelt wurde. Mithilfe dieser Prozesse lassen sich auch Modelle für die Optimierung von Wertpapierportfolios bilden. In den 90er-Jahren entwickelten Finanzmathematiker Modelle zur Berechnung von Kreditrisiken. Es sind genau diese Modelle, die im Kreditmarkt zu den kontroversen Ratings geführt haben.

Der Grund, warum diese Modelle zum Teil schlecht funktionieren, ist nicht, dass hier ein logischer mathematischer Fehler vorliegt oder gar ein Rechenfehler. Die Modelle sind in sich kohärent, zum Teil genial. Das Problem besteht in den grundlegenden Annahmen, den Axiomen. Um ein brauchbares Modell für den Finanzmarkt zu entwickeln, müssen Mathematiker eine ganze Reihe von Annahmen treffen. Sie müssen zum Beispiel einen gewissen Grad an Rationalität voraussetzen, die, wie wir alle wissen, zwar manchmal, aber nicht immer gegeben ist. Das heißt auch, diese Modelle funktionieren nicht zu allen Zeiten. Mit einem mathematischen Standardmodell eines Finanzmarktes ist es zum Beispiel fast unmöglich, eine Blase zu kreieren.

Bei der Bewertung von Aktienoptionen bestand die Schwierigkeit darin, einen Preis zu bestimmen für ein Wertpapier, das dem Anleger das Recht, aber nicht die Pflicht gibt, eine zugrunde liegende Aktie zu kaufen oder zu verkaufen. Das von den Mathematikern Myron Scholes und Fischer Black entwickelte Optionsmodell funktioniert zum Beispiel noch relativ gut für klassische Optionen, auch europäische Optionen genannt. Bei anderen Optionen wurde es überproportional schwierig. Ähnlich ging es der Mathematik bei der Portfolio-Optimierung. Dort konnte man zwar noch sehr gut den optimalen Anteil eines Portfolios bestimmen, das aus einer Aktie und einem Bond bestand, allerdings nur ohne Berücksichtigung von Transaktionskosten. In dem Moment, wo man die Maklergebühren hinzuzählt, werden diese Modelle derart kompliziert, dass sie in der Praxis keine Verwendung mehr finden. Jeder Versuch, diese Modelle der Realität anzupassen, führt zu einem exponentiellen Anstieg in der mathematischen Komplexität.

Ein Kernpunkt der finanzmathematischen Forschung in den 90er-Jahren waren die Kreditmärkte. Wie bei Aktienpreisen musste man sich die Frage stellen, wie sind Kreditrisiken verteilt? Die wichtigste Verteilung in der Mathematik – und in der Natur – ist die gaußsche Normalverteilung, benannt nach dem deutschen Mathematiker Carl Friedrich Gauß, die für eine überraschend große Anzahl natürlicher Phänomen zutrifft. So sind zum Beispiel die Intelligenzquotienten der Menschen und viele zufällige Prozesse in der Natur normalverteilt.

Das Schöne an der Normalverteilung ist, dass sie nur durch zwei Werte beschrieben wird – den Durchschnitt und die Varianz. In einer zweidimensionalen Grafik drückt sich die Normalverteilung in der Form einer Glockenkurve aus.

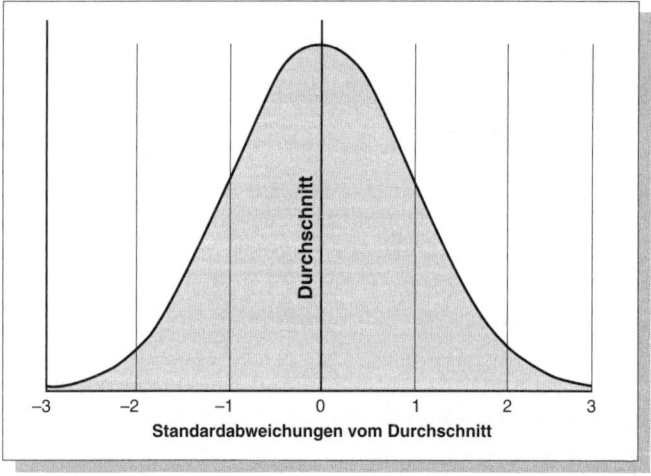

Technisch ausgedrückt: In der Normalverteilung liegen 95 Prozent innerhalb von zwei Standardabweichungen vom Durchschnitt. Übersetzt in die Sprachen des mathematischen Laien heißt das: Extremfälle existieren zwar, sind aber selten.

Die Normalverteilung ist deswegen beliebt, da sich mit ihr gut rechnen lässt. Sie besitzt eine Reihe von schönen mathematischen Eigenschaften, auch wenn die mathematische Formel dieser Verteilung zunächst abschrecken mag.

Das Problem mit der Normalverteilung ist jedoch, dass sie die Preise für die meisten Wertpapiere nur schlecht wiedergibt. Extremfälle sind häufiger, als die Normalverteilung es vermuten lassen würde. Danach hätten Extremsituationen wie 1929 und 1987 unmöglich in demselben Jahrhundert stattfinden können.

In einem Artikel in der *Financial Times* beginnt der Autor Nassim Nicholas Taleb mit folgender Anekdote (meine Übersetzung):

Letzten August veröffentlichte das Wall Street Journal *eine Bemerkung eines gewissen Matthew Rothman, Finanzökonom, der sich über die Ereignisse in den Finanzmärkten überrascht zeigte, indem er sagte, ein solches Ereignis würde in nur einem von 10.000 Jahren stattfinden. Eine dem Artikel beigefügte Biografie von Herrn Rothman bestätigt, dass er selbst jünger ist als 10.000 Jahre. Es ist daher erlaubt anzunehmen, dass er seine Schätzung nicht aus eigener Erfahrung herleitet, sondern aufgrund eines theoretischen Modells über das Risiko seltener Ereignisse.*

Taleb ist ein bekannter und scharfer Kritiker des Missbrauchs mathematischer Modelle im Finanzsektor. Dem Modell, von dem Taleb hier spricht, liegt die Normalverteilung zugrunde. Unsere Erfahrung zeigt allerdings, dass Wertpapierpreise nicht normalverteilt sind, sondern anderen Verteilungen unterliegen. So hat Mandelbrot herausgefunden, dass bestimmte Wertpapierpreise einer anderen Verteilung unterliegen, der sogenannte Cauchy-Verteilung, benannte nach dem französischen Mathematiker Augustin-Louis Cauchy. Die Cauchy-Verteilung ist mathematisch weitaus schwieriger zu handhaben als die Normalverteilung.

Das Problem mit der Normalverteilung taucht in vielen Bereichen auf. So verlassen sich Banken auf eine beliebte Methode, um Risiken zu bewerten, das sogenannte Value at Risk oder auch VaR. VaR wird von den meisten Banken der Welt als die Wunderwaffe im Risikomanagement gesehen. VaR versucht zum Beispiel folgende Frage zu beantworten: Wie hoch ist der größte Verlust, den ich mit 95-prozentiger Wahrscheinlichkeit innerhalb eines Tages erleiden kann? In diesem Fall wird VaR angegeben als Geldsumme, die man im schlimmsten Fall zu verlieren glaubt.

Da man auch hier oft die mathematisch sehr einfach zu handhabende Normalverteilung zugrunde legt, lässt sich diese Frage überraschend präzise beantworten. Risikomanager in den großen Banken antworten auf diese Frage mit einer präzisen Zahl. Sie glauben, das Risiko zu kennen und es vollständig kontrollieren zu können.

Das Problem mit VaR ist, dass wir keine Ahnung haben, wie Gewinne, Verluste oder Kreditrisiken verteilt sind. Unter der Annahme, dass sie normal verteilt sind, können wir mutige Aussagen treffen. Aber wir haben gute Gründe, anzunehmen, dass diese Annahme falsch ist.

Der französische Statistiker René Carmona schrieb in seinem Buch über die Finessen statistischer Analysen im Finanzbereich, dass die Wahl einer anderen Verteilung zum Teil dramatische Effekte auf das Ergebnis hat. In einem konkreten Fall wurde die Frage nach dem VaR mit 1,96 beantwortet (vergessen Sie für dieses Beispiel die Einheiten). Wenn man aber eine andere Verteilung zugrunde legt – in diesem Fall die Cauchy-Verteilung – dann springt der VaR auf über zwölf. Carmona schreibt:

Dieses schockierende Beispiel illustriert die entscheidende Bedeutung der Wahl des richtigen Mo-

dells für eine Verlustverteilung. Wie wir gerade gesehen haben, lädt die Wahl zu Missbrauch ein.

Dieses Beispiel zeigt auch, wie schwierig es ist, das komplexe Phänomen des Risikos mit einer einzigen Zahl zu beschreiben. Aber genau das geschieht überall, zum Teil auch wegen der Basler Regeln, die dem modernen VaR-basierten Risikomanagement erheblichen Aufwind verschafften. Dass man es trotzdem so macht, hat zur Folge, dass sich die Marktteilnehmer in einer falschen Sicherheit wiegen. Ihre Risikoeinschätzungen sind nicht annähernd so präzise, wie sie glauben. Wie einer der Gründer der modernen Finanzmathematik, Robert Merton, sagte, der Versuch, Risiko zu quantifizieren, hat dazu geführt, dass insgesamt mehr Risiko im System existiert, da jeder sich sicherer fühlt als vorher und daher höhere Risiken eingeht.[28] Dieser wichtige Rückkopplungsmechanismus ist in vielen Risikomodellen überhaupt nicht berücksichtigt. Er führt dazu, dass Risiko permanent unterschätzt wird. Das bedeutet, dass der Kreditboom weiter angefacht wird.

Die Kopula

In der Finanzmathematik trifft man die Normalverteilung an allen Ecken. Ein wichtiger Bereich ist die Modellierung von Kreditrisiken von Gruppen von Wertpapieren, wie man sie zum Beispiel in einem Index findet. Dazu benutzt man ein modernes Konzept aus der Statistik, die Kopula, ein Konzept, das vor wenigen Jahren kaum bekannt war und das sich heute immer größerer Beliebtheit erfreut.

Wir wissen, dass Zufallsereignisse bestimmten Verteilungen unterliegen. Beim Lottospiel ist es die Gleichverteilung. Wenn wir den Intelligenzquotienten eines Menschen erraten wollen, dann tun wir gut daran, eine Normalverteilung anzunehmen. Was machen wir, wenn wir gleich mehrere Ereignisse zusammen bestimmen wollen, zum Beispiel das Risiko, dass in einem Index von 30 Firmenaktien genau drei Firmen innerhalb eines bestimmten Zeitraumes pleitegehen?

Hierzu zunächst etwas Wahrscheinlichkeitstheorie. Wir spielen ein einfaches Würfelspiel, zunächst mit einem Würfel, danach mit zwei Würfeln, deren Summe wir addieren wollen. Um ein solches Spiel in ein mathematisches Modell zu bekommen, bedient man sich des Konzepts einer Zufallsvariablen. Diese Variable hat also die möglichen Werte von eins bis sechs, wenn wir einen Würfel werfen. Diese Zufallsvariable unterliegt in diesem Fall der Gleichverteilung. Bei einem Würfelspiel ist die Wahrscheinlichkeit jeder geworfenen Zahl gleich.

Nehmen wir einmal an, wir werfen zwei Würfel. Dazu brauchen wir eine zweidimensionale Zufallsvariable. So wie eine eindimensionale Zufallsvariable einer Verteilung unterliegt, so gilt das auch für eine mehrdimensionale Zufallsvariable. Hier spricht man von einer gemeinsamen Verteilung. Bei einem Spiel „Summe aus zwei Würfeln" ist die Zufallsvariable allerdings nicht mehr gleichverteilt. Wenn man zwei Würfel wirft, kann die Summe natürlich niemals eins ergeben. Es gibt nur eine Konstellation, die die Zahl Zwei ergibt, und zwar jeweils eine Eins. Es gibt ebenfalls nur eine Konstellation, die die Zahl Zwölf ergibt, und zwar eine Sechs und eine Sechs. Es gibt jeweils zwei Konstellationen, die die Zahlen Drei und Elf ergeben, und zwar die Eins und Zwei beziehungsweise die Zwei und Eins sowie die Fünf und Sechs beziehungsweise die Sechs und Fünf. Die Zahl Sieben lässt sich auf sechs verschiedene Arten darstellen. Man sieht also, die Extremwerte auf beiden Seiten werden nur selten erreicht, wohingegen die Mittelwerte wie Fünf, Sechs und Sieben häufiger auftreten. Die gemeinsame Verteilung ist der gaußschen Glockenkurve sehr ähnlich.

Mithilfe der Konzepte der Verteilung und der gemeinsamen Verteilung lässt sich nun eine Kopula definieren. Die Kopula ist eine gemeinsame Verteilung von gleichmäßig verteilten Zufallsvariablen. Gemeinsame Verteilung kennt man schon seit Langem. Eine Kopula ist aber eine gemeinsame Verteilung mit einer wichtigen Zusatzeigenschaft. Man konstruiert sie so, dass ihre jeweiligen Verteilungen jeder Komponente normalverteilt sind, und zwar in einem Intervall von null bis eins. Die Kopula ist also eine gemeinsame Verteilung mit einem Twist.

Sehr beliebt im Kreditmarkt ist die gaußsche Kopula, eine Art Äquivalent der gaußschen Normalverteilung.

Diese Modelle sind integraler Bestandteil von Softwarepaketen, die heute in der gesamten Industrie gang und gäbe sind. Kopulas werden heute überall in der Finanzwelt als eine Wunderwaffe eingesetzt.

Das Konzept ist allerdings auch unter Mathematikern umstritten. Der Mathematiker Thomas Mikosch hat zu dem Missbrauch der Kopula durch die Finanzmathematik eine scharfe Attacke verfasst und das Instrument selbst mit des Kaisers neuen Kleidern aus Hans Christian Andersens berühmtem Märchen verglichen.[29] So schreibt Mikosch, dass es keine intellektuelle Rechtfertigung für die Annahme gibt, dass die einzelnen Komponenten auf dem Intervall null bis eins gleichverteilt sein müssen. Mikosch kritisiert ebenfalls, dass es keine robusten statistischen Tests gibt, die die Stabilität dieses Verfahrens demonstrieren.

Laut Mikosch ist der Grund der Beliebtheit der gaußschen Kopula ihre relativ einfache Handhabung. Mit Normalverteilungen lässt sich einfacher rechnen. Das Problem ist nur, dass am Ende ein völlig irreführendes Ergebnis herauskommt. Es gibt des Weiteren auch noch technische Probleme, auf die Mikosch in seiner Kritik im Detail eingeht.

Auch an diesem Beispiel zeigt sich, dass die Finanzmathematiker hier wieder Annahmen treffen, die in der Realität nicht unbedingt zutreffen. Das Problem ist nicht die Mathematik selbst. Die Modelle sind in sich schlüssig. Das Problem ist, wie die Mathematik im konkreten Fall angewandt wird. Da viele der Anwender die grundlegende Mathematik nicht verstehen, und viele Mathematiker eine oft sehr vereinfachte Vorstellung davon haben, wie Finanzmärkte in der Realität funktionieren, kommt es gelegentlich zu äußerst gefährlichen Missverständnissen. Die Mathematiker produzieren unrealistische Modelle. Die Praktiker, im Besitz dieser mächtigen mathematischen Methoden, wenden diese Modelle an, ohne die Gebrauchsanweisung gelesen oder verstanden zu haben.

Das Platzen der Kreditblase wirft für die Mathematiker ein großes Problem auf. Denn rein mathematisch hätte diese Blase nicht platzen dürfen. Es gibt zwei logische Erklärungen, warum es doch passieren konnte. Entweder die Mathematik beschreibt die Welt in einer idealisierten Form und nicht so, wie sie tatsächlich ist. Oder das Platzen der Blase und nicht die Blase an sich ist das irrationale Ereignis. Hier hilft nicht die Mathematik weiter, sondern die Geschichte. Und die Geschichte lässt keinen Zweifel an der Antwort.

3 Die Wirtschaftspolitik

Im zweiten Kapitel versuchte ich zu erklären, wie der Kreditmarkt funktioniert und wie es dort technisch zu einer Blase kam. Hier geht es um die Wirtschaftspolitik, die ebenfalls eine herausragende Rolle in unserer Krise spielt, und zwar als Pendant zum Kreditmarkt. Die Krise auf das Verhalten gieriger Banker oder überforderter Ratingagentur zu reduzieren ist nicht seriös. Auch makroökonomische Faktoren spielten eine Rolle. Billige Zinsen haben den Kreditboom sicherlich erleichtert und waren möglicherweise eine seiner Ursachen. Aber auch dauerhafte Kapitalströme von Asien in die USA spielten eine entscheidende Rolle. Diese Krise ist zu einem großen Teil auch eine Krise der Makroökonomie.

Die Fachwelt hat lange über globale Ungleichgewichte gestritten. Ihr Abbau begann in der zweiten Hälfte des Jahres 2007. Auch hier besteht die Möglichkeit, dass es zu abrupten Anpassungsprozessen kommt, die die Kreditkrise wiederum verstärken würden. Es lohnt sich daher, dieses makroökonomische Thema in diesem Buch zumindest anzusprechen.

Unter internationalen Ökonomen war die Debatte über globale Ungleichgewichte eines der wichtigsten Themen in den Jahren von 2003 bis 2006. Danach wurde es etwas stiller, und das Interesse richtete sich verstärkt auf die Kreditmärkte. Die einkehrende Ruhe heißt allerdings nicht, dass das Problem gelöst war. Im Gegenteil.

Was sind globale Ungleichgewichte? Ein Ungleichgewicht tritt zum Beispiel dann auf, wenn sich in bestimmten Staaten Handelsdefizite beziehungsweise -überschüsse auf einem sehr hohen Niveau verfestigen, und wenn es keine Anpassung durch Wechselkurse gibt. Seit Antritt der Regierung von George W. Bush hat sich das Leistungsbilanzdefizit der USA auf sechs Prozent des

Bruttoinlandsproduktes erhöht. Eine Leistungsbilanz besteht aus drei Teilen, der Handelsbilanz, der Dienstleistungsbilanz und der Übertragungsbilanz. Die ersten beiden sind in den meisten Industrieländern die wichtigsten Komponenten. In der Übertragungsbilanz werden zum Beispiel Überweisungen von im Inland lebenden Ausländern zurück in ihre Heimatländer berücksichtigt.

In einigen Schwellenländern sind diese Leistungsbilanzdefizite sogar noch höher, zum Beispiel in der Türkei, wo sie im Jahre 2007 neun Prozent ausmachten. Jetzt gibt es keine Regel, die besagt, dass ein Leistungsbilanzdefizit nicht eine bestimmte Größe überschreiten darf. Wie nachhaltig ein derartiges Defizit ist, hängt von verschiedenen Faktoren ab. In der Türkei und anderen Schwellenländern ist der Grund für dieses Defizit ein hohes Maß an Direktinvestitionen von Ausländern. Insofern ist das Defizit eher ein Zeichen der Stärke eines Landes. In den USA ist das Defizit hauptsächlich auf den Konsum von ausländischen, vorwiegend asiatischen Importen zurückzuführen. Auch das muss nichts Unmoralisches sein. Es gibt sogar Leute, die sagen, die Amerikaner wären Konsumenten der letzten Instanz. Ohne den hungrigen amerikanischen Konsumenten hätten die Asiaten niemals ihr Wirtschaftswunder erlebt.

Wir sollten daher Leistungsbilanzdefizite nicht als moralisches, sondern rein als ökonomisches Fakt betrachten. Und hier gilt im Falle der USA: Ein Ungleichgewicht in der Größenordnung von sechs Prozent vom BIP, wie wir es bis zuletzt in den USA hatten, ist nicht nachhaltig. Irgendwann passen sich die Ungleichgewichte an, zum Beispiel durch einen Verfall der Währung. Der starke Absturz des Dollars in den Jahren 2007 und 2008 war ein Zeichen dafür, dass sich die Ungleichgewichte reduzierten.

Es gibt noch eine andere Art, das Leistungsbilanzdefizit zu betrachten. Wenn China Waren an die USA liefert, müssen die Amerikaner diese Waren mit Dollars bezahlen. Diese Dollars fließen von den USA nach China. China hat durch seine massiven Exportüberschüsse riesige Währungsreserven aufgebaut. Im Jahre 2007 hatte China Währungsreserven von 1,3 Billionen Dollar, das sind 1.300 Milliarden Dollar, ein Betrag, den man sich nur schwer vorstellen kann. Was macht China mit dem ganzen Geld?

Die Chinesen haben ein Großteil des Geldes wieder in den USA angelegt, zumeist in amerikanischen Staatsanleihen, zusehends auch in riskanteren Anlageformen. Wie andere Überschussländer auch hat China staatseigene Fonds gegründet, mit dem Ziel, in ausländische Wertpapiere zu investieren. Die spektakulärste Investition der Chinesen im Jahre 2007 war der Kauf eines achtprozentigen Anteils an der amerikanischen Private-Equity-Firma Blackstone für schlappe drei Milliarden Dollar. Auch die Ölstaaten sammeln große Mengen an Währungsreserven an, die sie vorwiegend im Dollar-Raum investieren, da der Preis von Öl in Dollar ausgewiesen und bezahlt wird.

Leistungsbilanzdefizite sind in der Regel kein Problem, solange sich die Währungen frei bewegen. Leistungsbilanzkrisen treten zumeist dann auf, wenn Währungen in festen Wechselkursbeziehungen eingebunden sind. Der klassische Reaktionsmechanismus eines überhöhten US-Leistungsbilanzdefizits würde über den Wechselkurs führen. Der Dollar würde fallen. Das würde die Importe in die USA verteuern, und US-Exporte in den Rest der Welt wären dann dementsprechend billiger. Dieser Prozess geht in der Theorie so weit, bis das Ungleichgewicht wieder ausgeglichen ist.

Das Problem ist allerdings, dass sich die Währungen in der Realität nicht so verhalten. Die Chinesen und viele andere Staaten haben ihre Währungen entweder offiziell oder inoffiziell an den Dollar gekoppelt. Hierbei handelt

es sich insbesondere um Länder, mit denen das Handels-
defizit der USA besonders groß ist.

Der Dollar wird ebenfalls durch die Investitionen von
Zentralbanken gestützt. Da die Chinesen ihre Dollar-
Überschüsse vorwiegend wieder in den USA investiert
haben, stützen sie damit sowohl den Dollar als auch den
Preis von US-Staatsanleihen. Der Effekt dieser ausländischen Transaktionen wird bei den US-Staatsanleihen auf
bis zu einem halben Prozentpunkt geschätzt. Das heißt,
wenn die Zinsrate auf eine zehnjährige Anleihe fünf Prozent beträgt, dann wäre sie 5,5 Prozent ohne die Massen-
käufer in den Dollar-reichen Schwellenländern.

Mit welchen Methoden kommt das globale Ungleichgewicht wieder ins Lot? Die Ökonomen Maurice Obst-
feld und Kenneth Rogoff, zwei der bekanntesten Forscher
auf dem Gebiet der internationalen Ökonomie, unter-
suchten die Anpassungsprozesse und stellten folgendes
Szenario als das wahrscheinlichste auf. Es wird nicht so
kommen, dass der Dollar fällt und damit das Leistungsbilanzdefizit senkt. Es wird eher umgekehrt sein. Eine
Anpassung des Defizits wird den Wechselkurs des Dollars
senken. Was löst die Anpassung des Defizits aus? Genau
das, was wir im Sommer und Herbst 2007 erlebten: ein
externer Schock, und zwar in Form fallender US-Immo-
bilienpreise. Das hatten die beiden schon im Jahre 2005
vorausgesagt!

Dieses Szenario führt zu einer Verlangsamung des
amerikanischen Wachstums, eventuell sogar zu einer Rezession. Der Anstieg der Arbeitslosigkeit veranlasst die
Amerikaner, wieder zu sparen und weniger für den Konsum auszugeben. Die Nachfrage nach Importgütern sinkt
plötzlich. Ebenso sinkt die Nachfrage nach amerikanischen Wertpapieren. Die Konsequenz dieser Verschie-
bungen ist ein Verfall des Dollars. Über die Zeit werden
damit die amerikanischen Produkte wieder auf den Welt-
märkten wettbewerbsfähig, und der alte Mechanismus

der neoklassischen Ökonomie setzt wieder ein. Das Leistungsbilanzdefizit wird sich dann wieder normalisieren.

Die Debatte über die Ursachen der globalen Ungleichgewichte ist für uns von entscheidender Bedeutung, und zwar aus zwei Gründen. Wenn die globale Finanzkrise mit den globalen Ungleichgewichten kollidiert und die Weltwirtschaft gleich zwei große Anpassungsprozesse durchmachen muss, dann steht uns möglicherweise eine große Krise bevor. Es gibt aber noch einen weiteren Grund. Es besteht ein direkter Zusammenhang zwischen den Ungleichgewichten und der Liquidität. Es gibt eine große Anzahl von Theorien über die Ursache der Liquiditätsblasen, die im Grunde genommen nichts anderes sind als die Diskussion um die Ursachen der globalen Ungleichgewichte. Denn die Ungleichgewichte, hervorgerufen durch das amerikanische Leistungsbilanzdefizit und die Leistungsbilanzüberschüsse der Asiaten und Ölstaaten in Verbindung mit einer massiven Akkumulierung von Dollar-Reserven, führen zu enormen internationalen Finanzströmen. Und es sind genau diese Finanzströme, die uns die Illusion reichhaltiger Liquidität bereiten.

Wenn die Blase zerplatzt, funktioniert der gesamte Prozess in entgegengesetzter Richtung. Die Märkte trocknen aus, der Dollar wertet ab, und plötzlich ist die Liquidität verschwunden. Daher sind die Themen Liquiditätsblase und globale Ungleichgewichte eng miteinander verbunden. Unter internationalen Ökonomen wird dieses Thema heftig diskutiert, bislang allerdings ohne Konsens.

Die berühmteste Theorie über globale Ungleichgewichte ist die Bretton-Woods-II-Theorie. Sie stammt von den Ökonomen Michael Dooley, David Folkerts-Landau und Peter Garber[30], die die globalen Ungleichgewichte damit erklärten, dass viele der neu industrialisierten Länder ihren Wechselkurs an den Dollar angebunden haben, so wie einst Europa und Japan bis zum Zusammenbruch des alten Bretton-Woods-Systems Anfang der 70er-Jahre.

Die Autoren argumentieren, dass das, was viele als globale Ungleichgewichte verdammen, im Grunde etwas Positives ist. Ohne Bretton Woods II hätten China und Indien ihrer Auffassung nach nie ihre phänomenalen Wachstumsraten erzielt. Diese Theorie wurde von vielen eminenten Ökonomen in Abstufungen geteilt, unter anderem auch von Robert Mundell[31], der den Nobelpreis für seine bahnbrechenden Arbeiten über optimale Währungsräume erhalten hat. Die Theorie ist im Verlauf der Krise allerdings in starken Verruf geraten. Bretton Woods II wird heute als eine der Ursachen dieser Krise gesehen.

Insgesamt haben sich zwei große Kategorien von Erklärungsansätzen herauskristallisiert: realwirtschaftliche Argumente und monetäre Argumente. Es ist gewissermaßen eine Reinkarnation des alten klassischen Konflikts zwischen Keynesianern und Monetaristen, wobei es sich hier in erster Linie nicht um einen ideologischen Konflikt handelt, sondern um eine Debatte über die Funktionsweise unserer globalisierten Welt, die wir noch nicht so richtig verstehen.

Die Befürworter der realwirtschaftlichen Theorien sehen die Ursache entweder in wirtschaftlichen Fehlentwicklungen in den USA (Defizite) oder im spektakulären Wachstum in Asien. Die Asiaten wachsen zwar, legen ihre Profite aber nicht daheim an, sondern in den USA.

Dieses Verhalten der Asiaten bedeutet, dass Mechanismen, welche die Ungleichgewichte normalerweise reduzieren, diesmal nicht greifen. Vereinfacht gesagt: Die Chinesen und die Amerikaner haben einen Teufelspakt geschlossen. Die Chinesen setzen wie einst die Deutschen auf Exportwachstum als ihr Modell für die Industrialisierung. Wie einst Deutschland in den 50er-Jahren erzielen die Chinesen ihre Überschüsse durch eine unterbewertete Währung in einem System quasi fester Wechselkurse.

Dadurch dass sie die Dollars konsequent und abhängig von der Rentabilität der Investitionen wieder in die USA zurückinvestieren, erlauben sie den Amerikanern, weiter über ihre Verhältnisse zu leben. Die Amerikaner kaufen dafür chinesische Produkte, die Chinesen ihrerseits investieren ihre Überschüsse in den USA und finanzieren damit das Leistungsbilanzdefizit der Amerikaner. Die Logik ist ähnlich der Logik eines Perpetuum mobile oder einer synthetischen CDO. Sie ist zu schön, um wahr zu sein. Aus amerikanischer Sicht heißt das konkret: Man hilft dem Rest der Welt dadurch, indem man möglichst viel Geld ausgibt.

Die Bretton-Woods-II-Theorie ist letztlich der Versuch, dieses Perpetuum mobile intellektuell zu rechtfertigen. Im ursprünglichen Bretton-Woods-System spielte Deutschland die Rolle, die China heute spielt. Alle Mitgliedstaaten im System hatten einen festen Wechselkurs zueinander. In Deutschland waren aber Lohnsteigerung und Inflation geringer als in anderen Ländern. Deutschland verbesserte also stetig seine Wettbewerbssituation. Wie die Ökonomen sagen: Deutschland erlebte eine reale Abwertung. Natürlich keine nominale Abwertung, denn im Bretton-Woods-System war der Außenwert der D-Mark fest an den Dollar gebunden.

Bretton Woods hielt lange, brach am Ende zusammen, eben weil die globalen Ungleichgewichte zu groß wurden. Am Ende wertete Deutschland auf, der Wert des Dollars ging nach unten. Genau diesen Prozess erleben wir jetzt erneut. Die Anzahl der Länder, die in den letzten zehn Jahren ihre Währung an den Dollar gebunden haben, hat abgenommen. Der Dollar wertet langsam ab. Chinas Währung, der Renminbi, ist zwar nicht offiziell an den Dollar gekoppelt, doch der Wechselkurs des Renminbi bewegt sich nur in sehr engen Bandbreiten zum Dollar.

Ein weiteres Ungleichgewicht besteht in der Beziehung von Japan zum Rest der Welt. Nach über einem Jahrzehnt stagnierender Wirtschaft und fallender Preise hat sich Japans Notenbank auf eine Geldpolitik eingelassen mit einem Zinsniveau bei nahe null. Im Rest der Welt ist das Zinsniveau höher. Im November 2007 betrugen die Leitzinsen in Europa vier Prozent, in den USA 4,5 Prozent. Durch diese starke Differenz zwischen Europa und den USA auf der einen Seite und Japan auf der anderen kam es zu enormen Geldflüssen.

Es waren nicht nur Hedgefonds, die hier einen Carry Trade ausübten, indem sie sich in Japan billiges Geld geliehen haben und es in Europa und in den USA investierten. Es waren auch japanische Hausfrauen, die ihr überschüssiges Haushaltsgeld in japanische Fonds investierten, die dann genau dasselbe Spiel spielten, nur aus japanischer Perspektive. Die Fonds nahmen das Geld, stockten es mit noch weiteren billigen Krediten auf und investierten die Summe in Ländern mit höherem Zinsniveau.

Die Ungleichgewichte führten also schon zu abnormalen Geldströmungen: Käufe von US-Wertpapieren aus China, die Investitionen der Japaner im Ausland, der weltweite Carry Trade und natürlich auch große Mengen an Ölgeldern aus Russland und dem Nahen Osten, die ebenfalls den globalen Finanzmarkt aufblähten. Durch die Globalisierung in Verbindung mit den Ungleichgewichten floss viel Geld durch die finanziellen Kanäle der Weltwirtschaft.

Der US-Wirtschaftsnobelpreisträger Robert Mundell[32] geht sogar so weit, zu behaupten, die globalen Ungleichgewichte seien eine Art Kraftstoff für die Weltwirtschaft. Oder wenn man sich das Bild einer alten mechanischen Uhr vor Augen hält. Eine Welt mit Ungleichgewichten ist wie eine aufgezogene mechanische Uhr. Sie tickt. Ohne Ungleichgewichte gibt es keine Finanzflüsse und somit auch weniger Wirtschaftsaktivität. Wie eine Uhr, die nicht aufgezogen ist. Laut Mundell wäre es fatal, wenn wir jetzt versuchen würden, die Ungleichgewichte abzubauen.

Ob wir es nun wollen oder nicht: Der Abbau der Ungleichgewichte hat angefangen. Wir sehen einen Teil dieses Prozesses im Wertverlust des Dollars. Während des Jahres 2008 reduzierten sich auch schon die Importe deutlich, und die Exporte nahmen zu.

Die verschiedenen Theorien über globale Ungleichgewichte können nicht alle gleichzeitig richtig sein. Sie schließen aber auch nicht alle einander aus. Die Globalisierung in Verbindung mit einem steigenden Ölpreis hat für enorme Geldflüsse in der Weltwirtschaft gesorgt. Der Prozess wurde durch die amerikanische und später auch die europäische Geldpolitik weiter unterstützt. Der Verfall der amerikanischen Zinsen auf beinahe japanisches Niveau hat den globalen Geldfluss weiter angeheizt. Es ist daher auch kein Zufall, dass die Blase der Jahre 2005 bis 2007 auch nicht in den klassischen Aktienmärkten stattfand, sondern im Kreditmarkt. Überall auf der Welt erlebten wir einen rapiden Anstieg in der Geldmenge.

Jetzt ist die Aussagefähigkeit einer solchen Statistik sicherlich begrenzt. Wenn die Geldmenge wächst, weil Investoren von langfristigen in kurzfristige Anlagen umschichten, wie zu Anfang des Jahrzehnts, dann ist eine Erweiterung der Geldmenge relativ unbedenklich. Wenn aber Geld und Kredit gleichzeitig mit zweistelligen Raten wachsen, wie im Jahre 2007, dann hat man ein Problem. Die Geldpolitik kann zwar nicht alles erklären, spielt aber sicher eine Rolle. Die Zentralbanken tragen im Übrigen auch noch in einem anderen Punkt die Verantwortung. In vielen Ländern ist die Zentralbank für die Bankenaufsicht zuständig. So trägt die Federal Reserve in den USA eine Mitschuld an der Hypothekenkrise.

Mit dem Platzen der Kreditblase kann man erwarten, dass sowohl Geldmenge als auch die Anzahl der vergebenen Kredite nach unten gehen. Im Verlauf des Jahres 2008 haben sich diese Wachstumsraten zunächst stabilisiert und sind dann relativ schnell gefallen. Die globale Abwertung des Dollars setzt auch die Chinesen unter Druck, politisch wie ökonomisch. Die Chinesen werden irgendwann einmal freiwillig aufwerten, nicht auf Druck der Amerikaner und Europäer, sondern durch innere Zwänge. Denn die chinesische Wirtschaftspolitik, vor allem der künstlich zu tief gehaltene Renminbi, treibt die heimische Inflation. China braucht die Aufwertung, um die Überhitzung zu kontrollieren. Diese Aussage gilt auch für den Fall, dass sich Chinas Wachstum im Zuge der globalen wirtschaftlichen Abschwächung verlangsamt. Wenn der Aufschwung eintritt, wird das Problem weiter bestehen.

Die Blase war mit großer Wahrscheinlichkeit die Folge der Kombination globaler Ungleichgewichte, verstärkt durch eine zu lockere Geldpolitik und den in dem letzten Kapitel beschriebenen technischen Defiziten im Kreditmarkt. Vielleicht überwiegt einer der drei Faktoren. Entscheidend ist, dass in den Jahren 2007 und 2008 der eine Faktor, eine zu lockere Geldpolitik, nicht mehr bestand, und der andere Faktor, die globalen Ungleichgewichte, langsam zurückging. Es kann natürlich sein, dass die Geldpolitik die Fehler vergangener Zeiten wiederholt und erneut zu viel Liquidität zur Verfügung stellt und damit eine neue Blase verursacht oder dass sie den gegenteiligen Fehler macht und im Falle einer deflationären Depression nicht stark genug senkt. Doch die Krise nahm derart destruktive Formen an, dass die klassische Geldpolitik kaum noch eine Rolle spielte. In den USA hatte die Fed die Zinsen von 5,25 Prozent auf 1,5 Prozent innerhalb eines Jahres gesenkt. Und trotzdem sind die Zinsen am Commercial-Paper-Markt, in dem sich Großunternehmen kurzfristig finanzieren, sogar noch ein wenig gestiegen. Wenn der Geldmarkt nicht mehr funktioniert, dann passieren in der Volkswirtschaft sehr merkwürdige Dinge.

4 Wie es weitergeht

Im Buch *Vorbeben* hatte ich eine Reihe von optimistischen und pessimistischen Szenarien geschildert, von denen sich bislang das pessimistische bewahrheitet hat. Wir werden jetzt in diesem Abschnitt dieses Szenario weiterentwicklen.

Im Oktober 2008 stand das globale Finanzsystem kurz vor einer Kernschmelze. Nur wenige Tage später hätte es zu einem kaskadenhaften Zusammenbruch einiger Großbanken kommen können. Das Finanzsystem hätte nicht mehr funktioniert, und die Weltwirtschaft hätte möglicherweise eine Depression erlebt. Die Regierung musste also kurzfristig handeln.

Der Berufszweig der Ökonomen hat sich in der Krise zwar nicht mit Ruhm überhäuft, zumal man die Gefahren der Blase immer herunterzureden versuchte, selbst als diese Krise schon ein Jahr tobte. Später kratzten die Ökonomen allerdings die Kurve. Ende September, Anfang Oktober 2008 haben viele bekannte Ökonomen versucht, einen Konsens zu erzielen, mit dem sie in die Öffentlichkeit getreten sind.[33] Diese Bankenkrise, so lautete der Konsens, verlange zwei wichtige Maßnahmen. Die erste ist eine Rekapitalisierung der Banken durch den Staat. Die zweite ist eine Staatsgarantie für den ausgetrockneten Interbankenmarkt. Das war eine sehr klare Ansage, die unter den Politikern zunächst vom britischen Premierminister Gordon Brown aufgegriffen wurde. Er verkündete einen Drei-Punkte-Plan: Angebot staatlichen Kapitals für acht Banken, staatliche Garantien für den Geldmarkt sowie Garantien für Wertpapieremissionen von Banken. Damit ging Brown weiter als von den meisten Ökonomen gefordert. Die kontinentaleuropäischen Pläne, insbesondere der deutsche Plan, gingen noch weiter. Der Gesamtumfang des deutschen Plans bestand aus

Garantieren und Rekapitalisierungskapital von 500 Milliarden Euro. Von denen wurden aber nur 100 Milliarden verbucht. Die restlichen 400 Milliarden bestanden aus Garantien, und man glaubte, lediglich 20 Milliarden würden am Ende als Garantieleistungen auch bezahlt. Die restlichen 80 Milliarden Euro wurden für die Kapitalausstattung der Banken beiseitegelegt.

Wie so oft legte man die Gelder nicht in den Bundeshaushalt, sondern in einen Schattenhaushalt, auch genannt Sondervermögen des Bundes. So hatte man damals die Treuhand nach der Wiedervereinigung finanziert.

Diese Hilfsmaßnahmen von Deutschland und anderen Ländern haben die Märkte beruhigt, aber es stellen sich eine ganze Reihe von Fragen. Reicht die Hilfe aus? Was passiert, wenn die Situation des Bankensektors noch verheerender ist als bislang angenommen? Wie hoch ist die langfristige Belastung für den Bundeshaushalt?

Ich selbst schrieb zu diesem Zeitpunkt in der *Financial Times Deutschland* folgenden Artikel mit der Überschrift „Banken gerettet, Staat pleite". Hier stelle ich mir die Frage, ob das Rettungspaket nicht zu weit geht und möglicherweise falsch konzipiert ist.

Aus der *Financial Times Deutschland* vom 15. Oktober 2008:

Das mit heißer Nadel gestrickte Rettungspaket der Bundesregierung und anderer europäischer Regierungen hat zwar am Montag die Märkte begeistert, das Problem aber nicht gelöst. Eine Garantie des gesamten Finanzmarkts, wie wir sie jetzt ausgesprochen haben, kann genauso ein Problem darstellen wie die Totalverweigerung zuvor. Europas Regierungen haben hier im Digitalmodus von null auf eins umgeschaltet. Wir fahren jetzt nicht mehr mit Vollgas auf eine Wand zu, sondern auf einen Abgrund. Unser Optimierungsproblem besteht darin, den Finanzsektor zu stabilisieren, ohne dabei den öffentlichen Sektor zu destabilisieren.

Den neuesten Zahlen der Bundesbank zufolge gibt es in Deutschland 2.003 Banken mit Aktiva von knapp 8.000 Milliarden Euro. Das ist etwas mehr als das Dreifache des jährlichen Bruttoinlandsprodukts des Staates. Nicht all diese Aktiva sind schlecht, aber viele sind möglicherweise zu optimistisch bewertet. Ob ein Paket im Gesamtvolumen von 500 Milliarden Euro ausreicht oder nicht, weiß auch die Bundesregierung nicht. Dazu kommt noch, dass wir jetzt vor einem sehr starken globalen Abschwung stehen und dass wir trotz der Weigerung der Kanzlerin und ihres Finanzministers um ein großes Konjunkturpaket wahrscheinlich nicht herumkommen werden, ohne in einer Depression zu versinken.

Wenn wir jetzt das gesamte Bankwesen garantieren und danach womöglich noch die Versicherungen und die so mächtig überschätzte Autoindustrie mit staatlichen Hilfen abfedern wollen, dann wird die Luft für ein Konjunkturpaket dünn. Das Problem ist nicht einmal der europäische Stabilitätspakt – hier werden diesmal alle nur denkbaren Ausnahmen zugelassen. Das Problem liegt in der langfristigen Solvenz unseres Staates.

Die von der Bundesregierung in Aussicht gestellten 500 Milliarden Euro entsprechen ungefähr 20 Prozent unseres Bruttoinlandsprodukts. Das heißt, zumindest zeitweilig könnte die Schuldenquote von derzeit 63 Prozent auf rund 83 Prozent hochschnellen. Natürlich würde man später die teilverstaatlichten Banken wieder privatisieren, doch da wir uns jetzt einem ganz anderen Zeitalter für das globale Finanzsystem nähern, ist überhaupt nicht klar, ob wir uns da nicht etwas schönrechnen. Die meisten unserer 2.003 Banken sind kaum etwas wert. Und selbst die wenigen soliden Banken werden weniger Gewinne einfahren und weniger Dividenden ausschütten als früher. Dass der Staat ein günstiges Geschäft machen wird, ist unwahrscheinlich. Ich würde hier jede sogenannte Investition als eine Ausgabe betrachten.

Eine weitere interessante Zahl: Die EU-Kommission schätzt, dass es in der Europäischen Union nur 44 systemisch wichtige Banken gibt. Es ist nicht sehr wahrscheinlich, dass sich von diesen 44 Banken die meisten in Deutschland befinden, eher sind es vier oder fünf. Der britische Premier Gordon Brown hat schließlich auch nicht das gesamte britische Finanzsystem gerettet, sondern zunächst eine kleine Auswahl von acht Kandidaten getroffen, die der Staat zu rekapitalisieren bereit ist. So eine Auswahl hätten wir auch treffen müssen – die Zahl wäre größer als Null, aber viel kleiner als 2.003.

Als am Sonntagabend das Paket verabschiedet wurde, war ich zunächst verwirrt. Ich hatte erwartet, dass es eine explizite Garantie für den Geldmarkt geben würde, schließlich ist der in der vergangenen Woche vollkommen implodiert. Die Geldmarktsätze, an denen viele Hypotheken- und Unternehmenskredite hängen, sind viel zu hoch. Der Grund, warum es jetzt keine explizite Geldmarktversicherung gibt, wie viele Ökonomen sie zuvor gefordert haben, liegt darin, dass man den gesamten Bankensektor total versichert. Sie ist also implizit da.

Ich hatte mir in meiner Naivität einfach nicht vorstellen können, dass die Regierungen so wahnsinnig sind, den gesamten Finanzmarkt zu garantieren. Ich hätte gedacht, die Versicherung würde sich auf Transaktionen im Geldmarkt beschränken, weil das viel billiger ist.

Eine derartige Versicherung hätte man auf europäischer Ebene ansiedeln oder ein sehr ausgeklügeltes System gegenseitiger Versicherungen wählen müssen. Aus der Tatsache, dass man mit einer Totalgarantie das gesamte Problem angeht, schließe ich, dass entweder die Solvenzsituation deutscher und anderer europäischer Banken weitaus schlimmer ist, als selbst ich mir das vorgestellt habe, oder dass die Mitgliedsstaaten der Euro-Zone auf Biegen und Brechen eine europäische Lösung vermeiden wollten. Letzteres würde bedeuten, dass Politiker aus reinem Machtinteresse die Lösung des Problems behindern.

Die Belgier hatten recht auf dem Europagipfel: Die nationalen Rettungspläne werden nicht funktionieren. Anstatt alle zusammen etwas über 1.800 Milliarden Euro auszugeben, wie die *Financial Times* akribisch nachgerechnet hat, wäre ein gesamteuropäisches Rettungspaket gleichzeitig billiger und effektiver. Selbst die USA, die schließlich noch ein größeres Problem haben als wir, geben weniger als die Hälfte aus. Das ist ein sehr hoher Preis für die Bewahrung politischer Machtinteressen.

Unsere Regierenden haben Angst, dass sie die Kontrolle über das Bankensystem verlieren, durch das sie eine Menge Macht ausüben. Für die Bewahrung dieser Interessen sind sie bereit, ein Vabanquespiel mit der staatlichen Solvenz und der Zukunft der gesamten Währungsunion zu wagen.

Die Gefahr würde akut, wenn der globale Bondmarkt crasht, womit ich fest rechne. Der Auslöser dafür wird ein von der US-Notenbank tolerierter Anstieg der US-Inflation nach Ende der Rezession sein. Selbst wenn wir Europäer da nicht mitmachen, würde der globale Bondmarkt von allein einbrechen. In diesem Fall würden wir teure Rettungsaktionen wie die von dieser Woche anders beurteilen. Dann hätten wir mit großem Erfolg ein privates Kreditproblem in ein globales Solvenzproblem transformiert. Wir wären dann an diesem Wochenende an einer Katastrophe vorbeigeschlittert, indem wir uns einer anderen Katastrophe genähert haben.

Die Ökonomen hatten von der Rekapitalisierung des Bankensystems gesprochen, aber nicht von der Rekapitalisierung des gesamten Bankensystems. Und sie sprachen von Garantien für den Geldmarkt, nicht von Garantien für das gesamte Finanzsystem. Deutschland ist mit seiner Rettung einerseits weit über das Ziel hinausgeschossen. Andererseits aber auch nicht weit genug gegangen. Denn die Finanzkrise war in ihrer Art eine globale Krise, der man wohl kaum mit nationalen Mitteln begegnen konnte. Die Geldmärkte sind bei uns schon seit Einführung des Euros nicht mehr national, und hier hätte man tatsächlich einen europäischen Fonds einrichten müssen, um auf dieser Ebene das Problem zu lösen. Was passiert, wenn eine deutsche Bank am Geldmarkt einer französischen Bank Geld leiht, und diese nicht in der Lage ist, zurückzuzahlen? Wer haftet dann? Die deutsche Regierung, weil der deutschen Bank ein Schaden entstand, oder die französische Regierung, weil eine französische Bank den Schaden verursacht hat. Letzteres wäre gerechter, aber wie es Daniel Gros[34] vom Centre for European Policy Studies trefflich formulierte: Würde eine deutsche Bank wirklich darauf vertrauen, von Frankreich kompensiert zu werden? Hier muss europäisch reguliert werden. Es ist also kein Wunder, dass man den Geldmarkt nicht explizit versichern wollte. Es ging in erster Linie um die Sicherung der eigenen Machtposition.

Mit der Distanz der Zeit wird der Leser jetzt besser als der Autor im Oktober 2008 beurteilen können, ob und wieweit dieses Rettungspaket funktionierte.

Zu dieser Zeit häufte sich die Anzahl der Kommentare, wonach die Krise jetzt wirklich den Höhepunkt überschritten habe. Ich selbst teilte diese optimistische Einschätzung nicht. Denn es gab es noch viele Gefahrenquellen, die mindestens so groß waren wie die Subprime-Blase, an der unser Bankensystem fast zugrunde gegangen ist. Und zu diesem Zeitpunkt war nicht einmal die Subprime-Krise zu Ende. Aus diesem Grund war meine Beurteilung der Rettungspakete auch so skeptisch. Denn wenn meine Prognose zutrifft, dass es zu mehreren derartigen Paniken kommen wird, dann brauchen wir erheblich mehr fiskalpolitische Spielräume, als wir bislang glauben. Salopp formuliert: Wenn wir unser ganzes Geld damit verbraten, schlechte Banken zu rekapitalisieren, ist möglicherweise nicht genügend Spielraum vorhanden, um die nächsten Krisen abzufedern und vor allem mit einem Konjunkturpaket der Wirtschaft unter die Arme zu greifen, falls das nötig werden sollte.

Worin bestehen nun diese Gefahren? Hier ist eine unvollständige Liste: eine Pleitewelle bei Hedgefonds, wenn Anleger ihr Vermögen zurückfordern, was die Fonds zu Zwangsverkäufen zwingt, was wieder die Aktienpreise drückt; eine Implosion im Pseudo-Versicherungsmarkt der Credit Default Swaps; eine starke und lange Rezession, die erheblichen Druck auf die Staatshaushalte ausübt; ein Anstieg von Firmeninsolvenzen und damit verbunden von Ausfällen bei Unternehmensanleihen, die wiederum zu enormem Druck im CDS-Markt führen. Einige Experten fürchteten, der Markt könne die Pleite eines der drei großen amerikanischen Automobilhersteller nicht verkraften.

Des Weiteren beobachtete man im Herbst 2008 einen starken Anstieg der CDS-Spreads für verbriefte Kreditkartenprodukte. Dieser Markt ist ungefähr genauso groß wie der Subprime-Markt. Im Verlauf der Kreditkrise haben Banken ihre Kreditvergabe erheblich eingeschränkt. Viele amerikanische Konsumenten haben daher ihre Kreditkarten, von denen sie oft mehrere besitzen, ausgereizt. Im Herbst 2008 war die Kreditkarte die letzte freie, wenngleich sehr teure Kreditquelle. Es hat Unternehmensgründungen gegeben, die sich mit Kreditkarten finanziert haben. Es hat aber auch Situationen gegeben, in den sich Konsumenten mit Kreditkarten ihren gesamten Konsum finanziert haben. Wir hörten von einem anonymen Beispiel, wo jemand mit mehr als zehn Kreditkarten einen Schuldenberg von 150.000 Dollar aufhäufte. In einer Zeit der Rezession und steigender Arbeitslosigkeit kann das zu erheblichen Ausfällen bei Kreditprodukten führen, deren Einnahmequelle aus Rückzahlungen von Kreditkartenschulden besteht. Hier drohte eine Krise mit möglicherweise ähnlichen Konsequenzen wie die Subprime-Krise. Auch Autokredite wurden verbrieft. Im Herbst 2008 gingen auch die CDS-Spreads nach oben. Die Kreditkrise war also noch nicht einmal im engen Sinn vorbei. Aus der Perspektive des Herbstes 2008 waren weitere Mini-Kreditkrisen noch weit bis in das Jahr 2009 möglich.

Weitere Gefahr droht aus dem amerikanischen und einigen europäischen Immobiliensektoren. Zum Herbst 2008 sind die amerikanischen Häuserpreise vom Höhepunkt 2006 aus gerechnet um die 20 Prozent nominal gefallen. Wenn man eine langfristige Trendlinie zugrunde legt, müssten die durchschnittlich noch weitere zehn Prozentpunkte fallen. Real, also inflationsbereinigt, wäre das ein Preisverfall von nahezu 40 Prozent. Es gibt eine Reihe anderer Indikatoren, die zu ähnlichen Ergebnissen kommen, etwas das Verhältnis von Mieten und Hauspreisen, das langfristig schließlich stabil sein sollte, oder das Verhältnis von Einkommen zu Hypotheken. All diese Indikatoren zeigen, dass der Verfall der Hauspreise noch weitergehen würde, und zwar zurück wieder auf die langfristige Trendlinie. Sowohl in den USA als auch in Deutschland sind reale Hauspreise, also Hauspreise unter Berücksichtigung von Inflation, stagnierend. Das ist auch sinnvoll, denn ein Haus ist nicht produktiv etwa wie eine Fabrik. Ein Haus schützt gegen Inflation, mehr aber auch nicht. Diese Überlegungen legen den Schluss nahe, dass die US-Hauspreise im Jahre 2009 um circa 30 Prozent oder etwas mehr gefallen sein werden und dann wieder im langfristigen Trend liegen.

Jetzt kommt aber folgendes Problem dazu. Dieser Verfall der Hauspreise geschieht in einer Rezession, zu einer Zeit steigender Arbeitslosigkeit sowie reduzierter Kreditbereitschaft der Banken. In einer solchen Situation würde man nicht erwarten, dass die Hauspreise bis zur Trendlinie fallen und dann im Trend nominal weiter wachsen. Sie würden nominal stagnieren, real dadurch fallen, wenn die Inflationsraten positiv wären, und das möglicherweise über mehrere Jahre. Mit anderen Worten, in harten Zeiten wäre zu erwarten, dass die Preisindizes für amerikanische Häuser in die andere Richtung ausschlagen, dass sie unter die Trendlinie fallen, weil die Leute schlichtweg kein Geld mehr haben, selbst preiswerte Häuser zu kaufen, und weil sie keine günstigen Kredite mehr bekommen. Auch Zinssenkungen der Zentralbanken helfen da nicht, da das Problem nicht der Zinssatz, sondern die Höhe des Kredites gemessen am Immobilienwert ist.

In Großbritannien und in den USA gab es Banken, die Kredite gewährt haben, deren Höhe weit über dem Immobilienwert lag. Damit konnte man renovieren oder auch in den Urlaub fahren. Jetzt gibt es nur noch Kredite unterhalb des Immobilienwertes. Man brauchte also schon ein Mindestmaß an eigener Liquidität, um ein Haus zu kaufen. In Deutschland sind wir daran gewöhnt, in den USA aber nicht. Und so wird die Nachfrage nach Wohneigentum noch eine gute Zeit schwach bleiben, so lange zumindest, wie Geld- und Kreditmärkte selbst schwach sein werden.

Auch in Europa droht hier große Gefahr. In Großbritannien sind im Jahre 2008 die Wohnpreise gecrasht, und hier wird man eine Entwicklung in ähnlicher Größenordnung erleben wie in den USA. In Großbritannien tobt eine Kreditzockerei am Immobilienmarkt wie nirgendwo anders. Eine Bausparkasse hatte Hypotheken von bis zu 130 Prozent des Immobilienwertes vergeben. In London kam noch hinzu, dass Wertpapierhändler und Investmentbanker im Februar den Vorjahresbonus erhielten, der oft so groß ausfiel, dass sie mal locker damit ein Haus gekauft haben. Jetzt fällt diese Liquidität an allen Ecken und Enden weg, und der Markt bricht zusammen.

Ähnliche Entwicklungen hat es auch in Irland gegeben, wo das Problem zum Teil noch schlimmer war, denn die Briten hatten zumindest noch ihre eigene Währung. In Irland wirkte die Wirtschaftspolitik zu jeder Zeit prozyklisch. Während der Boomphase waren die Kredite billig, während der Rezession stiegen die Zinsen. Schlimmer noch, in Irland war sogar die Fiskalpolitik prozyklisch. Im Oktober 2008 hatte die irische Regierung die Steuern erhöht.

Auch Spanien erlebte einen atemberaubenden Verfall der Häuserpreise. In Spanien machte der Wohnungsbau laut Statistiken der EU ganze 18 Prozent der volkswirtschaftlichen Leistung aus. Normal ist ungefähr die Hälfte. Seit Mitte der 90er-Jahre haben sich dort die Wohnungspreise nominal verdreifacht. Wenn man die Inflation herausrechnet, haben sich die Preise verdoppelt. Und da reale Preise auch in Spanien nicht wirklich stark steigen, würde man einen Abschwung erwarten in einer ähnlichen Größenordnung wie in den USA, ungefähr 40 bis 50 Prozent.

Für die spanische Blase gibt es mehrere Gründe. Einer war ein hoher Grad an „Innovation" im Finanzsektor. Die Banken erfanden immer trickreichere Hypotheken. Einige hatten Laufzeiten von 50 Jahren. Man konnte wie in den USA die Wertsteigerung des eigenen Hauses in bare Münze umwandeln. Es gab sogar Produkte, die es Rentnern ermöglichten, das schon abbezahlte Haus oder die abbezahlte Wohnung mit einer hohen Hypothek zu belasten und dafür eine Rente zu erhalten. So etwas funktioniert nur dann, solange Liquidität in großen Mengen im System vorhanden ist.

Ein weiteres Problem in Spanien war das fast totale Fehlen eines Mietmarktes. Ich hörte die Geschichte, dass es für Immigranten aus Lateinamerika oder Afrika zwar unmöglich war, eine Mietwohnung zu bekommen, denn sie hatten nicht genug Referenzen. Aber eine Hypothek war kein Problem. Auch Spanien hatte demnach seine eigene Version einer Subprime-Hypothek. Man nannte sie nur nicht so.

Man hört oft während eines Booms, dass strukturelle Gründe für den Preisanstieg verantwortlich seien. In Spanien und Großbritannien war es die hohe Einwanderung. Die Leute müssen ja schließlich irgendwo leben. Das stimmt. Aber die, die so argumentieren, vergessen zu schnell, dass die Einwanderer das finanzieren müssen, und die Einwanderer in Spanien und Großbritannien waren am unteren Ende der Einkommensskala. Wenn stinknormale Wohnungen plötzlich eine Million Euro kosten so wie in London, dann hat das nichts mit Einwanderung zu tun, sondern mit Spekulation.

Auch in Belgien, den Niederlanden, Dänemark und in Frankreich krachten die Immobilienpreise. Dort war die Kreditzockerei allerdings nicht so groß wie in Spanien,

Irland oder Großbritannien. In Deutschland hingegen stiegen die Immobilienpreise sogar ein wenig, während sie woanders fielen.

Die USA hatten einen guten Teil des Verfalls der Immobilienpreise hinter sich. Die Europäer hatten ihn noch vor sich. Die globale Wirtschaft verlangsamte sich, insbesondere die der USA und Chinas. Wenn wir also von Maßnahmen sprechen, dann sollte man vor Augen haben, dass sich die Wirtschaft in großen Teilen der Welt jetzt verlangsamt, und dass das wiederum schwerwiegende Konsequenzen für den Kreditmarkt hat. Denn je tiefer eine Rezession ist und je länger sie dauert, desto höher ist die Anzahl der Zahlungsausfälle, ob bei Konsumentenkrediten, Unternehmenskrediten oder Unternehmensanleihen. Und das wiederum hat sehr starke Konsequenzen für den CDS-Markt und für den Restwert verbriefter Wertpapiere. Die Hoffnung war, dass der Markt für die verbrieften Papiere bald wieder flüssig würde. Aber genau das Gegenteil könnte passieren. Je länger die Rezession, desto stärker die Austrocknung dieser Märkte.

Das heißt, wir müssen uns jetzt darauf einstellen, dass diese Krise noch ein paar Jahre weitergeht, denn Finanzmärkte und Realwirtschaft schmeißen sich noch einige Zeit die giftigen Pfeile zu. Der Bankenkrise vom Herbst 2008 folgt die Rezession von 2008/2009, und in dieser Rezession entwickelt sich die nächste Phase der Kreditkrise, in der es dann um Kreditkarten und CDS gehen wird. Wer das Buch im Jahr 2008 liest, sollte erwarten, dass die Krise insgesamt mindestens noch zwei Jahre andauern wird.

Für diese Aussage brauchen wir jetzt keine Szenarien zu bilden. Das wird wahrscheinlich so kommen. Wie schlimm wird diese Krise für Deutschland? Finanzminister Peer Steinbrück hatte auf eine Weise sogar recht mit seiner diplomatisch katastrophalen Bemerkung, die Krise sei hauptsächlich amerikanischer Natur. Was er vergessen hatte, sind die komplexen Folgewirkungen. Da das globale Finanz- und Wirtschaftssystem sehr eng miteinander verknüpft ist, schwappen große Krisen auf andere Nationen über.

Natürlich sind diese Auswirkungen nicht symmetrisch. Wir haben im Euro-Gebiet nicht das Problem exzessiver Ungleichgewichte wie die USA. Wir haben in Deutschland nicht das Problem einer zu geringen Sparquote, die wir jetzt unter Entbehrungen erhöhen müssten. Und wir haben nicht das Problem, dass der größte Vermögenswert der meisten Menschen, nämlich das Wohneigentum, jetzt nur etwas mehr als die Hälfte wert ist, was in den USA in ein paar Jahren der Fall sein wird.

Es besteht die Möglichkeit, dass die USA sich aus ihrer Schuldenfalle mithilfe der Inflation befreien. Diese Lösung ist möglicherweise allein aus dem Grunde attraktiv, dass ein Großteil der amerikanischen Schulden von ausländischen, insbesondere asiatischen Investoren gehalten wird. Auch wenn der Euro während der akuten Phase der Bankenkrise gegenüber dem Dollar etwas an Stärke verloren hat, so besteht das langfristige Risiko immer noch in einer dramatischen Dollar-Abwertung für diesen Fall.

Ob es dazu kommen wird, hängt von einer Reihe von Faktoren ab. Die Amerikaner werden sicher alles tun, um eine Rezession oder gar eine Depression zu verhindern. Das heißt, sie werden wahrscheinlich mithilfe der Geldpolitik und der Haushaltspolitik versuchen, den Konsum weiter aufrechtzuerhalten. Der Ökonom Willem Buiter argumentierte, die USA benötigen eine lange Rezession, allein um die Gleichgewichte wiederherzustellen. Die Amerikaner sehen das komplett anders. Sie leben seit Jahrzehnten zumeist mit starken Handelsdefiziten. Bislang wurden die immer von ausländischen Investoren finanziert. Amerika genießt, wie Ökonomen sagen, ein exorbitantes Privileg, ein Privileg, über seine Verhältnisse zu leben. Der Grund dafür ist der Dollar, die globale Reservewährung.

Es gibt eine ganze Reihe von Szenarien, unter denen dieses Privileg enden könnte. Eine davon wäre ein Investorenstreik. Private ausländische Investoren haben schon lange gestreikt, in die USA zu investieren. Das Haushaltsdefizit wurde fast ausschließlich von Zentralbanken und Staatsfonds finanziert. Mit einem Anstieg der Inflationsraten könnten die Amerikaner gleich zwei Fliegen mit einer Klappe schlagen. Zum einen würde der Verfall der nominalen Hauspreise abgefedert – real natürlich nicht. Und zum anderen beschleunigt die Inflation die Entschuldung. Die Versuchung ist also da.

Die Gefahr einer solchen Strategie ist der langfristige Verlust des Dollars als unipolare globale Reservewährung und somit droht langfristig der Verlust des exorbitanten Privilegs. Rational wäre natürlich auch weiterhin eine Politik der Preisstabilität. Man würde nach der Rezession eine weitere Phase schwachen Wachstums erleben, währenddessen der dann nicht mehr ganz so kaufaggressive amerikanische Konsument seine Ersparnisse wieder aufbaut. Das wäre rational, aber wir wissen auch, dass sich gerade Amerikaner mit solchen Härteanpassungen schwertun. Wir Deutsche hätten da weniger Probleme.

Aus diesem Dilemma der Amerikaner ergeben sich mehrere Szenarien für uns in Deutschland. Sollte sich der Dollar als Weltreservewährung behaupten, dann erwarte ich für Deutschland eine Quasi-Stagnation im Jahre 2009, gefolgt von einem leichten Aufschwung im Jahre 2010. Anderenfalls droht Unheil, denn einen plötzlichen weiteren Verfall des Euros werden wir durch Sparmaßnahmen in den Betrieben nicht kompensieren können.

Ich würde erwarten, dass der Euro während der Krise wieder an Stärke gewinnen wird, was für das deutsche Wachstum eher negative Auswirkungen haben wird.

Langfristig wird es für Deutschland sehr wichtig sein, dass es neben dem klassischen Export strukturell eine weitere Säule des Wachstums generieren kann. Die deutsche Exportstrategie funktionierte sehr gut in einem System fester oder quasi fester globaler Wechselkurse. Der Euro wird über längere Zeit strukturell überbewertet bleiben, und Länder wie Indien werden in einen direkten Wettbewerb mit deutschen Qualitätsprodukten treten. In einem solchen Umfeld ist Deutschlands industrielle Monokultur nicht mehr so erfolgreich in der Zukunft wie in der Vergangenheit.

Für den Finanzsektor bricht eine große und lange Durststrecke an. Man wird wahrscheinlich überregulieren, man wird Druck auf die Gehälter und Bonuszahlungen im Finanzwesen ausüben, und der Schattenbankenmarkt wird fast ganz verschwinden. Aber das Wichtigste wird der geänderte Kultstatus sein. Banker sind jetzt nicht mehr cool. Banken werden nicht mehr die besten und cleversten Absolventen der globalen Eliteuniversitäten anziehen. Ich würde darauf wetten, dass die Klassenbesten der nächsten Generation eher den Planeten retten und sich für Demokratie und Menschenrechte einsetzten werden, als für eine Bank zu arbeiten. Nicht nur die Banken sind ruiniert, sondern auch der Ruf des Bankers.

5 Was jetzt zu tun ist

Die Bankenkrise ist eine große Herausforderung für die Wirtschaftspolitik. Doch bevor man jetzt mit der Faust auf den Tisch haut und fordert, alle Banker zu erschießen, sollte man zunächst noch einmal rekapitulieren, welches die Ursachen dieser Krise waren, und welche davon man mit politischen Mitteln ändern kann.

Wer wie der deutsche Finanzminister kurz nach Ausbruch der Krise und noch lange danach die Hedgefonds regulieren wollte, liefert am Ende keinen Beitrag zur Lösung der Krise. Die Hedgefonds waren ohne Zweifel wichtige Akteure der Krise, sie waren aber nicht ursächlich für diese Krise verantwortlich, und die meisten werden wahrscheinlich im weiteren Verlauf dieser Krise über die Klinge springen. Auch die Ratingagenturen spielten eine wichtige Rolle, aber sie spielen diese wichtige Rolle schon viele Jahrzehnte. Fast alle intellektuellen Schnellschusslösungen gingen daneben.

Wir haben in unserem Buch zwei Klassen von Ursachen dieser Krisen untersucht. Die eine Klasse sind makroökonomische Ursachen, und von denen sind zu niedrige Realzinsen und globale Ungleichgewichte die wichtigsten. Globale Ungleichgewichte sind die Konsequenz der Bretton-Woods-II-Philosophie. Die Niedrigzinsen waren konsistent mit der Methode der direkten Inflationssteuerung, die in den 90er-Jahren an Zuspruch gewann.

Auch eine Reihe mikroökonomischer Ereignisse waren für diese Krise verantwortlich. Dazu gehören die Baseler Eigenkapitalregeln, die falsche Anreizstrukturen schafften. Basel I hatte Banken dazu verleitet, Zweckgesellschaften einzurichten, in denen sie faule Kredite quasi versteckten und verbrieften. Basel II hatte durch seine Betonung von Ratings dazu geführt, dass Banken zu viel Risiko aufgenommen haben, sodass der Kredithebel viel zu hoch geriet. Im Jahre 2007 hatte die Deutsche Bank ein Kapital von 40 Milliarden Euro, dem 2.000 Milliarden an Aktiva gegenüberstanden. Das ist ein Verhältnis von eins zu 50. Ein Verhältnis von eins zu zehn gilt eher als normal.

Ein weiteres Problem waren die Anfang der 90er-Jahre eingeführten „Mark-to-Market"-Bilanzregeln, wonach Firmen ihr Vermögen nach Marktwert bilanzieren. Das heißt, in guten Jahren verbuchen die Banken zusätzliche Gewinne, weil das Vermögen angestiegen ist. Und in schlechten Jahren erzielen sie Verluste, und damit wirken diese Regeln prozyklisch. Gerade während des Aktiencrashs im Oktober 2008 war das ein großes Problem. Hätte man die Bilanzierungsregeln nicht kurzfristig gelockert, hätten viele Banken und Versicherung die Insolvenz anmelden müssen.

Ein weiteres Problem war die Intransparenz der CDOs und anderer Produkte. Hier wurden den Investoren Informationen vorenthalten, die für eine Bewertung dieser Produkte nötig sind. Ob hier Regulierung notwendig ist, ist nicht sicher. Heute würde keiner mehr solche Produkte kaufen.

Ein Riesenproblem war die fehlende Regulierung im Schattenversicherungsmarkt der Credit Default Swaps. Dieser Markt wuchs auf einen Bruttowert von 62.000 Milliarden Dollar. Es gab keine Aufsicht, die sicherstellte, dass die Versicherungsgesellschaften die Leistung im Versicherungsfall erbringen konnten. Es gab insgesamt zehn Gesellschaften, die als Versicherer diesen Markt dominierten. Der Ausfall von einer dieser Gesellschaften hätte den Markt ins Straucheln gebracht.

Auch ich sehe in den Ratingagenturen ein Problem, aber nicht so sehr ein Problem fehlender Regulierung sondern ein Problem von Abhängigkeiten. Wenn wir „offizielle" Ratings wollen, dann sollten wir staatliche Institutionen dafür kreieren. Wenn nicht, dann müssten wir den Ratingagenturen jeden offiziellen Charakter nehmen. Zentralbanken und Regierungen sollten dann bei ihrer eigenen Beurteilung der Bonität von Wertpapieren nicht mehr die Ratingagenturen als eine quasi offizielle Quelle zitieren. Was als Sicherheit bei der Zentralbank gültig ist und was nicht, sollte sich nicht anhand eines Ratings bemessen. Damit würde man das Ratingagenturproblem elegant lösen. Die Ratingagenturen wären zu Finanzjournalisten degradiert. Die von ihnen so hochgehaltene Meinungsfreiheit dürften sie dann zu Recht weiterverfolgen, allerdings dann wahrscheinlich mit etwas geringeren Margen.

Man kann diese Liste noch beliebig verlängern. Man kann sich, zu Recht, über die hohen Gehälter und Abfindungen beschweren, die hohen Bonuszahlungen, die falschen Anreize, die zu Risikofreudigkeit eingeladen haben, oder die fehlende Regulierung bei den Hedgefonds. Aber hier zu regulieren ist wenig sinnvoll. Die meisten Probleme werden sich von selbst erledigen, denn die Krise verändert das Umfeld. Was heute nicht einmal denkbar ist, ist morgen schon harte Realität.

Man kann sich auch noch auf die Suche nach Pseudoproblemen machen. Ein Banker sagte mir einmal, das Problem seien nicht die Banken, sondern die Presse, die das alles an die Luft trägt. Ich empfand das als eine gehörige Portion Frechheit, zumal gerade in Deutschland die Presse einige Zeit brauchte, bis sie die Krise in vollem Maße erkannte. Man geißelt immer gern eine freie Presse. Die Banker haben sich schließlich nicht beschwert, als eine unkritische Presse die New-Economy-Blase hochjubelte und später die Kreditblase ignorierte. Die Fähigkeit zur Selbstverleugnung und das Fehlen von Selbstkritik aufseiten der Banker gehört zu den charakteristischen Merkmalen dieser Krise.

Ursachen von Finanzkrisen sind komplex. Aber eines wissen wir heute mit Sicherheit: Diese Krisen haben immer strukturelle Ursachen. Auch wenn es Fehlverhalten gibt, sind sie ursächlich nicht die Konsequenz dieses Fehlverhaltens. Mit anderen Worten: Diese Krise hätte es gegeben, auch wenn die Banker und Philosophen zehn Jahre vorher die Plätze getauscht hätten. Sie war nicht die Konsequenz menschlichen Fehlverhaltens – obwohl es solches in großen Mengen gab –, sondern die Konsequenz einer Reihe struktureller Faktoren.

Gleichzeitig sind unsere Erkenntnisse immer noch begrenzt. Auch heute haben wir noch eine klare Theorie dieser Krise im Vergleich etwa zur Krise von 1929. Ich bin mir daher nicht sicher, dass alle dieser Faktoren, die ich als Ursache aufgelistet habe, sich am Ende als Ursachen herausstellen werden. Es kann sein, dass wir in 20 Jahren nur zwei Faktoren als ursächlich definieren werden. Ich wollte nicht darauf wetten, welche zwei Faktoren das nun sein werden. Ich bin aber relativ sicher, dass unsere Auswahlliste diese zwei Faktoren enthält.

Was sind also die Konsequenzen dieser Krise für die Wirtschaftspolitik?

Zentralbanken sollten sich überlegen, ob sie auch in Zukunft die direkte Inflationssteuerung betreiben oder eine breitere Definition von Geldstabilität verfolgen. Wir wollen natürlich die Stabilität der Preise in unseren Warenkörben, wir wollen aber auch relative Stabilität unserer Immobilien und Wertpapiere. Das heißt jetzt nicht, dass die Zentralbank diese Märkte kontrollieren sollte. Schon gar nicht heißt es, dass sie konkrete Zielvorgaben für diese Märkte verfolgen darf. Aber eine Zentralbank sollte Augenmaß halten. Wenn die Preise im Warenkorb stabil sind, aber die Wertpapiere und Immobilien in die Höhe schnellen, dann liegen Instabilitäten vor, die die Zentralbank nicht ignorieren darf. Im Herbst 2008 hat selbst die Federal Reserve diesen Punkt eingesehen. Vorher gehörte sie zu denen, die es prinzipiell ablehnten, sich für Blasen auch nur zu interessieren.

Es gab unter Ökonomen die Debatte, ob Zentralbanken eine Blase zerstechen sollten. Es ist leider das falsche Bild. Zentralbanken sollte die Entwicklung an den Wertpapier- und Immobilienmärkten mit berücksichtigen, um sich ein Bild über die monetäre Stabilität zu machen. Auch eine tiefe Analyse von Geld und Kredit, wie es die EZB betreibt, gehört zum Instrumentarium der Zentralbanken. Man darf nicht Stabilität in einem Segment dadurch erkaufen, dass man Instabilität in einem anderen Segment akzeptiert.

Die zweite makroökonomische Konsequenz ist die Erkenntnis, dass selbst die USA mit ihrem exorbitanten Privileg nachhaltig wirtschaften müssen. Die hohen Defizite des Zentralstaates und die negative Sparquote des Privatsektors zeugen von einem System, das fehlende Nachhaltigkeit tolerierte und zum Teil zelebrierte. Man wird hier auf den Boden der Tatsachen zurückkehren müssen.

Die Kehrseite dieser Medaille ist eine Rückführung der permanenten asiatischen Handelsüberschüsse. Der permanente Strom von Kapital von China in die USA ist weder ökonomisch noch politisch wünschenswert, zumindest nicht in der jetzigen Größenordnung. Auch China wird sein bislang sehr erfolgreiches, auf Überschüsse aufbauendes Wachstumsmodell überdenken müssen.

Die wichtigste Konsequenz für die Regulierung von Finanzmärkten ist eine Reform der Baseler Regeln. Ich fordere jetzt nicht Basel III, sondern ein System, das die Prozyklizität eindämmt. Hierzu gibt es eine Reihe von Vorschlägen, die alle bislang noch nicht druckreif sind. Ein Problem ist schließlich, dass wir nicht immer wissen, wo genau wir im Zyklus sind. Der Vorschlag, die Eigenkapitalschwellen dynamisch, dem Zyklus folgend, anzugleichen, wird in der Praxis nicht funktionieren. Das heißt aber nicht, dass wir nicht automatische Stabilisatoren in das System integrieren. Hier ist noch einiges an Arbeit vonnöten.

Um die inhärente Prozyklizität zu verringern, sollte man ebenfalls nach Alternativen zur Mark-to-Market-Bilanzierung suchen. Während eines Börsenbooms werden die Aktiva höher bewertet, was der Bank mehr Spielräume zum Zocken gibt, und in schlechten Zeiten passiert genau das Gegenteil. Es erscheint zwar gedanklich attraktiv, die Bewertung von Aktiva durch den Markt erfolgen zu lassen, aber die extrem negativen Konsequenzen haben wir während der akuten Phase der Krise zu spüren bekommen. Ohne eine sofortige Änderung der Bilanzregeln wären große Teile des deutschen und europäischen Finanzsektors binnen Wochen bankrott gewesen. Eine Diskussion über Alternativen führt in diesem Buch zu weit, ist aber unabdingbar.

Der Markt für Credit Default Swaps ist eine tickende Zeitbombe. Ein Platzen könnte das gesamte globale Finanzsystem in den Abgrund stürzen. Hier gibt es zwei Regulierungsansätze. Da CDS ökonomisch nichts anderes sind als Versicherungen, sollte man das auch in der Regulierung so sehen und den Markt wie einen Versicherungsmarkt regulieren. Das heißt, dass diejenigen, die Versicherungen anbieten, den Regulierern darlegen müssen, dass sie im Versicherungsfall auch über genügend Kapital verfügen.

Ein zweiter Ansatz wäre eine Zwangsversetzung des Marktes auf börsennotierten Handel. Einige CDS-Indizes werden jetzt schon auf Börsen gehandelt. Der Vorteil des Börsenhandels ist die Schaffung eines ordentlichen Marktes mit Preisbildung, Vereinheitlichung, Transparenz, Handelsgarantien und Regulierern. Natürlich kann man nicht den gesamten 62.000 Milliarden Dollar schweren CDS-Markt auf die Börsen hieven. Dazu ist er zu groß. Man könnte ihn aber gewaltig reduzieren und den Rest auf die Börse hieven.

Den Ratingagenturen sollte man jeden offiziellen Status nehmen, und das würde Änderungen vor allem im

Verhalten von Regierungen und Zentralbanken erfordern. Wenn eine Zentralbank entscheidet, welche Wertpapiere sie als Sicherheit akzeptiert, dann sollte sie ihre eigenen Bewertungen durchführen und sich nicht auf den AAA-Stempel einer Ratingagentur verlassen. Das wäre die eleganteste Lösung. Man könnte auf harsche Regulierung verzichten.

Und somit haben wir eine kleine Liste von Vorschlägen, die in ihrer Gesamtheit das globale Finanzsystem erheblich stärken würden. Ich fasse die Vorschläge noch einmal kurz zusammen.

1. Reform der direkten Inflationssteuerung und explizite Berücksichtigung von Geld, Kredit und Vermögenswerte in der Geldpolitik;
2. Abbau der globalen Ungleichgewichte, einschließlich Erhöhung der Sparquote in den USA und Modifizierung von Chinas Exportmodell;
3. Änderung der Baseler Regeln unter Berücksichtigung antizyklischer Anreize;
4. Abschaffung von Mark-to-Market-Bilanzierung;
5. Regulierung des CDS-Marktes entweder als Versicherungsmarkt und/oder Schaffung eines börsennotierten CDS-Marktes;
6. Änderung der offiziellen Rolle der Ratingagenturen.

Wenn man nur diese sechs Dinge tun würde, hätten wir ein hohes Maß an antizyklischen Elementen sowohl in der globalen Wirtschaftspolitik als auch im Finanzsektor selbst. Aber wahrscheinlich wird man ein viel hyperaktiveres Programm beschließen mit Dutzenden von Regulierungsansätzen. Wichtig sind aber nur die sechs, und wenn überhaupt, eher eine Untermenge dieser sechs als eine Obermenge.

6 Caveat emptor – oder was die Krise für Privatanleger bedeutet

Es ist nicht einfach, in einem Buch Finanztipps zu geben, denn zwischen Schreiben und Lesen liegen oft Monate, wenn nicht gar mehr. In *Vorbeben* empfahl ich Lesern, auch Gold mit ins Portfolio aufzunehmen. Auch heute, bei ungleich höherem Goldpreis, würde ich diesen Rat wiederholen, allerdings nicht, weil ich mir davon einen kurzfristigen Gewinn verspreche, sondern eher als langfristige Versicherung gegen Inflation. Seit Erscheinen des Buchs *Vorbeben* im Januar 2008 hat sich die Lage an den Märkten grundlegend geändert. Die Aktienmärkte sind gecrasht. Der Dax fiel auf 4.500 und stabilisierte sich kurz danach in einer Größenordnung um die 5.000. Die Preise für verzinsliche Wertpapiere sind hochgeschnellt, weil Anleger dort eine höhere Sicherheit vermuten.

Für den cleveren Investor ist die Kreditkrise eine einmalige Gelegenheit, gute Investitionen zu tätigen, denn der Schaum ist mittlerweile aus den wichtigsten Märkten raus. Auch im Kreditmarkt lohnt es sich, bald wieder zu investieren. Es bricht auch für Investoren ein anderes Zeitalter an.

Wie auch in *Vorbeben* verhökere ich hier keine todsicheren Tipps. Was geliefert wird, sind eine Reihe von Prinzipien, die Investoren helfen können, angesichts ihrer spezifischen Situation die richtige Entscheidung für sich alleine zu treffen.

Anstatt zweifelhafter Tipps erhalten Sie etwas Besseres, nämlich eine Analyse, wie die Kreditkrise auf die anderen Märkte wirkt und welche Anlagestrategien sich daraus ergeben. Die Umsetzung dieser Anlagestrategien kann Ihnen kein Buch abnehmen. Das hängt stark von

Ihrer eigenen Situation ab, Ihrem Vermögen, Ihrem Alter, dem Grad Ihrer Risikoaversion und natürlich auch von Ihrem Verständnis moderner Märkte.

Der Reichskanzler Otto von Bismarck sagt einmal, nur ein Dummkopf lerne von seinen eigenen Fehlern. Er, Bismarck, ziehe es vor, aus den Fehlern anderer zu lernen. Tun Sie das auch. Die Blase am Kreditmarkt ist ein perfektes Fallbeispiel dafür, wie man aus Fehlern anderer lernt.

Wie schon eingangs geschrieben, hatte der legendäre US-Investor Warren Buffett kein Interesse an komplizierten Derivaten. Er verstand sie nicht. Und das ist auch völlig in Ordnung so. Sokrates' berühmter Ausspruch „Scio nescio" (ich weiß, dass ich nichts weiß) ist der Anfang jeder Weisheit. Ein weiser Investor kennt seine Grenzen. Buffett ist einer der erfolgreichsten Investoren aller Zeiten unter anderem auch deswegen, weil er einen Rat immer eisern befolgte: Investiere nur in Wertpapiere, die du komplett verstehst.

Einer der Gründe, warum der Kreditmarkt aufgeblasen war und dann platzte, war der, dass Investoren diesen Rat nicht beherzigten. Sie investierten in Tranchen von Kreditprodukten, die sie nicht verstanden, und die man im Grunde auch mit den besten analytischen Mitteln nicht verstehen kann. Man verließ sich blind auf den Stempel einer Ratingagentur.

Andere Investoren tummelten sich in den Märkten für Credit Default Swaps, indem sie großzügig anderen Investoren Sicherheit anboten. Nicht alle diese Investoren sind dumm, aber eine genügend große Anzahl hat sich unkalkulierbaren Risiken ausgesetzt, ein Kardinalfehler, den Warren Buffett niemals begangen hätte.

Wenn eine Bank aufgrund von Immobilienspekulationen an den Rand des Abgrunds gedrückt wird, dann liegt das daran, dass die Investoren in dieser Bank diesen Kardinalfehler begangen haben und dass die Bank selbst derartiges Verhalten mit Bonuszahlungen und Beförderungen belohnte. In diesen Institutionen schaffen es die waghalsigen Dummköpfe oft an die Spitze. Sie haben Produkte gekauft, die sie nicht verstanden. Sie sind Risiken eingegangen, die sie falsch bewerteten. Und die Chefs waren hoffnungslos mit dem Risikomanagement überfordert.

Lernen Sie aus diesen Fehlern und überprüfen Sie Ihr Portfolio dementsprechend. Verstehen Sie jedes Produkt völlig? Wenn Sie Währungsrisiken haben, etwa Investitionen in den USA, fragen Sie sich, wie Sie sich gegen einen Absturz in dieser Währung abgesichert haben. Wenn Sie zu der Überzeugung gelangen, dass hier ein Währungsrisiko herrscht, reduzieren Sie Ihre Positionen, oder wenn genügend Kapital vorhanden ist, dann hedgen Sie.

Der Kreditmarkt selbst ist ein Profimarkt. Da können Sie selbst als wohlhabender Investor nicht wirklich mitmachen. Aber auch Privatanleger sind häufig mit abenteuerlich konstruierten Produkten konfrontiert, die ihnen unter bestimmten Umständen Gewinne oder Verluste bescheren. Versuchen Sie, diese Produkte voll und ganz zu verstehen. Verkaufen Sie, wenn Sie auch nur den geringsten Zweifel haben, natürlich nur, solange sie einen akzeptablen Preis erhalten.

Buffett hatte die Kreditderivate mit Massenvernichtungswaffen verglichen, sowohl in ihrer zerstörerischen Wirkung als auch in ihrer Komplexität. Die Investmentbanken, die diese Produkte herausgeben, verstehen deren Komplexität zu 100 Prozent. Dazu bedarf es Stäbe promovierter Mathematiker und Finanziers. Vielleicht sind Sie, lieber Leser, Ingenieur oder Arzt oder Architekt. Sie würden keine Brücke bauen, deren Statik Sie nur ungefähr verstehen, oder einen Motor, von dem sie nicht genau wissen, ob und wie er funktioniert. Was immer wieder aufs Neue überrascht, ist, wie Menschen, die in ihren Berufen mit größter Sorgfalt und Professionalität agie-

ren, beim Thema Investitionen alle Sorgfalt über Bord
schmeißen und einem hastigen Aktientipp eines Journalisten folgen.

Es ist nicht unbedingt notwendig, dass Sie alle technischen Feinheiten der Kreditmärkte studieren sollten, die
in diesem Buch nur im Ansatz angesprochen wurden.
Auch die Aktienmärkte sind nicht für alle Privatanleger
geeignet. Sie sollten den Aktienmarkt verstehen wie der
Ingenieur seine Brücke oder der Physiker seine Massenvernichtungswaffe.

Buffett hatte mal einen guten Tipp für Investoren.
Kaufe billig und verkaufe nie. Leider können sich die
meisten Leute das nicht leisten. Der britische Unterneh-
mer Richard Branson hatte mal einen ähnlich nutzlosen
Tipp, wie man Millionär wird. Man beginnt als Milliar-
där und kauft eine Fluggesellschaft.

Dem Rest von uns bleiben die Strategien für Otto
Normalbürger. Kaufe billig, verkaufe nie während eines
Crashs, es sei denn, die Not zwingt einen dazu, und blei-
be dem Markt fern, wenn dir jemand ins Ohr flüstert,
diesmal sei wirklich alles anders.

Ein weiterer guter Rat von einem Journalisten: Trau-
en Sie vor allem keinen Anlagetipps in Zeitungen oder
Magazinen. Ich habe selbst einmal eine Untersuchung
der Qualität dieser Tipps angestellt und bin zu dem
Schluss gekommen, dass diese Tipps fast immer schlech-
ter abschneiden als der Aktienindex selbst. Auch viele
Investmentfonds schneiden schlechter ab als der Index.
In der Tat ist es gar nicht so leicht, besser zu sein als der
Index. Es gibt Investoren, denen das regelmäßig gelingt.
Wenn Sie jemanden kennen, dem das mit seriösen Mit-
teln gelingt, dann haben Sie Glück.

Den anderen Lesern ist der Rest dieses Abschnitts ge-
widmet.

Hier nun ein paar allgemeine Anmerkungen zu den
einzelnen Märkten selbst. Schauen Sie sich mal folgende

Grafik an. Sie stammt von dem bekannten US-Finanz-
ökonomen Robert Shiller:

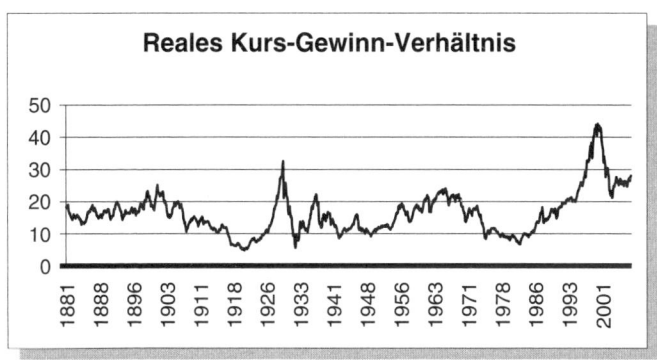

(Quelle: Robert Shiller)

Die Grafik zeigt, dass die amerikanischen Aktien selbst
nach dem Crash von 2001 höher bewertet waren als zu
jedem Zeitpunkt in der Vergangenheit mit der Ausnahme
von 1929 und den späten 90er-Jahren. Wir hatten also
auch im Aktienmarkt eine Blase, parallel zur Blase in den
Kreditmärkten. Wer den Dax bei 7.000 oder 8.000 kauf-
te, ist selbst schuld. Für mich war im Herbst 2008 ein
Dax-Wert von 6.000 eine akzeptable Obergrenze, bei
4.500 bis 5.000 hätte ich gekauft. Natürlich hätte es
noch weiter runterknallen können. In dem Fall hätte ich
nachgekauft. Langfristig gehen Sie bei diesen Bewertungen
so gut wie kein Risiko ein, sofern Sie streuen. Am besten
sind hier einfache Index-Aktien – keine Index-Fonds.
Diese Index-Aktien sind so konstruiert, dass sie den Dax
oder den Euro-Stoxx bekommen, als seien sie einfache
Wertpapiere – mit einem Preis, der genau dem Indexwert
entspricht, und Sie erhalten die proportionalen Dividenden natürlich auch.

   Sollte sich der Dax wieder auf 6.000 oder höher ein-
pendeln, würde ich die Finger von Aktien lassen. Der

Markt wird sich noch eine längere Zeit seitwärts bewegen.
Wir leben jetzt in einem klassischen Bärenmarkt, und in
der Vergangenheit haben diese oft viele Jahre gedauert.
Die heftigen Umstrukturierungen im Finanzsektor und
die Knappheit an Krediten erzeugen ein ungünstiges Umfeld. Und bedenken Sie Folgendes: Es gibt zwei Faktoren,
die das Wachstum eines Aktienmarktes beeinflussen, das
reale Produktivitätswachstum und der Anteil der Profite
am Wachstum. Das reale Produktivitätswachstum ist für
die meisten Industrieländer um die zwei Prozent. Ein bisschen mehr für die Amerikaner, ein bisschen weniger für
uns. Produktivitätsstatistiken sind sehr problematisch.
Wir sollten daher nicht über Dezimalzahlen streiten. Bei
zwei Prozent realem Produktivitätswachstum und zwei
Prozent Inflation ergibt sich ein nominales Wirtschaftswachstum von vier Prozent.

Da aber die Aktionäre nicht das gesamte Produktivitätswachstum für sich beanspruchen können, sondern einen Teil für Lohn- und Gehaltssteigerungen ausgeben
müssen, ist der den Aktionären verbleibende Mehrwert
geringer. Der Preis einer Aktie ist der abgezinste Strom
aller zukünftigen Gewinnerwartungen. Und somit stellt
sich die Frage: Wie können Aktien jährlich um 15 Prozent wachsen, wenn das Wirtschaftswachstum nominal
nur vier oder selbst sechs Prozent beträgt. Dazu bedarf es
einer ganzen Reihe von Theorien, die oft jeglicher öko-
nomischer Logik entbehren.

Eine dieser Theorien besagt, dass sich das Verhältnis
zwischen den Kapitaleignern und Arbeitnehmern für ewig
und drei Tage zugunsten der Kapitaleigner ändern wird.
Schon im Jahre 2008 deutete sich eine Trendwende an.
Vorsicht mit solchen Annahmen! Das Verhältnis hat sich
aufgrund der Globalisierung in den letzten Jahren zwar
zugunsten der Kapitaleigner verändert, aber solche Ver-
schiebungen haben auch in der Vergangenheit stattge-
funden, und zwar in beide Richtungen. Ob die Globali-

sierung wirklich dazu führen wird, dass Arbeitnehmer in den Industrieländern sich das gefallen lassen werden, ist nicht offensichtlich, zumal diese Arbeitnehmer in vielen Ländern die politischen Mehrheiten bilden. Darüber hinaus steht hinter dieser Annahme ein verzerrtes Bild der Globalisierung. Während der letzten 15 Jahre war es in der Tat so, dass Globalisierung zu stagnierenden und zum Teil fallenden Löhnen geführt hat. Aber jetzt passiert in China genau das, was in Deutschland in den 60er-Jahren passiert ist: Es bildet sich eine kaufkräftige Mittelschicht. Löhne und Gehälter gehen nach oben. Wie der Journalist Thomas Friedman in seinem Buch *Die Welt ist flach*[35] völlig zu Recht beschrieben hat, die Globalisierung ist langfristig ein Wettlauf nach oben und nicht nach unten. Das Aufkommen einer Mittelklasse wird die Industriestrategie Chinas grundlegend verändern. Eine chinesische Mittelklasse wird sich nicht mit Hungerlöhnen begnügen. Das heißt dann aber auch, dass das Verhältnis von Löhnen und Profiten sich nicht linear zugunsten der Profite weiterentwickeln wird.

Für den Aktieninvestor bedeutet dieses Umfeld, dass man zwar auf Schnäppchenjagd gehen kann. Hat der Markt aber erst mal sein Plateau erreicht, kommt dann nicht mehr viel. Ein weiteres Problem ist, dass die Gewinne eventuell zu hoch ausgewiesen waren. Jetzt haben wir in den letzten Jahren einen starken Anstieg der ausgewiesenen Unternehmensgewinne erlebt. Investoren sollten sich aber auch davon nicht ins Bockshorn jagen lassen. Denn es ist durchaus wahrscheinlich, dass die Firmen zu optimistisch bilanzieren. Der britische Ökonom Andrew Smithers hat in einer schon zitierten Studie herausgefunden, dass der tatsächliche Schuldenstand britischer Unternehmen weitaus höher ist, als in den Unternehmensbilanzen ausgewiesen. Man würde vermuten, dass es sich hier nicht um ein rein britisches Problem handelt. Wenn Sie als Investor den Blick von oben auf die Märkte werfen, dann

sollten Sie sich schon Gedanken darüber machen, wie nachhaltig das Wachstum an den Aktienmärkten sein kann.

Eine zweite Pseudotheorie besagt, dass rasante Innovationen in Produkt- und Finanzmärkten das Produktivitätswachstum permanent erhöhen. In den USA hat man
eine derartige Erhöhung in den 90er-Jahren festgestellt.
Der Einfluss der Finanzmärkte ist hier eher zu vernach-
lässigen. Die Finanzmärkte haben eine Blase produziert,
die jetzt geplatzt ist. Galbraiths Diktum, wonach Finanzmärkte Geld lediglich verschieben, aber nicht maßgeblich
zum Produktivitätswachstum beitragen, stimmt leider immer noch. Es gibt tatsächlich keinen Grund, anzunehmen,
warum das jährliche Wachstum von Aktienmärkten so
viel größer sein sollte als die drei bis fünf Prozent nominalen Produktivitätswachstums, die die meisten Industrieländer generieren.

Auch was die Produktmärkte angeht, ist eher Vorsicht
geboten. In den meisten modernen Volkswirtschaften hat
sich das Verhältnis von Industrie- und Dienstleistungen
stark zugunsten der Dienstleistungen verschoben. In
Deutschland machen die Dienstleistungen über 70 Prozent des Bruttoinlandsprodukts aus. In den USA sind es
über 80 Prozent. Der Trend geht überall seit Jahrzehnten in diese Richtung. Das Produktivitätswachstum bei
Dienstleistungen ist in der Regel geringer als bei Produkten.

Jede Blase kreiert ihre Pseudotheorien, und bei der
Kreditmarktblase war das nicht anders. Hier bestand die
Theorie darin, dass die verbrieften Finanzmärkte erheblich zum Produktivitätswachstum beitragen, indem sie
Kredite ermöglichen, die es sonst nie gegeben hätte. Die
letzte Aussage stimmt zwar, aber die Subprime-Krise hat
gezeigt, dass der ökonomische Effekt nicht gerade positiv
war.

Man sollte also bei Bewertungen von Märkten derartige Theorien ausblenden. Danach ist es klar, dass die

Aktienmärkte auf dem Niveau vom Herbst 2007 überbewertet waren. Selbst das schon geringere Pre-Crash-
Niveau vom September 2008 war angesichts der langfristigen Gewinnerwartungen überhöht. Nach der Krise bei
der Citigroup und bei Merrill Lynch bewegte sich der völlig überbewertete Finanzsektor langsam wieder auf ein
gesünderes Maß zurück.

Wie steht es mit den Bondmärkten? Leider auch nicht
viel besser, im Gegenteil. Im Herbst ist die Rendite der
kurzfristigen US Treasuries fast gegen null konvergiert,
was eine extrem hohe Risikoaversion der Investoren im-
plizierte. Viel höher können Bondpreise kaum noch steigen.

Ein weiteres Risiko für Bondpreise ist zukünftige Inflation. Hier gibt es unter Ökonomen eine heftige Debatte. Einige fürchten auch eher eine Deflation – was für
Bondpreise eher gut wäre. Im Herbst 2008 galten eine
starke Rezession in den USA und eine milde Rezession in
Europa als wahrscheinlich. Unter diesen Umständen ist
eine Deflation so gut wie unmöglich. Natürlich kann es
passieren, dass die ausgewiesene Inflationsrate für eine
kurze Zeit unter null fällt. Deflation würde aber eine längere Phase des Preisverfalls implizieren. Vor allem spricht
man auch erst dann von Deflation, wenn Menschen sich
mit ihrem Konsum zurückhalten in der Erwartung fallender Preise in der Zukunft. So etwas wäre für eine Wirtschaft natürlich fatal.

Eine lange Depression könnte zu echter Deflation führen. Das wäre dann denkbar, wenn der globale Finanzmarkt komplett zusammenbrechen würde. Ich glaube
nicht, dass das passieren wird. Regierungen verfügen über
Mittel, das zu verhindern, indem sie zur Not die für das
Finanzsystem wichtigen Teile des Finanzmarktes verstaatlichen.

Ich halte eher folgendes Szenario für wahrscheinlich.
Im Zuge der weiter anhaltenden Kreditkrise senken Zen-

tralbanken wieder die Zinsen und überschütten die
Märkte mit Liquidität. Die Regierungen nehmen extrem
hohe Schulden auf, um das Finanzsystem zu rekapitalisieren. Die Konsequenz dieser Konstellation ist ein star-
ker Anstieg der Inflationsraten nach Ende der Krise. Die
Zentralbanken werden nicht sofort die Zinssätze erhöhen – aus Angst, den leichten Aufschwung zu zerstören.
Die Inflation wird nicht nur ansteigen, sondern auch die
Inflationserwartungen werden ansteigen. Die Zentralbanken werden verspätet gegensteuern, mit sehr hohen Zinssätzen, sodass sich eine Situation wie die Ende der 70er-,
Anfang der 80er-Jahre wiederholen könnte.

In einem solchen Umfeld sind festverzinsliche Wertpapiere pures Gift. Was bietet sich als Alternative an? Gold
ist sicherlich ein Schutz gegen Inflation, nur kann es passieren, dass im eher unwahrscheinlichen Falle einer Deflation der Goldpreis in den Boden fallen würde. Langfristig
sehe ich den Goldpreis bei deutlich über 1.000 Dollar per
Feinunze, was daran liegt, dass ich von höheren Inflationsraten ausgehe.

Zwar wäre es falsch, sein gesamtes Vermögen zu ver-
golden, genauso wie es falsch wäre, sein gesamtes Vermögen in eine einzige Wertpapierklasse zu investieren. Aber
in Zeiten der Inflation und fallenden Liquidität hat Gold
seinen Platz in einem gehedgten Portfolio.

Eine weitere Klasse von Vermögenstiteln, die gegen
Inflation schützt, sind Immobilien. Hier gilt die Regel:
Wenn die Preise erst mal wieder auf der Trendlinie liegen,
was ich in den USA im Jahre 2009 erwarte, in den europäischen Ländern erst im Jahre 2010, dann ist die Zeit
gekommen, gezielt in Immobilien zu investieren. Auch
hier gilt das Prinzip, in gute Lage und in gute Qualität zu
investieren. Damit macht man nichts falsch.

In den deutschen Immobilienmarkt kann man schon
jetzt investieren. Hierzulande lag der Markt 15 Jahre lang
brach. Die realen Kaufpreise sind im internationalen Ver-

gleich fast unverschämt günstig. Man sollte sich zwar keine Hoffnungen machen, hier zu schnellem Profit zu kommen, zumal ja auch die Transaktionskosten in Deutschland leider immer noch sehr hoch sind. Aber gute Immobilien in guter Lage sind eine vorzügliche Absicherung gegen Verwerfungen in der Weltwirtschaft.

Ein Portfolio bestehend aus Gold, Immobilien, ein paar günstig eingekauften Index-Aktien und Cash wird Ihnen vielleicht eine Rendite von vier bis fünf Prozent einbringen. Als Alternative zu Gold kann man sich inflationsindizierte Bonds beimischen der Art, wie sie von Frankreich und seit wenigen Jahren von Deutschland emittiert werden. Mit so einem Portfolio werden Sie gut schlafen können. Ein derartiges Portfolio wäre im Übrigen auch gegen Inflationsschwankungen abgesichert. Steigt die Inflation über Erwarten, so wird Gold ansteigen. Im Falle einer Deflation ist Cash der beste Schutz.

So ein Portfolio bietet somit schon einen kleinen Schutz, einen Hedge, wenn Sie so wollen. Wenn die Alternative der Totalverlust wäre oder auch nur ein Verlust von 30 Prozent, dann wäre das schon eine respektable Leistung.

Wenn Sie sich nur gelegentlich Ihren Finanzen widmen, dann sollten Sie es vielleicht dabei belassen. Die Krise bietet aber interessante Möglichkeiten für den umtriebigen Investor.

Wenn Sie ein aktiver Anleger sind, der die Finanzinstrumente gut versteht, und der sich genügend Zeit nimmt, dann öffnet sich für Sie ein quasi goldenes Zeitalter. Sie werden dann wie Buffett investieren können, billig kaufen und noch billiger kaufen.

Bedenken Sie, dass in dieser Krise eine Menge Investoren auf Investitionen sitzen, die sie aufgrund des illiquiden Marktes nicht verkaufen können. Was wir jetzt erleben werden, ist die langsame Wiederherstellung eines ordentlichen Marktes, allerdings zu tieferen Preisen.

Die illiquiden Papiere sind nicht alle Schrott. Hinter ihnen stehen Kredite, von denen viele auch bezahlt werden. Vor allem gibt es keine schlechten Papiere. Es gibt nur schlechte Preise. Wenn Sie als langfristiger Investor nicht darauf angewiesen sind, diese Papiere jederzeit verkaufen oder bewerten zu müssen, wie einige der Fonds und Banken, dann können Sie diese Papiere zu einem Spottpreis kaufen oder besser noch in Fonds investieren, die das tun. Sie müssten dann aber die Papiere bis zum Ende ihrer Laufzeit halten. In der Zwischenzeit erhalten Sie die Erlöse aus den Kreditzahlungen und am Ende der Laufzeit erhalten Sie den nominalen Wert des Bonds zurück.

Wer einen langen Atem hat, braucht sich dann überhaupt nicht darum zu scheren, ob der Markt für diese Papiere liquide ist oder nicht. Sie wollen schließlich nicht verkaufen. Solange die den Papieren zugrunde liegenden Kredite in ausreichendem Maße bezahlt werden, gibt es kein Problem. Der Profit für den Investor besteht darin, diese Papiere weit unter Wert einzukaufen. Die Chance, das zu tun, wächst mit der Verzweiflung der Verkäufer.

Im Buch *Vorbeben* schrieb ich, dass es noch etwas dauern wird, bis diese Zeit kommt. Ich würde erwarten, dass ab dem Jahr 2009 Investitionen in Kreditprodukte wieder interessant werden.

Wenn Sie als Investor einen Zeithorizont von mehreren Jahren haben, dann investieren Sie ruhig in einen sogenannten Vulture Fund (Geierfonds), der sich darauf spezialisiert, verzweifelten Banken, SIVs und anderen Hedgefonds Papiere abzukaufen, die sie dringend loswerden müssen. Einigen von ihnen sind dermaßen verzweifelt, dass sie bereit sind, herbe Verluste zu ertragen, solange sie überhaupt etwas Geld für die Papiere bekommen. Aber wie immer in solchen Fällen, schauen Sie sich die Fonds gut an, machen Sie sich mit den Fondsstrategien sehr genau vertraut. Reden Sie mit den Fondsmanagern persönlich. Reden Sie mit anderen Experten über diese Fonds und die Fondsmanager. Bilden Sie sich am Ende aber Ihre eigene Meinung. Und vergessen Sie nicht: In den etwas bescheidenen Zeiten, auf die wir jetzt zusteuern, sind die Renditen vielleicht nicht mehr ganz so groß. Man sollte sich also gut überlegen, ob man überhaupt noch Fondsmanager als Mittler zulässt, oder ob man nicht selbst Strategien entwickelt, die die Spreizung eines Fonds replizieren können bei weitaus geringeren Kosten.

Für die meisten Leser sind die in diesem Text erwähnten defensiven Strategien richtig. Aber gleichzeitig bietet diese Marktsituation Investitionsmöglichkeiten, die man sonst nur selten geboten bekommt.[36]

Epilog:
Wenn die Krise vorbei ist ...

Auch diese Krise wird irgendwann enden, wahrscheinlich erst im Jahre 2010 oder 2011. Aber auch wenn diese Krise noch schlimmer werden sollte, als in diesem Buch vorausgesagt, ist auch diese schlimmere Krise irgendwann einmal zu Ende. Auch wenn man es sich nicht so leicht vorstellen kann, es wird irgendwann mal eine Zeit kommen, in der die Bank nicht wackelt. Was muss man sich unter dem Post-Krise-Zeitalter vorstellen?

Das Vierteljahrhundert zwischen der Deregulierung der amerikanischen Finanzmärkte in den 80er-Jahren bis zum Ausbruch der Kreditkrise im August 2007 war das Zeitalter des angelsächsischen transaktionsorientierten Kapitalismus. Es war angelsächsisch, weil es von amerikanischen und zum Teil britischen Institutionen dominiert war, und weil diese Welt exklusiv in der englischen Sprache kommunizierte. Er war transaktionsorientiert zum Beispiel durch den Verbriefungsboom, der den Investmentbanken extrem hohe Renditen bescherte. Auch die Finanzierung von Firmenfusionen und -übernahmen ist ein wichtiger Teil des transaktionsorientierten Kapitalismus. Die Investmentbank organisiert die Transaktion, und alles, was man für die Transaktion sonst noch benötigt, bis hin zum Geld.

Und es war Kapitalismus pur, fast schon eine Parodie auf den Kapitalismus, so wie wir ihn seit Karl Marx kennen: brutal, egoistisch und vor allem nicht nachhaltig. Die von Marx beschriebene Variante des Kapitalismus konnte nicht überleben. Der transaktionsorientierte angelsächsische Kapitalismus hat sich als eine solche Variante entpuppt.

Das wird eine ganze Reihe von Kosequenzen haben. Natürlich werden die Gehälter fallen. Das ist eine nahezu

triviale Konsequenz. Dafür brauchen wir keine Regulierung. Ohne ein transaktionsorientiertes Schattenbank-
system sind derartig hohe Gehälter weder realisierbar
noch den Aktionären gegenüber zu verteidigen. Der Stel-
lenwert der Bank wird in unserer Gesellschaft fallen, und
der Banker verliert an gesellschaftlichem Status. Wir hö-
ren schon die ersten Berichte von Investmentbankern, die
damit überhaupt nicht klarkommen, dass ihre gesellschaftliche Position gesunken ist.[37]

Ökonomisch gesehen ist eine Deflation des Finanzsektors nicht unbedingt ein Übel. Natürlich wird auch in
Zukunft der Finanzsektor eine wichtige Rolle in der
Wirtschaft spielen. Er wird auch in Zukunft ein Mittler
zwischen den Akteuren sein in Raum und Zeit. Aber er
wird kleiner sein. Vor allem besteht dann endlich die
Chance, dass er der Volkswirtschaft dienen kann.

Der amerikanische Ökonom Robert Shiller[38] hat argumentiert, dass die Technik der Verbriefung und andere
bahnbrechende Finanzinnovationen sich hervorragend dazu eignen, um bestimmte gesellschaftliche Probleme wie
die Überalterung wirtschaftlich in den Griff zu bekommen. Es ist nicht unvorstellbar, dass wir mit CDO und
CDS und anderen exotischen Kreditprodukten Renten
konstruieren. An den Papieren an sich und den dahinter-
stehenden Innovationen ist schließlich nichts auszusetzen.

Die Zeit nach dem angelsächsischen transaktionsorientierten Kapitalismus ist mit großer Wahrscheinlichkeit
ebenfalls eine Zeit, in der sich eine neue multipolare
Weltordnung bietet. Die Dominanz des Dollars ist ein
wichtiges Element der geostrategischen Vormachtstellung
der USA. Sie ermöglichte den Amerikanern das exorbitan-
te Privileg, innerhalb der Amtszeit eines einzelnen Präsi-
denten zwei verlustreiche Kriege zu führen und die größte Wertpapierblase zum Platzen zu bringen, ohne einen
Totalzusammenbruch zu erleben der Art, wie ihn Argentinien zu Anfang dieses Jahrzehnts erlitten hat.

Wenn sich der Finanzsektor normalisiert, wenn sich das Zeitalter von Bretton Woods II seinem Ende neigt, ist es damit vorbei. Die USA sind und bleiben eine sehr dynamische Volkswirtschaft, viel dynamischer, als wir es je sein werden. Aber die USA werden sich in den kommenden Jahrzehnten der Realität stellen müssen. Der Dollar ist dann nicht nur ihre Währung, sondern plötzlich auch ihr Problem.[39]

Die Machtverschiebung geht von den USA in Richtung Asien. Die Asiaten werden einen großen Teil des westeuropäischen und amerikanischen Finanzsektors rekapitalisieren. Sie sind die einzige noch verfügbare Geldquelle. Auch wenn wir unsere Banken zwischenzeitlich verstaatlichen, werden wir sie am Ende wieder privatisieren. Spätestens dann sind die Asiaten die Eigentümer des neuen Wirtschaftssystems.

Und die wirklich beste Nachricht von allen ist es, dass die größten Talente der nächsten Generation nicht mehr damit beschäftigt sind, Wohlstand von einer Ecke des Landes in die andere zu verschieben, sondern sich wichtigeren Aufgaben widmen. Auch im Finanzsektor wird es solche Aufgaben geben, aber es werden andere, vielleicht sogar noblere Aufgaben sein. Der Finanzsektor vergangener Zeiten saugte das Talent auf. Der Finanzsektor der Zukunft wird um das Talent kämpfen müssen.

Eine weitere Prognose wage ich. Die Lust an Blasen ist uns jetzt gründlich vergangen. Die Narrativen dieser geplatzten Blase werden eine ganze Generation beschäftigen. Die nächste Blase wird auf jeden Fall kommen. Die im Anhang beschriebene Kurzgeschichte globaler Finanzblasen lässt keinen anderen Schluss zu. Aber vorerst haben wir Ruhe. Das 21. Jahrhundert kann endlich beginnen.

Anhang:
Einige Lehren aus der Geschichte

I'm dreaming dreams, I'm scheming schemes, I'm building castles high ... I'm forever blowing bubbles, Pretty bubbles in the air, They fly so high, Nearly reach the sky, Then like my dreams, They fade and die.

Amerikanischer Folksong, 1919

Bevor wir die Frage beantworten, wie so etwas nur geschehen konnte, sollten wir einen historischen Rückblick wagen. Finanzkrisen sind nicht neu. Während der Krise hat man oft historische Vergleiche gezogen, natürlich mit der Großen Depression, der dem Börsencrash im Jahre 1929 vorausging, oder der Asienkrise in den 90er-Jahren. Keine der vergangenen Krisen lieferte eine genaue Parallele, aber sie hatten hier und da einige Gemeinsamkeiten. Die Wirtschaftsgeschichte liefert hier einige aufschlussreiche Erkenntnisse, und bevor wir uns an die Analyse dieser Krise machen, sollten wir uns einmal vergangene Krisen ansehen.

Blasen gehören zu den faszinierendsten Phänomenen von Finanzmärkten. Blasen gibt es, solange es Finanzmärkte gibt, und im Grunde gab es sie sogar vorher schon. Um unsere Finanzkrise zu verstehen, sollte man zunächst wissen, wie und warum Blasen entstehen.

Finanzmärkte leben von Erwartungen, denn der Wert einer Investition wird durch Ereignisse in der Zukunft bestimmt. Investoren in den Rohstoffmärkten spekulieren im Sommer darauf, wie die Weizenernte im Herbst ausfällt. Der Wert einer Aktie berechnet sich, zumindest theoretisch, als der abgezinste Wert aller zukünftigen Gewinne eines Unternehmens, geteilt durch die Anzahl der

Aktien. Ein Investor im Aktienmarkt drückt also seine Erwartungen über zukünftige Gewinne aus. Die Finanztheorie unterstellt, dass die Gesamtheit der Investoren sich rational verhält. Das heißt jetzt nicht, dass alle immer die richtigen Entscheidungen treffen, sondern lediglich, dass die Mehrheit der Investoren sich nicht permanent ins Boxhorn jagen lässt. Zum Beispiel bedeutet diese Aussage unter anderem, dass man aus Fehlern lernt.

Ein analoges Beispiel kommt aus der Politik. Wir nehmen schließlich an, dass die Gesamtheit der Wähler in einer Demokratie die für sie richtige Wahl trifft. Auch wenn sie sich nicht zu jeder Zeit richtig entscheiden, lernen sie aus ihren Fehlern. Der Prozess erinnert an Winston Churchills berühmten Kommentar über die Amerikaner: „Sie treffen am Ende immer die richtige Entscheidung – nachdem sie alle Alternativen vorher ausprobiert haben."[40]

Wir wissen natürlich, dass Menschen zu irrationalem Verhalten fähig sind, auch über längere Zeiten. Eine Finanzmarktblase ist ein Beispiel für irrationales Verhalten einer großen Mehrheit von Investoren. Während der Blase glaubt jeder, rational zu handeln. Erst im Nachhinein wird den meisten Leuten klar, wie irrational sie sich zuvor verhielten.

Zu diesem Thema hat der mittlerweile verstorbene amerikanische Ökonom John Kenneth Galbraith ein herrliches Büchlein geschrieben mit dem Titel: *A Short History of Financial Euphoria*, übersetzt: Eine kurze Geschichte finanzieller Euphorie. In seinem Buch beschreibt Galbraith, wie verschiedene Blasen der Weltgeschichte entstanden sind.

Die meisten von ihnen hatten folgende Merkmale gemeinsam: Das erste ist eine ansteckende Euphorie. Menschen, die normalerweise nicht investieren, lassen sich in den Bann der Blase ziehen. Das zweite Phänomen ist der Versuch, die extrem hohen Preise mit Scheinargumenten zu rationalisieren, zum Beispiel New-Economy-Theorien um das Jahr 2000 herum oder noch abstrusere Theorien in der Vergangenheit. Die Pseudotheorie, die dem Kreditboom zugrunde lag, war die Annahme, dass mathematische Innovationen im Finanzsektor zu einer effizienteren Zuteilung von Krediten geführt haben. Es bekommen Menschen und Unternehmen für lukrative Projekte heutzutage Kredite, die sie früher nicht erhalten hätten.

Das dritte Merkmal einer Bubble ist ein starkes und plötzliches Anwachsen der Kredite. Die Investoren spekulieren nicht mit ihrem eigenen Vermögen, sondern leihen sich Geld, um ihre Zockerei zu finanzieren. Das gilt im Übrigen auch für den Kreditmarkt selbst. Dort basieren also nicht nur die Wertpapiere auf Krediten. Sondern die Spekulationen werden mit Krediten finanziert. Dass so etwas schnell in einem Teufelskreis endet, ist offensichtlich.

In diesem Markt passieren sehr merkwürdige Dinge. Die Kreditabteilung einer Bank „verkauft" einen Kredit, der dann in ein Wertpapier umgeformt wird, und das dann von der Anlageabteilung derselben Bank wieder gekauft wird. Hier wird keine volkswirtschaftliche Aktivität kreiert. Hier wird Geld von einem Ort zum anderen geschoben.

Hierzu macht Galbraith eine bemerkenswerte und hochkontroverse Feststellung. Im Grunde trifft er damit den philosophischen Kern des Problems. Es geht nämlich um die Frage, ob so etwas wie Innovation in Finanzmärkten überhaupt möglich ist. Dazu Galbraith[41] (meine Übersetzung aus dem Englischen):

Was neue Finanzinstrumente angeht, so definiert die Erfahrung eine klare Regel ...: Die Regel ist, dass Finanzmärkte sich nicht für Innovationen eignen. Was immer wieder so beschrieben und zelebriert wird, ist ohne Ausnahme eine kleine Variante

eines längst etablierten Vorgangs, eine, die ihr un-
terscheidendes Merkmal der Kurzlebigkeit der Er-
innerungen in den Finanzmärkten verdankt. Die
Finanzwelt feiert die Erfindung des Rades immer
wieder, oft in einer nur weniger stabilen Variante.
Jegliche Finanzinnovation beinhaltet in irgendei-
ner Form die Schaffung von Schulden, die durch
mehr oder weniger adäquate Sicherheiten gedeckt
sind.

Salopp ausgedrückt: Was eine Bubble zu einer Bubble
macht, ist nicht die Tatsache, dass Oma das Sparkonto
auflöst und Aktien kauft, sondern dass Oma das Sparkonto auflöst, das Fünffache dieser Summe an Kredit erhält
und mit Sparbuch plus Kredit eine hochriskante Tranche
eines komplizierten Kreditderivats kauft, die Oma nicht
versteht, mit der sie aber einem Hedgefonds garantiert,
für die Bonität paraguayischer Staatsanleihen geradezu-
stehen.

In seinem Buch gibt Galbraith ebenfalls eine kurze
Übersicht über die wichtigsten Blasen der Geschichte.
Nur die wenigsten waren klassische Aktienblasen. Kredit-
blasen gab es in der Vergangenheit natürlich nicht, denn
es gab schließlich keine Kreditmärkte.

Notwendige Voraussetzung einer jeden Blase ist natürlich das Vorhandensein eines Marktes. Dabei muss es
sich nicht unbedingt um einen Finanzmarkt handeln.
Eine der merkwürdigsten Blasen überhaupt war die nie-
derländische Tulpenblase aus dem 17. Jahrhundert, die
viele Merkmale moderner Blasen schon aufwies. Dass
man mit Aktien und anderen Wertpapieren eine Finanz-
blase erzeugen kann, grenzt für viele Menschen schon an
ein Wunder. Dass so etwas mit einer Tulpenzwiebel möglich ist, ist für Kenner der Wirtschaftsgeschichte immer
wieder erstaunlich. In der folgenden Textbox steht eine
verkürzte Version von Galbraiths herrlicher Geschich-

te.[42] Wer es eilig hat, kann diesen Text überspringen. Um die Psychologie einer Blase zu verstehen, ist die Geschichte der Tulpen das wohl beste Beispiel.

Die Tulpenzwiebelblase

Die Tulpe gilt im Ausland als ein typisch niederländisches Produkt, sie war dort allerdings bis ins 16. Jahrhundert unbekannt. Damals wurden zum ersten Mal Tulpenzwiebeln – Tulipa, aus der Familie der Liliaceae – von Konstantinopel, heute Istanbul, nach Amsterdam geschifft. In den darauffolgenden Jahren etablierte sich die Tulpe als ein Zeichen von Wohlstand und kultiviertem Leben.

In den Niederlanden im frühen 17. Jahrhundert wurde die Tulpe zum Gegenstand der Spekulation. Ganz Holland spekulierte und wurde zunächst reich. Galbraith schreibt: „Keine Person mit auch nur der geringsten geistlichen Empfindsamkeit wollte hier im Abseits stehen. Die Preise waren extravagant. Im Jahre 1636 wurde eine Zwiebel, die vorher keinen offensichtlichen Wert hatte, plötzlich für einen Wagen und zwei Pferde eingetauscht." Das war aber nur der Anfang der Bubble. Galbraith zitiert eine eindrucksvolle Passage von Charles Mackays Werk, *Extraordinary Popular Delusions and the Madness of Crowds*, aus dem Jahre 1841, eines der wichtigsten Referenzen über diese Episode. Mackay schreibt (meine Übersetzung aus dem Englischen):

Die Nachfrage nach Tulpen einer besonders seltenen Gattung wuchs so stark im Jahre 1636, dass man auf der Amsterdamer Börse Stände für ihren Handel etablierte. Ebenso in Rotterdam,

Haarlem, Leiden, Alkmaar, Hoorn und anderen Städten ... Zunächst, wie üblich am Anfang einer Spekulationsmanie, war die Zuversicht groß, und jeder schien zu gewinnen. Die Tulpenhändler an der Börse spekulierten auf Anstieg und Fall von Tulpenzwiebeln. Sie verbuchten große Gewinne mit Käufen, nachdem die Preise gefallen waren, und mit Verkäufen, nachdem sie angestiegen waren. Viele Menschen wurden ganz plötzlich reich. Ein goldener Köder hing auf einmal vor den Menschen, und einer nach dem anderen schmissen sie sich auf den Tulpenzwiebelmarkt wie Bienen auf einen Honigtopf. Jeder von ihnen glaubte, dass die Vorliebe für Tulpen ewig dauern würde, und dass die Wohlhabenden der ganzen Welt ihre Einkäufer auf ewig nach Amsterdam schicken würden und bereit sind, jeden Preis zu bezahlen, den man von ihnen verlangt. Die Reichen Europas stiegen am Zuyder Zee ab, und die Armut war plötzlich aus den holländischen Gefilden verschwunden. Nobelmänner, Bürger, Bauern, Handwerker, Seefahrer, Knechte und Mägde, auch Schornsteinfeger und Altkleiderverkäuferinnen versuchten sich in der Tulpenspekulation. Menschen aller Schichten verkauften ihre Immobilien und investierten den Erlös in Blumen. Häuser und Grundstücke wurden für lächerlich geringe Preise zum Verkauf angeboten oder als Zahlungsmittel im Tulpenmarkt ausgewiesen. Auch Ausländer waren von diesem Wahnsinn betroffen, und Geld strömte nach Holland von allen Seiten. Die Lebenshaltungskosten sind dann plötzlich angestiegen. Die Preise für Häuser und Grundstücke, Pferde und Wagen sowie Luxusgüter aller Art wuchsen ebenfalls, und für einige Monate erschien Holland als das Vorzimmer von Plutus. Der Tulpenhandel entwickelte sich derart, dass man es für nötig hielt, einen Gesetzeskodex für den Handel zu erlassen ... In den kleineren Städten, wo es keine Börsen gab, wurde häufig die größte Taverne im Ort als Umschlagplatz gewählt. Dort versammelte sich die Dorfgemeinschaft zumeist während genussvoller Abende, oft mit 200 oder 300 Abendgästen, und große Vasen mit Tulpen in voller Blüte wurden auf die Tische und Sideboards gestellt als Dank für die großzügigen Erlöse während des Schmauses ...

Das Ende des Tulpenwahns kam im Jahre 1637. Keiner weiß so recht, wie das Ende seinen Anfang nahm. Aber einige bekannte Spekulanten verkauften plötzlich ihre Tulpen und zogen sich aus dem Markt zurück. Warum, weiß niemand. Aber der Rückzug führte zu einer Massenpanik. Viele Spekulanten kauften ihre Tulpen nicht mit ihrem eigenen Geld, sondern mit Krediten, in der Hoffnung, dass die Wertsteigerung den Zins bezahlt. Aus reichen Nobelmännern wurden arme Leute. Das ganze Land verarmte und erlitt eine tiefe Depression, die mehrere Jahre andauerte. Es begann die Suche nach den Schuldigen. Galbraith schrieb, die Geschichte hatte im Grunde nur eine gute Komponente. „Die Kultivierung der Tulpe setzte sich in Holland fort, und große Märkte entstanden sowohl für die Blumen als auch die Zwiebeln. Jeder, der die Tulpenfelder dieses ruhigen und angenehmen Landes im Frühjahr gesehen hat, behält für immer ein Gefühl für die Gnade der Natur."

Galbraith beschreibt ebenfalls sehr eindrucksvoll, wie kurz die menschliche Erinnerung ist. Nach jeder geplatzten Blase ist der Finanzsektor zunächst gegen Euphorie geimpft. Mehrere Jahre betrachtet man die Wahrscheinlichkeit ansteigender Preise mit großer Skepsis. Dazu Galbraith:[43]

Für den praktischen Gebrauch sollte man annehmen, dass das finanzielle Erinnerungsvermögen als maximal 20 Jahre angenommen werden kann. Das ist normalerweise die Zeit, die gebraucht wird, bis die Erinnerung an die Katastrophe ausgelöscht wird und eine neue Variante der Demenz entsteht, die den Geist der Finanzmärkte erobert.

Die Geschichte der Tulpenblase gehört sicherlich zu den merkwürdigsten Phänomenen der Wirtschaftsgeschichte überhaupt. Obwohl damals die Finanzmärkte noch nicht annähernd so weit entwickelt waren, gibt es dennoch eine ganze Reihe von überraschenden Parallelen. So irrational die Tulpenblase aus heutiger Sicht erscheinen mag, so rational erschien den Menschen damals der rasant steigende Wert von Tulpenzwiebeln. Auch Profis sind damals reingefallen. Auch in der heutigen Kreditkrise gibt es Opfer, die nicht gerade Witwen und Waisen sind, sondern hartgesottene Banker, die den Fehler gemacht haben, an ihre eigenen Lügen zu glauben.

Galbraith hat in einem Punkt völlig recht. Wenn es um Blasen geht, dann wiederholt sich die Geschichte nahezu perfekt. Euphorie entsteht unweigerlich, und mit ihr wächst die Bereitschaft, irrationale Risiken einzugehen.

An dieser Stelle möchte ich auf eine weitere Bubble eingehen, die Panik von 1907, die einige wichtige strukturelle Parallelen mit der heutigen Situation aufweist, mehr noch als die wohlbekannte Krise aus dem Jahr

1929. Wie heute handelte es sich damals um eine Panik, die im Bankensystem selbst entstanden ist. Sie begann mit dem Versuch eines Spekulanten, den Markt für Kupfer zu manipulieren. Daraus ergaben sich eine Reihe von Kettenereignissen, die fast zum totalen Kollaps des amerikanischen Bankensystems geführt haben. Für denjenigen, der die Probleme von heute verstehen will, bietet der Crash aus dem Jahre 1907 eine Reihe von wichtigen Lehren.

Die Panik von 1907[44]

Um das Jahr 1900 durften amerikanische Banken zwar von der Öffentlichkeit Ersparnisse akzeptieren, aber sie durften kein Vermögen verwalten. Zu diesem Zweck gab es damals die Trust Companies, man könnte sagen, sie waren die Vorgänger der modernen Hedgefonds. Damals wie heute gab es Lücken in der ansonsten strikten Regulierung. Banken durften zwar nicht das Geschäft eines Trusts ausüben, sie durften aber Trusts besitzen. Bankdirektoren durften für Trusts arbeiten und umgekehrt, und somit existierte die eigentlich strikte Trennung nur auf dem Papier. So streng die Regeln auch waren: Die Banker wussten immer, wie sie die Regeln am besten umgehen.

Ein Unterschied zu heute war, dass es damals keine Zentralbank gab. Anstatt dessen gab es eine Clearing House Association, die den Banken selbst unterstand, in die die Trusts allerdings nicht eingebunden waren. Das Clearing House war dafür verantwortlich, die Schecks der Banken untereinander einzulösen und die Liquidität im Markt sicherzustellen. Das Clearing House fungierte somit als Geldgeber der letzten Instanz. Es übte auch eine Regulierungsfunktion aus, und

es war damals eine große Ehre, im Vorstand der Clearing House Association berufen zu sein. So viel zur
Ausgangslage.

Der Crash begann mit einer normalen Fehlspekulation im Oktober 1907. Ein damals bekannter Spekulant aus dem Kupfergeschäft, ein Augustus Heinze, versuchte mit wilden Spekulationen, den Preis für Kupfer
in die Höhe zu treiben, indem er gnadenlos die Aktien
von United Copper aufkaufte. Die Spekulation ging
allerdings daneben. Heinze verlor 50 Millionen Dollar, damals ein unvorstellbar großes Vermögen, und
dieser Verlust hatte negative Auswirkungen auf die
Märkte. Wäre Heinze nur ein normaler Kupferspeku-
lant gewesen, dann wäre aus der Fehlspekulation keine
Finanzmarktkrise entstanden. Aber Heinze war ebenfalls ein Banker, wenn auch einer, der selbst zugeben
musste, dass er vom Bankengeschäft nicht viel verstand. Heinze gehörte eine Bank in der Provinz. Er war
aber auch Präsident der Mercantile National Bank, ein
Mandat, das er dann auch sofort zur Verfügung stellte,
als seine Verluste im Kupfergeschäft publik wurden.

Trotzdem verhinderte das nicht einen Run auf die
Mercantile National Bank am nächsten Tag, denn die
Sparer vermuteten fälschlicherweise, dass die Bank mit
Heinzes Geschäft etwas zu tun hatte. Damals war Spar-
vermögen noch nicht versichert, wie das heute zum
Teil der Fall ist, und sogenannte Bank-Runs gab es im
19. und früher 20. Jahrhundert sehr häufig. Der Bank-
Run auf die Mercantile National Bank wurde kurzfristig dadurch gestoppt, dass die Clearing House Association einsprang. Man vermutete schon, und die
Zeitungen berichteten es, dass die Krise damit vorbei
sei. Es war eine falsche Vermutung. Es sollte viel
schlimmer kommen.

Gleichzeitig kam es zu einem parallelen Run, und zwar auf die Knickerbocker Trust Company, keine Bank, sondern wie der Name schon sagt, ein Trust. Knickerbockers Präsident, Charles Barney, war ein enger Vertrauter von Heinze, und so war Heinzes schlechte Aura auch für diesen Run verantwortlich. Die Krise spitzte sich dramatisch zu mit Barneys Selbstmord, der dazu führte, dass Knickerbockers Anleger binnen drei Stunden am nächsten Morgen insgesamt acht Millionen Dollar abhoben, woraufhin der Trust am nächsten Tag seine Tore dem Publikum nicht mehr öffnete.

Daraufhin weitete sich die Bankenkrise wie ein Lauffeuer aus. Die Anleger zogen ihr Geld aus dem Bankensystem, und auch die Banken misstrauten einander und liehen sich untereinander nicht mehr Geld. Die Panik von 1907 war sicher nicht die schlimmste Krise in den USA – das war immer noch 1929 –, aber die Dramaturgie dieser Krise ist ein Paradebeispiel dafür, wie scheinbar nichtige Auslöser, wie in diesem Fall eine Fehlspekulation, ein marodes Bankensystem zu Fall bringen können.

Die Krise endete erst in den darauffolgenden Tagen. Zunächst mischte sich J. P. Morgan, der legendärste amerikanische Banker aller Zeiten, damals 70 Jahre alt, in die Angelegenheit ein und stellte Hilfe in Aussicht. Am Ende entschied er sich, anstatt Knickerbocker einen anderen Trust, und zwar die Trust Company of America, zu retten.

Die Regierung mischte sich ein und entsandte den Finanzminister George Cortelyou nach New York, um seinerseits finanzielle Hilfe in Aussicht zu stellen. Auch der legendäre Tycoon John D. Rockefeller unterstützte die Banken finanziell, und nach einigen Tagen legte sich die Panik langsam. Am 24. Oktober des Jahres überlebte die Trust Company einen Run, was das Ende der Panik einläutete. Morgan unterstütze die New Yorker Börse, die ebenfalls kurz vor dem Kollaps stand. In den Tagen danach kehrte an der New Yorker Wall Street wieder etwas Ruhe ein.

Die Bankenpanik aus dem Jahre 1907 hatte laut Steve Quinn, einem Wirtschaftsprofessor der texanischen Universität von Fort Worth, eine ganze Reihe von Parallelen mit der heutigen Situation:[45]

Zunächst gab es deutliche Parallelen zwischen Trusts und Hedgefonds. Beide Organisationsformen existieren, weil man strikten Regulierungen ausweichen wollte.

Zweitens, als die Panik ausbrach, wusste niemand so recht, wo genau das Risiko lag. Es herrschte asymmetrische Information.

Drittens, die Trusts, die ja nicht im Clearing-House-System organisiert waren, hatten ähnliche Schwierigkeiten in Zeiten der Panik wie heute die Hedgefonds oder die Investmentgesellschaften der Banken, die ebenfalls außerhalb der Kontrolle der Federal Reserve liegen.

Viertens, es gibt eindeutige Parallelen zwischen der Rolle des noblen Spenders J. P. Morgan im Jahre 1907 und etwa der Bank of Amerika, die im Jahre 2007 der Hypothekenbank Countrywide unter die Arme gegriffen hat.

Fünftens hat diese Krise zu einer Flut ganz neuer Bankenregeln geführt. Zunächst gab es den Aldrich-Vreeland Act, womit das System der Notfinanzierung von Banken neu geregelt wurde. Danach wurde das Federal-Reserve-System kreiert und das Clearing-House-System abgeschafft. Damit wurde auch eine Trennlinie zwischen den Banken selbst und der Bankenreserve gezogen, daher auch der Name Federal Reserve.

Wenn Bubbles platzen, dann ist das Geschrei immer groß. Das war damals im Tulpenmarkt so, im Jahre 1907 ebenfalls und wird jetzt nicht anders sein. In diesem Moment schaltet sich dann zumeist die Politik ein und verschärft die Regeln, eben wie damals im Jahre 1907, als man das Federal-Reserve-System, die heutige amerikanische Zentralbank, etablierte. Nach dem Crash von 1929 gab es den berühmten Glass-Steagall Act, der es den Banken untersagte, in mehreren Bundesstaaten gleichzeitig tätig zu sein, und der eine strikte Trennung zwischen normalen Banken und Investmentbanken vorschrieb. Im Laufe der Zeit vergessen aber die Gesetzgeber ihre konservative Einstellung und werden selbst in den Bannkreis der nächsten Blase gezogen. Vor einer Blase erlebt man häufig eine Periode der Deregulierung in den Finanzmärkten.

Für die Bubble in den Kreditmärkten war die Deregulierung eine von mehreren notwendigen Voraussetzungen. Egal wie schlimm die Auswirkungen einer geplatzten Kreditmarktblase auch sein mögen: Eine Prognose lässt sich jetzt schon mit an Sicherheit grenzender Wahrscheinlichkeit treffen. Irgendwann wird diese Blase vergessen sein, und die nächste Blase wird kommen. Galbraith schätzte den Zeitverzug auf etwa 20 Jahre, je nach Schwere der Blase. Diese Horizonte sind heute etwas kürzer geworden. Weniger als zehn Jahre nach der geplatzten Blase von 1987 warnte der damalige Chef der Federal Reserve, Alan Greenspan, vor einem irrationalen Überschwang an den Märkten. Die gute Marktkonjunktur hielt zunächst noch ein paar Jahre an, bis im Jahre 2001 der New-Economy-Boom dann plötzlich sein Ende nahm. Von da an waren es nur noch wenige Jahre bis zur Kreditblase, die Mitte des Jahrzehnts ihren Anfang nahm.

In einem Interview mit der *Financial Times* warnte Greenspan, dass Bubbles unvermeidbar sind. „Die Menschen können sie nicht vermeiden. Sie können nicht ler-

nen", so der Maestro im Interview. Der Maestro, wie
man ihn damals noch nannte, wurde später von vielen
Menschen verteufelt. Einige machten ihn persönlich für
die Krise verantwortlich. Aber in diesem Punkte hatte er
recht. Wir sollten uns nicht einbilden, dass wir auch mit
noch so guter Regulierung zukünftige Blasen verhindern.
Nach der Blase ist vor der Blase. Es ist nur eine Frage der
Zeit.

Glossar und Abkürzungsverzeichnis

Hier folgt nun zum einfachen Nachschlagen ein Glossar und Abkürzungsverzeichnis der wichtigsten im Text benutzten Fachausdrücke. Kursiv gedruckte Wörter haben ihren eigenen Eintrag.

AAA oder **Aaa** – die beste Bewertung eines Wertpapiers oder einer *Tranche* durch die *Ratingagenturen*.

ABCP – siehe *Asset-Backed Commercial Paper*.

ABS – siehe *Asset-Backed Security*.

Asset-Backed Commercial Paper – Geldmarktwertpapiere, die zum Beispiel durch Kreditmarktpapiere besichert sind. Im ABCP-Markt leihen sich zum Beispiel *Conduits* oder *SIVs* kurzfristig Geld und hinterlegen die Kredite als Sicherheit.

Asset-Backed Security – besichertes Wertpapier. Ein *Bond*, hinter dem als Sicherheit eine Gruppe von realen Werten steht.

Asset Swap – ein Finanzinstrument, mit dem es möglich ist, eine Anleihe zu festen Zinsen in eine Anleihe mit variablen Zinsen zu transformieren.

Bafin – Bundesanstalt für Finanzdienstleistungsaufsicht.

Bank für Internationalen Zahlungsausgleich – die Zentralbank der Zentralbanken. Spielt eine wichtige Rolle in der internationalen Zusammenarbeit zwischen Zentralbanken und eine sehr wichtige Rolle in der Gestaltung internationaler Kapitalregeln. Die *Basel-I-* und *Basel-II-*Regeln wurden nach der Schweizer Stadt benannt, in der die BIZ ihren Sitz hat.

Basel I – Abkommen aus dem Jahre 1988, das den Banken Eigenkapitalregeln vorschreibt. Nach diesen Regeln unterliegen die von Banken vergebenen Kredite einer durch das Eigenkapital vorgegebenen Höchstgrenzen. Die Kredite werden risikogewichtet. Bestimmte Kreditty-

pen, zum Beispiel Unternehmenskredite, werden als riskant eingestuft, andere als weniger riskant, zum Beispiel
Kredite an andere Banken.

Basel II – ein Nachfolgeabkommen von *Basel I*, das in
Europa im Jahre 2008 in Kraft tritt. Basel II reformiert
das *Basel-I*-Abkommen unter anderem darin, dass die
Kredite/Eigenkapitalquote nicht mehr nach starren Re-
geln berechnet wird, sondern aufgrund eines von der
Bank erstellten Ratings ihrer Kreditkunden.

BBA – British Bankers Association.

BIZ – siehe *Bank für Internationalen Zahlungsausgleich*.

Bond – englisch für Anleihe, ein festverzinsliches Wertpapier, das in der Regel einen Coupon (ähnlich einem Zins)
bezahlt. Am Ende der Laufzeit wird der Nominalwert
des Bonds zurückbezahlt. Es gibt verschiedene Formen
von Bonds, zum Beispiel ein *Zero-Coupon-Bond*.

Call – ein Optionsschein, mit dem auf steigende Wertpapierpreise spekuliert wird. Das Gegenstück zu einem Call
ist der *Put*.

Carry Trade – eine kurzfristig angelegte Handelsstrate-
gie, die darauf basiert, sich Geld in einem Land mit geringen Zinsen auszuleihen, um es dann in einem anderen
Land zu höheren Zinsen anzulegen. Ein typischer Carry
Trade bestand darin, sich in japanischen Yen zu verschulden, das Geld in Europa oder in den USA über Nacht
anzulegen, wo die Geldmarktzinsen höher waren als in
Japan, und den Kredit am nächsten Tag zurückzuzahlen.

CD – Certificate of Deposit.

CDO – siehe *Collateralized Debt Obligation*.

CDS – siehe *Credit Default Swap*.

CMO – siehe *Collateralized Mortgage Obligation*.

Collateralized Debt Obligation – ein Wertpapier aus dem
Kreditmarkt, das Pools von Krediten bündelt und in
Wertpapiere verschiedener Güteklassen umformt. Es gibt
verschiedene Art von CDOs, solche, die nur dazu dienen,

die Bilanz einer Bank zu bereinigen (Balance Sheet CDO), und solche, die aktiv gemanagt werden. Es gibt CDOs, die in *Mortgage-Backed Securities* investieren, auch CMO (*Collateralized Mortgage Obligation*), und es gibt CDOs, die sich in anderen Segmenten des Kreditmarkts eindecken. Mit CDOs meint man auch die Zweckgesellschaften, die von den Investmentbanken etabliert werden, mit dem Ziel, CDOs auf den Markt zu bringen.

Collateralized Mortgage Obligation – eine Spezialform einer *CDO*, die in *Mortgage-Backed Securities* (MBS) investiert.

Commercial Paper – Geldmarktpapiere mit Laufzeiten von bis zu zwei Jahren. Werden meistens von Banken oder Großunternehmen für eine kurzfristige Finanzierung herausgegeben. Es gibt vier Typen von Commercial Papers.

Conduit – eine von Banken gegründete Zweckgesellschaft mit dem Ziel, Kreditgeschäfte zu tätigen. Oft übernehmen die Conduits die Kredite der Bank und transformieren sie in *Tranchen* von Wertpapieren. Ein Conduit wird von einer Bank selbst gemanagt.

Covenant – eine Vereinbarung oder ein Vertrag, entweder in schriftlicher oder mündlicher Form. Im Covenant werden viele wichtige, aber untergeordnete Aspekte eines Kreditvertrages geregelt, zum Beispiel Auskunftspflichten.

Cov-light – Kreditverträge, bei denen die üblicherweise im *Covenant* geregelten Bedingungen zugunsten des Kreditnehmers abgeschwächt wurden.

CP – Commercial Paper.

Credit Default Swap – ein Finanzinstrument im Kreditmarkt, mit dem man sich gegen einen Zahlungsausfall versichern kann. Der Käufer eines CDS ist derjenige, der sich versichert. Der Käufer zahlt in der Regel eine vierteljährige Prämie an den Verkäufer. Der Verkäufer muss im Falle eines Zahlungsausfalls den Käufer kompensieren.

Der Referenzwert ist zum Beispiel ein *Bond*, häufig in einer Größenordnung von zehn Millionen Dollar oder zehn Millionen Euro. Die Notierung eines CDS erfolgt in Basispunkten. Eine Notierung von 200 Basispunkten, also zwei Prozent, heißt, dass im Jahr 200.000 Dollar (beziehungsweise Euro) als Prämie fällig werden.

Equity – die riskanteste *Tranche* einer *CDO*. Equity-*Tranchen* unterliegen in der Regel keiner Bewertung durch die *Ratingagenturen*. Equity heißt eigentlich Aktie, aber es handelt sich nicht um Aktien, sondern um *Bonds*. Man nennt diese *Tranche* lediglich deshalb Equity, weil sie ähnlich riskant ist.

Euribor – Euro Interbank Offered Rate, ein täglicher Referenzwert der im Euro-Raum tätigen Banken im Interbankengeschäft.

EZB – Europäische Zentralbank.

Fannie Mae – Federal National Mortgage Association, eine private Firma, von der US-Regierung gesponsert, die eine Schlüsselrolle im *MBS*-Markt spielt und Hypotheken refinanziert.

Fed – Federal Reserve, US-amerikanische Notenbank.

Freddie Mac – Federal Home Loan Mortgage Corporation, eine amerikanische Hypothekeninstitution, ähnlich wie Fannie Mae.

FT – *Financial Times*.

Geldmarkt – ein Markt für Geld, das heißt für Finanzmittel mit Laufzeiten von bis zu zwei Jahren. Es wird unterschieden zwischen dem *Interbankenmarkt* und dem *Commercial-Paper*-Markt.

Hedge – deutsch Absicherung. Ein Investor ist gehedgt, wenn er sich gegen Risiken seiner Investition absichert. Zu den Hedging-Instrumenten gehören Optionen, die einem Investor erlauben, aber nicht dazu zwingen, Wertpapiere zu einem vorher festgelegten Preis zu einem bestimmten Zeitpunkt in der Zukunft zu kaufen. Für einen Investor, der *long* ist in einem Wertpapier, der also Wertpapiere gekauft hat, ist eine Hedging-Strategie der Leerverkauf eines anderen ähnlichen Wertpapiers.

Hedgefonds – ein Fonds, dem es aufgrund seiner Regulierung erlaubt ist, zu hedgen, das heißt, Leerverkäufe zu tätigen sowie mit Optionen zu handeln.

Interbankenmarkt – ein *Geldmarkt*, auf dem Banken kurzfristig Geld verleihen und leihen ohne Sicherung. Die Zinsen auf den Geldmärkten, zum Beispiel *Libor* oder *Euribor*, sind in der Regel nahe bei den Notenbankzinsen. Während der Kreditkrise im August 2007 stiegen diese Zinssätze deutlich an.

ISDA – International Swap and Derivates Association.

IWF – Internationaler Währungsfonds.

Junior– siehe *Equity*.

Konsortialkredit – ein in der Regel großer Kredit, der von mehreren Banken an einen Kreditnehmer gewährt wird. Dabei spielt eine Bank eine federführende und koordinierende Rolle.

Kopula – englisch Copula. Ein Fachbegriff aus der Statistik. Mit einer Kopula meint man eine gemeinsame Verteilung einer Anzahl von Zufallsvariablen, deren einzelne Komponenten auf dem Einheitsintervall gleichverteilt sind (siehe auch die Textbox Seite 151 für weitere Details). Kopulas erfreuen sich wachsender Beliebtheit in den Finanzmärkten.

Korrelieren – ein Ausdruck aus der Statistik. Zwei Zahlenreihen korrelieren miteinander, wenn Bewegungen in der einen Zahlenreihe mit Bewegungen in der anderen Zahlenreihe, zum Beispiel von Wertpapierpreisen, zusammentreffen, entweder zeitgleich oder in einem festen Abstand. Zum Beispiel gibt es eine Korrelation zwischen dem Goldpreis und den zukünftigen Inflationserwartungen. Eine Korrelation, die man statistisch messen kann, sagt allerdings nichts über Kausalität aus.

Kreditmarkt – ein Teil des Finanzmarktes, auf dem verbriefte Wertpapiere gehandelt werden. Der Großteil dieses Handels findet direkt von Bank zu Bank statt, und nicht über eine Börse.

LBBW – Landesbank Baden-Württemberg.

Leerverkauf – siehe *short*.

Leveraged Loan – ein Kredit, dessen Höhe über das für den Kreditnehmer normale Maß hinausgeht. Ein Leveraged Loan ist somit riskanter und hat höhere Zinsen. Leveraged Loans werden zum Beispiel für klar definierte Zwecke herausgegeben, zum Beispiel für Firmenübernahmen.

Libor – London Interbank Offered Rate, einer der wichtigsten Zinssätze für den *Geldmarkt*.

Long – ein Investor ist long in einem Wertpapier, wenn er das Wertpapier kauft und hält. Ein Investor ist long, wenn er hofft, dass das Wertpapier in der Zukunft an Wert gewinnt. Die meisten Privatinvestoren sind long.

LTCM – Long-Term Capital Management, ein Hedgefonds, der im Jahre 1998 in akute Zahlungsschwierigkeit geriet und der die Wall Street an den Rand einer systematischen Krise brachte.

Mark-to-Market – ein Fachausdruck, der besagt, dass der Preis eines Wertpapiers in einem liquiden Markt bestimmt wird. Aktien, Staatsanleihen und Devisen sind alle Mark-to-Market.

Mark-to-Model – ein Fachausdruck, der besagt, dass der Preis eines Wertpapiers durch ein mathematisches Modell ermittelt wird, aber nicht durch den Markt. Die *Tranchen* einer *CDO* sind in der Regel Mark-to-Model, da *CDOs* nicht auf Börsen gehandelt werden. Das Problem mit der Mark-to-Model-Strategie ist, dass in Zeiten von Liquiditätsengpässen die Modelle einen höheren Preis ausweisen, als man in den Märkten realisieren kann. Diese Diskrepanz war einer der Ursachen für die Probleme der deutschen Banken und vieler *Hedgefonds* im August 2007.

MBS – siehe *Mortgage-Backed Security*.

Mezzanine – die mittlere *Tranche* einer *CDO*, mit mittlerem Risiko und entsprechender Rendite. Kritiker behaupten, die Mezzanine-*Tranchen* sind in der Regel falsch bewertet. Sie bergen mehr Risiko, als ihre Rendite verspricht.

Monolines – sehr spezialisierte Versicherungsgesellschaften, deren Geschäft darin besteht, die regelmäßigen Coupon-Zahlungen von *Bonds* zu garantieren. Monolines erlitten während der Kreditkrise schwere Verluste.

Mortgage – ein durch Grundbesitz gesicherter Kredit, ähnlich einer Hypothek. Eine amerikanische Mortgage unterscheidet sich allerdings in einigen wichtigen Aspekten von einer deutschen Hypothek. So sind Mortgages in der Regel refinanzierbar, also innerhalb der Laufzeit kündbar. Mortgages unterliegen stärkerer Innovation als klassische Hypotheken.

Mortgage-Backed Security – hypothekenbesichertes Wertpapier. Eine Spezialform einer *Asset-Backed Security*, die durch eine Hypothek abgesichert ist.

Over-the-Counter-Markt – ein Markt in Wertpapieren, der direkt von Bank zu Bank verläuft. In einer OTC-Transaktion muss jeder Käufer einen Verkäufer finden. Es gibt also keine Börse, in der sich Händler bereit erklären, ein Wertpapier zu einem bestimmten Preis zu kaufen. Der Kreditmarkt ist fast ausschließlich ein OTC-Markt.

Pfandbrief – ein festverzinsliches Wertpapier, das durch Hypotheken gesichert ist. Dadurch ist es ähnlich einer *Mortgage-Backed Security*. Im Gegensatz zu einer MBS steht die Bank, die den Pfandbrief herausgibt, mit ihrer Bilanz für den Pfandbrief gerade.

Prime Broker – in der Regel eine Abteilung einer Investmentbank, die ein vollständiges Serviceangebot für *Hedgefonds* bereitstellt, vom Wertpapierhandel bis hin zur technischen Abwicklung.

Private Equity Groups – private Beteiligungsunternehmen, die für hauptsächlich mittelständische Unternehmen

Finanzmittel bereitstellen, zum Beispiel für Firmenübernahmen.

Put – ein Optionsschein, mit dem man gegen den Verfall
von Wertpapierpreisen spekuliert. Das Gegenstück zu
einem Put ist der *Call*. Mit dem im Text erwähnten
Greenspan-Put meint man, dass die US-Notenbank den
Spekulanten im Fall eines Markteinbruchs mit Zinssenkungen zu Hilfe kommt. Spekulanten brauchen sich also
nicht gegen einen Verfall des Gesamtmarktes abzusichern, weil die Notenbank diese Aufgabe übernimmt.

Ratingagenturen – private Firmen, deren Geschäft darin
besteht, Wertpapiere zu bewerten. Die drei wichtigsten
internationalen Ratingagenturen sind Moody's, Standard
& Poor's und Fitch Rating. Den Ratingagenturen wird
vorgeworfen, die Kreditkrise durch zu großzügige Bewertungen mitverschuldet zu haben.

Repo – steht für englisch Repurchase Agreement, oder
Securities Repurchase Agreement. Ein Repo ist eine regelmäßige Auktion, mit deren Hilfe eine Zentralbank kurz-
fristiges Geld den Banken zur Verfügung stellt. Der Repo-
Satz – der Leitzins der Zentralbank – ist der Zinssatz für
diesen Kredit. Technisch funktioniert eine Repo so, dass
die Zentralbank den Banken Wertpapiere abkauft, die
bestimmte Bedingungen erfüllen müssen und die nach
Ablauf des Repo-Geschäfts an die Banken zurückver-
kauft werden, abgezinst mit dem Repo-Satz.

S&P – Standard & Poor's.

Senior – die oberste *Tranche* einer *CDO*, meist von den
Ratingagenturen mit einem soliden Rating versehen.

Short – ein Investor ist short in einem Wertpapier, wenn
er Leerverkäufe tätigt, das sind Verkäufe von Wertpapieren, die man jetzt nicht besitzt, die man zu einem späteren Zeitpunkt kaufen muss. Ein Investor ist short, wenn
er darauf wettet, dass der Preis fällt.

SIV – siehe *Special Investment Vehicle*.

SIV-light – ein *Special Investment Vehicle*, das anstatt einer *Senior-Tranche* die sicherste Stufe der Finanzierung über den *ABCP*-Markt besorgt.

Special Investment Vehicle – eine Zweckgesellschaft ähnlich einem *Conduit* mit dem Unterschied, dass das SIV nicht von der Bank selbst gemanagt wird, sondern von einer dritten Partei.

Special Purpose Vehicle – englisch für Zweckgesellschaften. Unternehmen, die man aufsetzt, um bestimmte Ziele zu erreichen. Diese Unternehmen sind in der Regel nicht in der Bilanz der Gesellschaft oder Bank konsolidiert.

SPV – siehe *Special Purpose Vehicle*.

Subprime – Kredit oder Hypotheken an Kunden mit geringerer Kreditwürdigkeit. Subprime-Hypotheken wurden vor der Krise oft ohne Überprüfung des Einkommens des Antragstellers vergeben. Ein Anstieg der Nichtzahlungen von Subprime-Hypotheken war Auslöser der Kreditkrise.

Swap – ein Finanzinstrument, bei dem zwei Parteien sich einigen, Zahlungsströme miteinander auszutauschen. Ein wichtiger Swap ist der Zinsswap, wobei Zahlungen von variablen und festen Zinsen miteinander ausgetauscht werden. Die eine Partei zahlt der andere den variablen Satz, zumeist *Libor* oder *Euribor*, die andere Partei zahlt den festen Satz, den sogenannten Swap-Satz.

Syndicated Loan – siehe *Konsortialkredit*.

Synthetischer CDO – bei einer normalen *CDO* sind die Kredite selbst die Sicherheit hinter den emittierten *Tranchen* der Wertpapiere. Bei einer synthetischen CDO wird diese Rolle von *CDS* übernommen. Hierbei übernimmt die *CDO* bestimmte Kreditrisiken.

Tranche – deutsch Scheibe. Eine Tranche einer *Asset-Backed Security* oder einer *CDO* ist ein Wertpapier mit einem klar definierten Risikoprofil und einer dem Risiko entsprechenden Rendite. Es gibt mehrere Arten von Tranchen. Man spricht von *Senior*-Tranche oder Senior Debt für die Tranche mit dem geringsten Risiko und der geringsten Rendite. Eine *Senior*-Tranche hat typischerweise gute oder sehr Kreditratings. Die Junior-Tranche trägt das meiste Risiko und bietet die höchste Rendite. Dazwischen gibt es die *Mezzanine*-Tranche, im Deutschen spricht auch von Zwischenfinanzierung.

Value at Risk – eine statistische Methode, mit der Banken und Investmentgesellschaften ihre Risiko berechnen.

VaR – siehe *Value at Risk*.

Verbriefung – darunter versteht man die Umwandlung von nicht handelbaren Finanzinstrumenten, wie zum Beispiel Krediten, in handelbare Wertpapiere.

Zero-Coupon-Bond – ein *Bond*, der keine Coupons bezahlt, den man dafür zu einem Abschlag vom Nominalpreis kauft. Der Grund für eine derartige Konstruktion liegt häufig im Steuersystem, wenn Einnahmen (Coupons) anders besteuert werden als Kapitalerträge (Differenz zwischen Nominalwert des Zero-Coupon-Bonds und dem zu Anfang abgezinsten Kaufpreis).

Zinsspanne – englisch Credit Spread. Die Differenz zwischen dem Zinssatz eines Wertpapiers und dem Zinssatz einer sicheren Staatsanleihe, etwa von Bundesanleihen. Wenn die Zinsspanne klein ist wie während der Blase, dann sind die Investoren besonders risikofreudig. Sie akzeptieren eine geringe Risikoprämie für den Kauf eines Wertpapiers. Eines der Merkmale der Krise vom August 2007 war ein plötzlicher Anstieg der Zinsspanne.

Empfehlenswerte Literatur

Zu den in diesem Buch beschriebenen Themenkreisen gibt es eine große Anzahl von Büchern. Die besten sind leider nur in englischer Sprache erhältlich. In dieser kurzen Liste sind Bücher aufgeführt, die der Autor für besonders empfehlenswert hält.

Über Marktblasen:
John Kenneth Galbraith, *A Short History of Financial Euphoria*, Penguin Books, 1990.

Als eine lebendige und gleichzeitig anspruchsvolle Einführung in die modernen Finanzmärkte, mit vielen Anekdoten und Fakten:
Satjayit Das, *Traders, Guns and Money, Knowns and Unknows in the Dazzling World of Derivates*, Prentice Hall, 2006.

Als eine systematische Einführung in die modernen Finanzmärkte aus Sicht eines Ökonomen:
Stephen Cecchetti, *Money, Banking and Financial Markets*, McGraw Hill International Edition, 2006.

Als eine der besten technischen Einführungen in die Finanzmathematik für Leser mit einigen mathematischen Grundkenntnissen:
Lars Tyge Nielsen, *Pricing and Hedging of Derivative Securities*, Oxford University Press, 1999.

Eine Einführung in die Mathematik der Kreditderivate (nur für Leser mit fortgeschrittenen mathematischen Kenntnissen, das Buch setzt Kenntnisse voraus, die zum Beispiel in Nielsen vermittelt werden):
Philipp J. Schönbucher, *Credit Derivatives Pricing Models: Model, Pricing and Implementation*, Wiley, 2003.

Als eine kritische Betrachtung der modernen Finanzmathematik:
Nassim Nicholas Taleb, *Fooled by Randomness, The Hidden Role of Chance in Life and in the Markets*, Random House, 2005.

Es gibt eine große Anzahl technischer Bücher über den Kreditmarkt und über die neuen Finanzinstrumente. Die besten Suchbegriffe bei Amazon sind „Structural Finance", „Credit Derivates" oder „Credit Market". Eine solide technische Einführung ist:
Frank J. Fabozzi, Henry A. Davis, Moorad Choudhry, *Introduction to Structured Finance*, Wiley Finance, 2006.

Anmerkungen

1 Gillian Tett, "Bolton Warns of Bubble Fuel by Cov-Light Loans", *Financial Times, ft.com*, 18. Mai 2007.

2 Es gibt mehrere Indizes für amerikanische Hauspreise. Die meisten von ihnen unterschätzen die Bewegung. Der von den Ökonomen Karl Case und Robert Shiller entwickelte Hauspreisindex hat sich binnen kurzer Zeit zum Standard entwickelt, vor allem weil er auch reale Preisbewegungen beschreibt. Die aktualisierten Daten befinden sich auf einer Website der Ratingagentur Standard & Poor's. Der Link für diese Website ist sehr lang. Es ist einfach, die Site zu „googeln" mit folgenden Stichworten: „Standard" und „Shiller-Case".

3 http://www.wirtschaftslexikon24.net/d/commercial-paper-cp/commercial-paper-cp.htm

4 Die WestLB-Krise entstand aus riskanten Aktienspekulationen am deutschen Aktienmarkt. Viele deutsche Firmen geben zwei unterschiedliche Typen von Aktien heraus, Stammaktien und Vorzugsaktien. Vorzugsaktien haben im Gegensatz zu Stammaktien kein Stimmrecht. Vielleicht wäre Nachteilaktie ein besseres Wort. Nur im Falle einer Insolvenz genießen die Inhaber der Vorzugsaktien etwas mehr Schutz als die Inhaber der normalen Aktien.

Man würde annehmen, dass über kurz oder lang die Preise zwischen den beiden Klassen von Aktien nicht weit auseinanderliegen können. Man erhält dieselben Dividenden. Und genau darauf spekulierten die Händler der WestLB. Konkret, sie spekulierten darauf, dass die Preise der Vorzugsaktien und Stammaktien von VW, BMW und Metro langfristig konvergieren. Das Pikante daran war, dass die WestLB über große Depots in diesen Werten verfügte und somit in der Lage war, den Markt zu beeinflussen. Die Wette bei den VW-Aktien ging nicht auf. Denn Porsche trieb durch den Kauf von VW-Stammaktien deren Preis in die Höhe, und somit wurde die Differenz zwischen den beiden Klassen von Aktien wieder größer. Auch bei der WestLB funktionierte das Risikomanagement schlecht. Die Manager und Vorstände waren schlichtweg inkompetent. Bei der WestLB und anderen Landesbanken saßen Manager im Vorstand und Aufseher im Aufsichtsrat, die mit den komplexen Finanzprodukten aus den Kreditmärkten nicht vertraut waren. Sie waren von dieser Situation schlichtweg überfordert.

5 Grep Ip, „Two Heavyweights Weigh in on Greenspan's Legacy", *Wall Street Journal Economics Blog*, 2. September 2007.

6 http://www.ft.com/cms/s/0/
71958a68-58a7-11dc-b883-0000779fd2ac.html

7 Willem Buiter, Anne Sibert, „Bail-Out that will Damage Bank's Credibility", *Financial Times*, 16. September 2007.

8 Larry Elliott, „Bank won't Bail Out City", *The Guardian*, 12. September.2007.

9 *Financial Times*, 24. September 2007, S. 11.

10 Christian Noyer, „No Moral Hazard, Banks are Doing their Jobs", *Financial Times*, 17. September 2007.

11 http://newsvote.bbc.co.uk/1/hi/business/6997765.stm

12 *Financial Times*, 9. Oktober 2008, www.ft.com

13 www.voxeu.org

14 http://www.guardian.co.uk/commentisfree/2008/sep/08/
creditcrunch.economics?gusrc=rss&feed=commentisfree

15 http://www.chicagotribune.com/business/chi-wed_oilsep17,0,
4833605.story

16 http://www.nakedcapitalism.com/2008/09/
krugman-ok-we-are-banana-republic.html

17 http://blogs.ft.com/maverecon/2008/10/action-plan-my-foot/

18 So geschehen am 7. September 2007 auf der Konferenz, „The ECB and its Watchers", organisiert vom Center for Financial Studies in Frankfurt.

19 Satyajit Das, *Traders, Guns and Money*, Prologue S. 1–18 und Epilogue, S. 301–318.

20 S. Das, S. 272.

21 BBA Credit Derivatives Report 2006, Ross Barrett und John Ewan. www.bba.org.uk

22 ftalphaville.ft.com

23 Dazu siehe unter anderem das in der Literaturliste aufgeführte Buch von F. Fabozzi et al.

24 Siehe die folgende Diskussion auf www.eurointelligence.com unter http://www.eurointelligence.com/
Article.599+M5c4cfc6b2ae.0.html

25 Tim Congdon, „Pursuit of profit has led to risky lack of liquidity", *Financial Times*, 10. September 2007.

26 Siehe auch Henry Maxey, „Credit Market Code. Eine Studie für das Centre of Financial Innovation in London", Mai 2007. Maxeys Analyse ist technisch sehr anspruchsvoll, gibt aber ei-

nen sehr guten Überblick über die Spekulationsdynamik im Kreditmarkt.

27 Benoît Mandelbrot, *Die fraktale Geometrie der Natur*, Birkhäuser Verlag, 1991.

28 Siehe Gillian Tett, „The Appliance of Financial Science", *Financial Times*, 21. Mai 2007.

29 Thomas Mikosch, „Copulas, Tales and Facts, working paper", November 2005, discussion paper initiated at the 4th International Conference on Extreme Value Analysis in Gothenburg.

30 Michael P. Dooley, David Folkerts-Landau, Peter Garber, „An Essay on the Revived Bretton Woods System", Nber Working Paper 9971, http://www.nber.org/papers/w9971.

31 Im Gespräch mit dem Autor, April 2007 in Seoul, Korea.

32 Siehe oben.

33 Zum Beispiel die Aufsatzserie von Barry Eichengreen und Richard Baldwin in www.voxeu.org

34 http://www.voxeu.org/index.php?q=node/2409

35 Thomas Friedman, *Die Welt ist flach. Eine kurze Geschichte des 21. Jahrhunderts*, Suhrkamp, 2007.

36 In unserem Wirtschaftsinformationsdienst www.eurointelligence.com beschäftigen wir uns unter anderem intensiv mit diesen offensiven Investitionsstrategien für erfahrene Investoren.

37 "Should I be assumed to be an investment Banker", *Financial Times*, 16. Oktober 2008, http://blogs.ft.com/dearlucy/2008/10/should-i-accept-guilt-for-what-isn%e2%80%99t-my-fault-as-an-investment-banker/

38 The New Financial Order: Risk in the 21st Century, Princeton University Press, April 2003, 400 pp.

39 The dollar is our currency, but your problem. Eine vom ehemaligen Finanzminister John Connolly ausgedrückte Warnung an die Europäer, bislang unübertroffen als verbaler Ausdruck amerikanischer Wirtschaftsmacht.

40 "The United States invariably does the right thing, after having exhausted every other alternative."

41 John K. Galbraith, *A Short History of Financial Euphoria*, S. 19.

42 Galbraith, S. 26 ff.

43 Galbraith, S. 87.

44 Siehe auch Ellis W. Tallman und Jon R. Moen, „Lessons from the Panic of 1907", *Economic Review*, Mai/Juni 1990.

45 Siehe den folgenden Blogeintrag: http://blogs.wsj.com/economics/2007/08/28/parallels-to-the-crisis-of-1907/

Register